홍범도 장군

자서전 홍범도 일지와
항일무장투쟁

| 반병률 지음 |

홍범도

장군

한울
아카데미

저자의 말

'홍대장', 전형적인 평민출신의 독립군 지도자

홍범도는 '불패의 전설'을 남긴 저명한 항일투사로서 한국근현대사 특히 독립운동사에서 특별한 위치를 차지하고 있는 인물이다. 1890년대 후반기에 항일의병투쟁에 나선 이래 한말의병활동과 3·1운동 이후의 봉오동전투와 청산리전투에 이르는 항일무장투쟁을 줄기차게 전개한 항일운동지도자이다. 항일무장투쟁사에서 독보적인 위상을 차지하고 있는 그의 투쟁의 역사는 투쟁기간의 장구함에서 뿐만 아니라 투쟁의 치열함에서도 단연 돋보이는 역사를 남겼다.

홍범도는 '군벌적 계급의식'이나 '특권의식'이 없지 않았던 양반이나 지주 출신의 독립운동가들과 분명하게 구별되는 전형적인 평민 출신의 의병장이자 독립군 지도자였다. 휘하의 부대원들과 함께 노동하며 생사고락을 나누었던 매우 드문 지도자로서 부하들은 그를 '홍대장'이라 부르며 깊은 존경과 신뢰의 마음을 보여주었던 것이다.

홍범도가 한국사 연구자들과 일반 대중의 남다른 관심의 대상이 된 것은 매우 자연스러운 일이다. 그동안 홍범도에 관한 연구 대부분은 한말의병활동이나 3·1운동 이후 만주에서의 항일무장투쟁에 집중되었다. 이 시기가 그의 항일무장투쟁이 가장 활발하고 절정에 올랐던, 그야말로 홍범도 항일투쟁의 '전성기'였던 사실에서 비롯된 것이다.

필자가 오랫동안 관심을 가져온 러시아지역의 민족운동이나 사회주의운동, 그리고 러시아 한인사회의 역사를 살펴볼 때 홍범도는 주요한 단체와 사건에서 빠지지 않고 등장하는 인물이다. 1908년 말 일본군의 추격에 쫓겨 압록강을 건너 망명한 이후 1943년 중앙아시아 카자흐스탄에서 서거하기까지 홍범도는 해외에서의 생애 가운데 절대적으로 오랜 세월을 러시아(소련)에서 보냈다. 북만주 밀산에서 농사와 교육에 몰두하던 2년 반과 3·1운동 이후 1919년 말에서 1920년 말까지 항일무장투쟁에 전념했던 1년여를 제외하고 그의 망명생활 35년 가운데 30여 년을 러시아(소련)지역에서 보냈다. 이 시기 만주에서의 활동 역시 러시아 연해주 지역과 밀접하게 결합되어 있다. 이는 러시아(소련)지역에서의 홍범도의 행적을 제대로 파악하지 않고는 홍범도의 삶과 활동에 대한 이해가 매우 제한적일 수밖에 없음을 뜻한다.

「홍범도 일지」의 소중한 사료적 가치

의병부대와 독립군 부대의 포고문이나 경고문 그리고 사령장 등을 제외하면 홍범도가 직접 쓴 글은 「홍범도 일지」와 「리력서」(1928년)와 말년에 ≪레닌의 긔치≫ 신문(1941년 11월 7일자)에 기고한 「원쑤를 갚다」가 전부라 할 수 있다. 그가 실천에 투철했던 투사였음을 반증하는 것이며, 그만큼 『홍범도 일지』가 소중한 가치를 가졌다는 것을 말해준다.

회고록이나 자서전 등은 운동 주체가 손수 작성한 기록이라는 점에서 사료로서 높은 가치를 지니지만, 개인적 편견이나 정치적 의도가 개입될 여지가 있고 세월이 흐른 후의 기억의 한계로 인한 오류를 갖게 마련이다. 특히 독립운동 경력을 기득권 확보나 정치적 입지 강화를 위해 활용했던 권력 지향적 인물이나 당파성이 강했던 인물의 경우 자신의 활동을 침소봉대하거나 미화하는 경우를 흔히 보게 된다.

그러나 「홍범도 일지」는 이러한 통상적인 회고록이나 자서전의 범주에서 벗어난 기록이라 할 수 있다. 자신이 겪었던 사실들을 가식 없이 덤덤하게 기술하고 있다는 점에서 「홍범도 일지」는 역사적 사실에 충실한 사료로서 손색이 없다.

항일무장투쟁사에 불패의 전설을 남겼음에도 불구하고 홍범도는 일본군을 상대로 한 전투에서 승리한 사실만이 아니라 처절하게 패배한 사실들도 여과 없이 그대로 기록해놓았다. 1907년 제3차 봉기의 첫 번째 전투라 할 수 있는 후치령 말니전투(1907년 음력 10월 9일)에 대해 홍범도는 함께 결의봉기했던 의병 14명 가운데 "제1등 포수 여섯명이 죽"고, 나머지는 "처음이 되다나니 총들 뿌려 던지고 싹 도망하고 한 놈없이 우리 부자만 남았"다고 술회했다. 홍범도는 1908년 항일의병활동이 절정에 올랐던 시기에 거듭된 승리에도 불구하고 일본군의 대대적인 토벌공격을 받아 압록강을 건너 만주로 망명하게 되는 과정을 과장 없이 회고하고 있다. 총탄 구입을 위해 만주와 연해주로 파견되었던 부하들이 자금을 횡령, 탕진하거나 또는 매수되어 실패로 돌아간 상태를, 홍범도는 "약철이 없어 일병과 쌈도 못하고 일본(병)이 온다하면 도망하여 매 본 꿩이 숨듯이 죽을 지경으로 고생하다가 할 수 없어 외국 중국땅 탕해로" 들어갔다고 썼다. 화력과 조직력에서 압도적 우위에 있던 일본군에 밀려 망명의 장도에 올랐던 것이다.

일본군에 대한 대첩으로까지 평가되고 있는 청산리전투에서도 홍범도는 일본군의 추격에 탄환이 없어 대응하지 못하고 도피하게 된 과정을 매우 사실적으로 묘사해놓았다. 청산리전투를 치르고 도피하다 오도양창에서 추운 밤을 지새는 도중 일본군과 홍호적(홍후재)의 공격을 받아 "우등불 앞에 불쪼이던 군사는 씨도 없이 다 죽고 그 나머지는 사방으로 일패도주하"여 "갱무여망(更無餘望)"의 상태에 빠졌다고 회고했다. 청산리전투의 승전 사실뿐 아니라 막강한 일본침략군과의 거듭된 전투로 탄약이 소진되고 보충할 가능성도 없었으며 병사들도 크게 지쳐 있던 상태를 생생하게 전해주고 있는 것이다. 「홍범도 일지」의 행간마다에서는 일본군과의 끊임없는 전투의 결과 부대가 흩어지는 패진(敗陣) 상태에서 다시 부대원들을 모아 재결집하여 새로운 전투를 시작해야만 했던 항일의병과 독립군 병사들의 고난에 찬 투쟁의 역사를 확인할 수 있다.

그뿐만이 아니다. 총탄 구입을 위해 파견했던 요원들을 감금했던 간도관리사 이범윤(李範允)의 비리 사실, 동의회(同義會) 의병지도자 최재형과 이범윤의 갈등과 대립, 1910년 국내진공을 목표로 모았던 군자금을 횡령한 박기만(朴基萬)을 처형한 사실, 그로 인하여 문창범이 추풍4사의 유력한 원호인들과 합작하여 홍범도와 그의 동지 의병들을 감금하여 처형하려 했던 사실은 의병과 한인사회 내부의 부정적인 측면들을 생생하게 보여준다. 익히 알려졌다시피 이범윤은 항일의병지도자로 이름을 날린 인물이고, 문창범은 3·1운동 이후 대한국민의회 의장과 상해임시정부의 교통총장에 임명된 인물이 아닌가.

물론 「홍범도 일지」가 사료로서 완벽하다는 말은 아니다. 일자나 시점의 경우 면밀한 검토가 필요한데, 아군이나 일본군의 피해상황에 대한 통계가 틀린 경우가 많으며 특히 일본군의 병력이나 사망자와 부상자의 숫자가 지나치게 많게 기록되어 있다. 그러나 1907년 말 삼수성 점령의 경우 『고종시대사』나 일본첩보자료와 비교하면 거의 일치하고 연해주 연추에 도착한 시기 등은 일본 측 첩보보고와 부합한다. 전체적으로 지명이나 사건 그리고 인명은 대체로 정확하다고 할 수 있다. 「홍범도 일지」는 항일운동에 관한 내용뿐만 아니라 일본군의 동향이나 중국군대나 홍호적들과의 관계에 대해서도 흥미로운 내용을 담고 있다. 중국 만주나 연해주, 중앙아시아 이주 한인들의 생활, 특히 언어나 풍습 등 일상생활의 단면들도 묘사되어 있다. 하지만 출생 이후 중앙아시아에서 말년을 보내는 시기까지 이르는 홍범도의 대체적인 행로를 그려낼 수 있는 것이 「홍범도 일지」가 가진 가장 큰 가치라 할 것이다.

「홍범도 일지」의 필사본들에 얽힌 문제들

「홍범도 일지」는 1990년 고려인 작가 김세일의 작품 『역사기록소설 홍범도』 제5권의 부록으로 첨부되어 출판되면서 국내에 처음으로 소개되었다. 김세일로부터 소설 『홍범도』의 원고와 함께 「홍범도 일지」 필사본을 건네받은 고송무는 "홍범도 일지는 이함덕(극작가 태장춘 씨 부인)씨가 옮겨 쓴 것을 김세일 선생이 다시 옮겨 쓴 것이다"라고 설명을 달았다. 그리하여 오랫동안 '김세일 필사본'이라고 할 수 있는 이 필사본이 유일한 것으로 국내 학계와 고려인사회에 널리 알려졌다.

이후 1993년 가을, 서울에서 개최된 세계한민족대회에 참가한 김세일은 「홍범도 일지」의 이함덕 필사본(복사본) 즉, '김세일 필사본의 저본'을 다른 자료들과 함께 한국정신문화연구원(현 한국학중앙연구원)에 기증했다. '이함덕 필사본'을 비롯한 이들 자료의 대부분은 항일투사 이인섭으로부터 받은 것이다. 이인섭은 김세일에게 홍범도 관련 소설의 집필을 권유하면서 이들 자료를 건네준 것이었다.

김세일이 「홍범도 일지」의 '이함덕 필사본'을 한국의 연구기관에 기증하기로 결심한 것은 '김세일 필사본'의 "정확성에 대하여 의문을 품는 사람들이 있기 때문"이라고 했다. '김세일 필사본'에 대한 국내 학계와 고려인사회에서의 의구심이 작지 않았음을 말해준다.

한국정신문화연구원은 2년 후인 1995년 이함덕 필사본과 다른 자료들을 탈초하여 『한국독립운동사자료집-홍범도편』을 간행했는데, 이함덕 필사본의 영인본은 함께 수록하지 않았다. 연구자들은 이 탈초본을 '김세일 필사본'과 함께 활용했으나 탈초과정에서의 오류들로 인해 '김세일 필사본'과 마찬가지로 사료로서 그대로 활용하기에는 많은 문제가 있었다.

필자가 「홍범도 일지」와 관련된 여러 의문점들에 관심을 갖게 된 것은 2005년 2월 우즈베키스탄 타슈켄트를 방문했을 때이다. 당시 필자는 항일투사 이인섭의 후손이 소장하고 있던 이인섭의 유품자료들 속에서 이인섭이 옮겨 쓴 『홍범도 일지』의 또 다른 필사본을 발견했다.

이 필사본과 이인섭의 노트와 메모들, 그리고 고려극장(조선극장) 당서기이자 배우인 김진이 이인섭에게 보낸 편지, 그리고 북조선에서 건설상을 지내고 카자흐스탄으로 망명한 역사학자 김승화와 이인섭이 주고받은 편지를 분석한 결과, 「홍범도 일지」의 여러 필사본들의 작성경위를 파악할 수 있었다. 즉, 1958년 홍범도에 관한 자료들을 수집하고 있었던 이인섭이 고려극장 측에 편지를 보내어 자료를 요청한 바, 김진이 연극 〈홍범도〉의 희곡을 쓴 태장춘에게 홍범도가 작성한 일기가 있다는 사실을 알려주는 한편, 「홍범도 일지」를 고려극장 배우이자 태장춘의 부인인 이함덕으로 하여

금 베끼게 한 후 이인섭에게 보내주었던 것이다.

이인섭은 김진이 보내준 '이함덕 필사본'을 1958년 6월 10일과 8월 15일 두 차례에 걸쳐 깔끔하게 정서했고, 특히 두 번째 필사본에는 이해하기 어려운 용어에 주석을 달았다. 필자가 입수한 '이인섭 필사본'은 1958년 8월 15일에 작성한 것이다. 이인섭이 정서한 이유는 이함덕 필사본이 읽기가 힘든 난필이었거니와 읽는 이에게 해석상 도움을 주기 위한 것이었다.

이인섭 필사본은 앞서 국내에 소개된 김세일 필사본과 탈초된 이함덕 필사본과 비교하여 상태가 양호하여 내용을 이해하는 데도 크게 도움이 되었다. 이들 필사본들을 비교·분석하는 과정에서 필자가 입수한 이인섭 필사본에 앞서 작성된 또 다른 이인섭의 필사본(1958년 6월 10일 작성)이 독립기념관에 소장되어 있는 사실을 알게 되었다. 그리하여 두 개의 이인섭 필사본과 김세일 필사본을 비교·분석하고 이들 필사본의 작성과정, 홍범도 자신의 손수 작성 여부, 작성 시기, 「홍범도 일지」의 존재 여부 등 관련 쟁점들을 정리하여 발표한 글이 「홍범도 일기' 판본 검토와 쟁점」이다(≪한국독립운동사연구≫ 제31집에 수록됨). 이함덕 필사본을 보지 못한 상태에서 작성한 이 글의 내용을 일부 수정하여 이 책의 '서문'으로 실었다.

첫 번째 이인섭 필사본은 소설가 정동주가 1993년 1월 「홍범도 일지」의 존재 여부를 추적하던 과정에서 입수한 것으로 후일 독립기념관에 기증한 것이다. 소설가 정동주는 1992년 10월 16일 모스크바의 김세일을 찾아가 「홍범도 일지」의 실재 여부에 대해 확인한 바, 『역사기록 소설 홍범도』에 실린 '작가의 말' 이상의 말을 들을 수 없었다. 그리고 다음해에는 카자흐스탄 알마타에 있는 이함덕을 찾아가 면담했다. 그리하여 정동주는 "홍범도의 일지는 작성자가 알려지지 않은 가짜임이 확인되었다"라고 섣부른 결론을 내렸다.

필자는 홍범도가 손수 쓴 「홍범도 일지」의 존재는 의심할 수 없는 사실이라는 결론을 내렸다. 「홍범도 일지」가 "홍범도가 말하고 태장춘이 쓴 것"이라는 주장도 있지만(항일투사 홍파), 「홍범도 일지」의 서술형태가 '~했습니다'로 끝나는 '구술형식'과 '~했다'로 끝나는 '필기형식'이 혼재되어 있어 홍범도가 직접 쓰기도 하고 태장춘이 받아썼을 수도 있다. 또한 김진 등 고려극장 관계자들이나 이인섭 같은 항일투사, 김기철, 김세일 등 고려인 작가들이 홍범도가 손수 작성한 「홍범도 일지」의 존재를 확신하고 있었다는 점도 분명하다.

이함덕 필사본 역시 우연하게 찾아냈다. 필자는 이인섭의 후손(이아나톨리)이 2008년 12월 독립기념관에 기증한 자료들을 자료집(『이인섭과 독립운동자료집』 전4권)으로 편집하는 과정에서 김세일이 1993년 가을 한국정신문화연구원에 기증한 자료들을 포함하여 이곳저곳 찾아봤지만 이함덕 필사본 등 자료들의 소재는 행방이 묘연한 상태였다. 그런데 엉뚱하게도 『문헌집』이라는 이름으로 독립기념관에 김세일이 기증한 자료들이 소장되어 있었으며, 이 가운데 '이함덕 필사본'의 복사본이 포함되어 있음을 알게 되었다(1993년 당시 김세일이 한국정신문화연구원에 기증하면서 이들 자료의 또 다른 사본을 누군가를 통해서 독립기념관에 기증한 것으로 보인다). 이함덕 필사본(물론 그 자체도 복사본이지만)이 이인섭, 김세일을 거쳐 한국에 오게 되기까지의 긴 세월과 얽히고 설킨 사연들이 많은 것들을 생각하게 한다. 그 과정에서 나름의 역할을 한 사람들의 노고에 감사할 따름이다.

홍범도가 손수 쓴 「홍범도 일지」의 분실 책임을 두고 이미 고인이 된 고려인 작가 두 사람(김세일, 김기철)이 상대방이 잃어버렸다며 서로를 지목한 글들을 남겨놓았지만, 현재로서 「홍범도 일지」의 원본이 세상에 나올 가능성은 거의 없다고 할 것이다. 그나마 그 원본을 옮겨놓은 네 개의 필사본이 남아 있어 천만다행이다. 필사본들의 작성 시기와 장소를 정리해보면 다음과 같다.

① 이함덕본: 1958년 4월 16일 완성(카자흐스탄 우시토베)
② 이인섭본 1: 1958년 6월 10일 작성(우즈베키스탄 안디잔)
③ 이인섭본 2: 1958년 8월 15일 작성(우즈베키스탄 안디잔)
④ 김세일본: 1989년 4월 30일(러시아 모스크바)

이들 가운데 홍범도 (자술) 일지를 처음으로 베껴 쓴 필사본이라는 점에서 이함덕본이 '이인섭 필사본(1, 2)'이나 '김세일 필사본'과 비교하여 '원본성(originality)'이 높다고 할 수 있다. 이 책에서 '이함덕 필사본'을 「홍범도 일지」의 '주해'와 '탈초'의 저본으로 사용한 근거이다.

이 책의 집필 동기와 구성

1990년에 김세일 필사본, 1995년에 이함덕 필사본의 탈초본, 2008년에 훨씬 깔끔하게 정서된 이인섭 필사본이 학계에 소개되었음에도 불구하고 「홍범도 일지」는 연구자들에게 크게 활용되지 못했다. 그것은 필사본의 상태도 한 원인이지만 「홍범도 일지」 자체가 갖고 있는 여러 장애요소들에서 비롯된 바가 크다.

「홍범도 일지」가 5, 60여 년 전, 즉 20세기 전반기의 언어로 쓰였다는 점 외에도 평안도, 함경도 사투리를 비롯하여 육진방언, 조선식 러시아어 그리고 사회주의체제의 용어들이 많아 이해하기 어려운 부분들이 곳곳에 산

재해 있다. 옮겨 쓰는 과정에서 발생한 것으로 보이는 오자, 탈자, 띄어쓰기에서의 문제에서 비롯된 도저히 이해하기 어려운 부분들이 적지 않다.

이 책은 2부로 구성되어 있다. 제1부는 「홍범도 일지」와 관련된 글들을 실었다. '서문'은 「홍범도 일지」의 여러 필사본의 작성 경위와 배경을 중심으로 하여 홍범도가 직접 쓴 「홍범도 일지」의 존재 여부를 둘러싼 쟁점들을 검토한 글이다. 그리고 바로 이어서 「홍범도 일지」(이함덕본)에 대한 주해와 탈초를 실었다. 다음으로 홍범도 개인 신상에 관한 직접적인 자료로서 홍범도가 직접 작성한 「리력서」와 소련공산당에 입당할 당시에 작성한 「앙케이트」, 그리고 홍범도가 사망했을 때 ≪레닌의 긔치≫ 신문에 게재된 「부고」와 추모기사 「홍범도 동무를 곡하노라」, 끝으로 홍범도가 ≪레닌의 긔치≫ 신문(1941년 11월 7일자)에 직접 작성해 기고한 글 「원쑤를 갚다」를 첨부했다.

「홍범도 일지」의 내용을 세밀하게 검토하면서 그동안 학계의 정설이나 널리 인정되어온 사실관계나 해석에 대한 재검토가 필요함을 절감했다. 제2부에 수록된 두 글은 홍범도 장군의 항일무장투쟁 활동과 시베리아내전 종결 이후 러시아 연해주와 중앙아시아 카자흐스탄에서의 말년의 삶, 그리고 소련의 고려인사회에서의 홍범도에 대한 다양한 추모·기념 활동과 행사들을 다루었다. 제1장의 「홍범도의 항일무장투쟁에 대한 재해석」은 ≪국제한국사학≫ 창간호에 게재한 글을 수정한 것이고, 제2장은 ≪한국근현대사연구≫ 제67집에 게재한 글이다.

이 책에서 특별히 언급하지 않았지만 새롭게 검토해보고 싶은 것이 홍범도의 제1차 봉기의 동기에 관한 문제이다. 1910년 이전 시기 홍범도의 항일의병봉기는 세 차례였으며, 그 계기와 성격이 각각 다르다. 그동안 선행연구에서는 제2차(1904년) 또는 제3차(1907년) 봉기에 주목하여 홍범도가 산

포수 출신임을 강조해왔다. 그러나 제1차 봉기는 그 시기가 1895년 일본군의 명성황후 시해 보름 후였다는 점에서 제1차 봉기의 동기가 명성황후 시해사건일 가능성이 크다는 점, 그리고 당시 홍범도가 평양 친군서영(親軍西營) 제1대대의 나팔수 출신이었으며, 황해도 수안(遂安) 총령(蔥嶺)에서 3년간 제지공장의 노동자로 생활했었다는 점에서 병정과 노동자의 삶을 살았던 홍범도의 신분에도 주목할 필요성을 확인했다. 한편, 홍범도가 1893~94년의 농민폭동에 참가했다고 하는 주장도 있다.

「홍범도 일지」의 주해에 대한 일러두기

「홍범도 일지」의 이해를 돕기 위해 전체적으로 현대어 표기로 바꾸었다. 평안도, 함경도 방언의 경우 그 맛을 살리기 위해 그대로 두었으나 이해하기 힘든 방언의 경우에는 현대어로 바꿨다. 지명, 인명의 경우 현대어로 표기했는데, 표기상 틀렸더라도 이해하기에 문제없는 경우 그대로 두었다.

읽기에 어색한 말투만 고쳤고, 정확한 표기와 부연 설명은 주(註)에 달아놓았다. 이함덕본을 저본으로 했지만, 원본을 옮겨 쓰는 과정에서 생긴 명백한 오자, 탈자와 띄어쓰기의 잘못으로 인해 그 뜻이 불분명한 경우 이인섭본 1과 이인섭본 2를 참조하여 바로 잡았다. 이 경우 이함덕본의 표기를 주에 필히 소개해놓았고 이인섭본 1, 2도 서로 다르게 쓰였을 경우 적어놓았다(특히 지명이 다른 경우는 모두 소개함). 다만 이인섭본 1, 2의 표기가 이함덕본과 다르지 않을 경우에는 별도로 소개하지 않았다.

이함덕본에서 도저히 이해되지 않는 부분은 이인섭본과 대조하여 확인했으며, 그래도 알 수 없는 부분에는 필자 나름의 해석을 해놓고 이함덕본,

이인섭본의 표기를 소개해놓았다.

김세일본은 동일하게 이함덕본을 저본으로 했지만 두 개의 이인섭본에 비해 오탈자와 누락 부분이 많아 이함덕본을 보다 낫게 이해하는 데 별 도움이 되지 않으므로 별도로 소개하지 않았다. 여전히 해명되지 않은 부분들이 남아 있다(예를 들면 "성황같이 토롱이 심하 죽으면 셨습니다", 60쪽 참조) 같은 문장이다. 후일의 보완을 기약해본다.

이 책은 「홍범도 일지」가 홍범도의 자서전으로서 그 독보적인 사료적 가치에도 불구하고 제대로 활용되고 있지 못하고 있다는 안타까움에서 집필되었다. 봉오동전투 94주년을 기념하여 발간되는 이 책이 홍범도 연구의 심화에 나름대로 기여할 수 있게 되기를 기대해본다.

이 책이 나오기까지 많은 도움을 받았다. 이인섭 필사본과 이함덕 필사본을 찾는 데 도움을 준 독립기념관의 이동언, 김도형 두 분 선생님, 그리고 강연과 학술회의를 통해 홍범도 연구의 기회를 주신 여천 홍범도장군기념사업회의 이종찬 이사장님과 황원섭 이사님께 깊은 감사의 말씀을 드리고 싶다.

「홍범도 일지」의 난해한 용어들을 해석하는 데에 좋은 의견을 준 윤상원 박사, 그리고 중국 동북3성의 지명에 관해 자문을 해준 하얼빈 이대무 선생에게도 심심한 감사의 마음을 전하고 싶다. 지난한 편집과정을 거쳐 보기 좋은 책을 만들어주신 염정원 선생과 도서출판 한울 직원 여러분의 노고에 감사드린다.

2014년 6월 7일 봉오동전투 94주년에 즈음하여

반병률

목차

제1부 홍범도 일지

'홍범도 일지'의 판본 검토와 쟁점

1. 머리말

국내 학계에 알려져 있는 이른바 「홍범도 일지」가 국내에 소개된 경위는 다음과 같다. 한글학자이자 중앙아시아 고려인 연구의 선구자인 고송무가 1989년 5월 23일부터 26일의 나흘 동안 소련과학원 동방학연구소의 초청으로 모스크바와 중앙아시아를 방문했는데, 당시 모스크바에 거주하고 있던 고려인 작가 김세일(김세르게이 표도르비치)을 만나게 되어 장편소설『홍범도』의 원고를 건네받게 되었다. 소설『홍범도』는 김세일이 소련지역 한글신문 ≪레닌기치≫에 1965년부터 1969년에 걸쳐 연재한 소설을 수정한 작품이었다. 이후 고송무가 1989년 8월 4일부터 10일간 서울을 방문했을 때 이 소설 원고를 가져와『역사기록소설 홍범도』라는 제목으로 그해 11월에 제3문학사에서 출판하게 되었다.[1] 1년 후인 1990년 11월 제5권이 발간될 때 고송무가 「홍범도 일지」를 「홍범도의 일지」라는 이름으로 책에 첨부하여 소개하면서 표지에 "홍범도 일지는 이함덕(극작가 태장춘 씨 부인) 씨가 옮겨 쓴 것을 김세일 선생이 다시 옮겨 쓴 것이다"라는 설명을 달았다.[2] 아울러 고송무는 『역사기록소설 홍범도』 제4권의 첨부자료로, 러시아어로 쓰이고 홍범도가 서명한 이력서와 간단한 자서전을 소개했다. 이 자료는 카자흐스탄 크즐오르다 주에 위치한 '레닌의 길(Leninskii Puts')' 콜호즈의 최베(V. Tsoe)가 1967년 2월 25일자로 출판을 위해 준비한 것으로, 당시 카자흐스탄 크즐오르다 주 국립문서보관소에 보관되어 있었다. 최베가 당시 러시아 톰스크에 있던 중앙국립문서보관소(원동)에 보관되어 있던 홍범도의 '이력서'와 '자서전'을 참조하여 작성한 것이다.[3]

이어 1993년 서울에서 개최된 세계한민족대회에 참가한 김세일이 소설 『홍범도』를 집필하면서 참고했던 회상기, 편지 등 각종 자료들과 함께 「홍범도 일지」의 필사본을 한국정신문화연구원에 기증했다. 그리하여 「홍범도 일지」는 「홍범도 구술 자전」이라는 제목으로 『한국독립운동사자료집 ─홍범도편』에 편집, 수록되어 1995년에 간행되었는데, 이는 이함덕이 필

1」 고송무, 「김세일 저 장편소설 『홍범도』가 나오게 된 경위」, 김세일, 『역사기록소설 홍범도』(제3문학사, 1989), 제4권, 4~5쪽.

2」 「홍범도 일지」, 김세일, 『역사기록소설 홍범도』, 제5권, 299쪽.

3」 김세일, 『역사기록소설 홍범도』 제4권, 259~267쪽. 홍범도의 '이력서'와 '자서전'은 정확히 말하면 '이력서'와 '앙케트(문답지)'이다. 이 두 문서는 홍범도가 러시아 연해주 한카이 구역(한카이 호수 근처)의 '한까이 별 꿈무냐'의 신두힌네츠(Sindukhinets) 마을에 있을 때 작성한 것이다('이력서'는 1928년경, '앙케트'는 1932~33년경). 홍범도는 1934년 외수청(外水清) 시코토보(Shkotovo) 구역의 '레닌(의) 길' 콜호즈로 옮겨가 일하다가 1937년 카자흐스탄 얀쿠르간(Iany-Kurgan)지방의 사나리크(Zhanaryk) 농촌소비에트[카잘린스크(Kazalinsk) 남쪽의 시르다리아 강 건너편 남쪽]로 강제이주당했다.

사한 「홍범도의 일지」를 탈초한 것으로 탈초과정에서 발생한 오류가 적지 않다.4 김세일이 국내에 소개한 이른바 김세일본 「홍범도 일지」는 김세일의 부인인 임리지아가 이함덕 필사본을 옮겨 쓴 것으로 알려져 있다(이하에서는 이를 '김세일 필사본'으로 약칭하기로 한다).

국내 학계에서는 장세윤이 1991년 김세일본 「홍범도 일지」의 작성과 국내 전파경위, 체제와 구성 등을 분석하고 홍범도의 생애와 항일무장투쟁에 대한 새로운 서술과 해석을 시도하여 「홍범도 일지」의 대략적인 내용을 학계에 소개한 바 있다.5

필자는 이인섭이 필사한 「홍범도 일지」와 『홍범도장군』(상)을 입수하여 분석할 기회를 갖게 되었다. 「홍범도 일지」는 이인섭이 이함덕이 필사한 것을 '등사(謄寫)'한 것이고, 『홍범도장군』은 이인섭이 「홍범도 일기」와 여러 항일혁명운동 참가자들의 회상기 등 자료들을 참조하여 집필한 전기물이다. 이 두 자료와 이인섭이 김세일을 비롯하여 고려극장 배우이자 당책임비서였던 김진(1958년 당시), 역사학자 김승화와 주고받은 편지들을 검토한 결과 홍범도가 직접 쓴 「홍범도 일지」가 실제로 존재했는가의 문제, 「홍범도 일지」가 김세일에게 전달된 계기와 과정 등과 관련한 새로운 사실들을 파악할 수 있게 되었다.

김세일의 필사본과 이인섭의 필사본은 많은 차이점을 보이고 있다. 두 필사본은 어법, 문법, 띄어쓰기가 다르며, 특히 김세일 필사본에는 탈자, 오자가 많고 누락되거나 불명확한 부분 역시 많다. 김세일 필사본의 경우 이

4」 박성수, 「해제」, 『한국독립운동사자료집―홍범도편』(한국정신문화연구원, 1995), v-vi쪽.
5」 장세윤, 「〈洪範圖 日誌〉를 통해 본 홍범도의 생애와 항일무장투쟁」, ≪한국독립운동사연구≫ 제5집(독립기념관 한국독립운동사연구소, 1991), 233~272쪽.

인섭 필사본에 들어 있는 단락 전체가 누락되었거나 단락의 중간 부분이 빠져 있기도 하다. 이러한 문제들은 1958년에 작성된, 이인섭으로부터 넘겨받은 이함덕본을 30여 년 후인 1989년에 고송무에게 전달하기 직전에 급히 필사하는 과정에서 발생한 것이라 보인다.

또한 "홍범도 일지는 이함덕(극작가 태장춘 씨 부인) 씨가 옮겨 쓴 것을 김세일 선생이 다시 옮겨 쓴 것이다"라는 고송무의 설명은 전혀 근거 없는 말은 아니지만, 사실의 일부만을 반영하고 있음을 확인할 수 있었다. 더욱이 김세일에게 「홍범도 일지」를 필사하여 전달하고 김세일이 소설 『홍범도』 집필에 크게 참조한 『홍범도장군』을 집필하고 김세일의 물음에 답해주었던 이인섭의 역할이 단순한 자료전달자로서 과소 평가되었다는 데 더 큰 문제가 있다.

이 글에서는 홍범도가 직접 쓴 「홍범도 일지」의 실재 여부를 밝히기 위해 러시아 모스크바와 카자흐스탄 알마타 등을 방문한 작가 정동주가 남긴 김세일, 이함덕 등과의 인터뷰 내용을 아울러 검토했다.[6] 이들 인터뷰 내용은 「홍범도 일지」의 여러 판본과 관련된 쟁점들을 검토하는 데 크게 도움이 되었다.

2. 「홍범도 일지」의 필사본들

국내에 소개된 「홍범도 일지」의 필사본은 모두 세 개이다. 익히 알려진

6ı 정동주, 『까레이스끼, 또 하나의 민족사』(우리문학사, 1995).

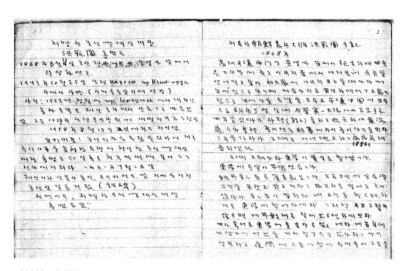

이인섭 필사본 2

김세일 필사본 외에 이인섭이 남긴 두 개의 필사본이 그것들이다. 우선 국내에 소개된 이인섭의 필사본들을 소개하기로 한다. 편의상 '이인섭 필사본 1'과 '이인섭 필사본 2'로 구별하기로 한다. 첫 번째 필사본 즉, '이인섭 필사본 1'은 1958년 6월 10일에 작성된 것인데, 표지에 "洪範圖 日記"라는 제목과 "그가 親筆노 쓴 그대로 등본하였음. 1958년 6월 10일에 Uzbekskaia SSSR gor. Andishan 5010 ul. Stalina No. 172 A에서 리인섭은 등본을 필하엿오"라 쓰여 있고, 본문 첫 장은 "1868년"으로 시작되며, 33쪽 분량이다.[7]

---

7 | 이 필사본은 현재 독립기념관에 소장되어 있다. 필자는 「홍범도 일지」의 실재 여부를 추적한 바 있는 작가 정동주와 전화 인터뷰를 했는데, 구소련 지역을 방문하면서 수집한 자료들을 독립기념관에 기증한 사실을 확인할 수 있었다. 이인섭의 필사본도 그가 기증한 자료들 가운데 하나가 아닌가 한다. 정동주가 1993년 1월에 입수했다고 하는 「홍범도 일지」가 아마도 이것일 것이다.(정동주, 『까레이스끼, 또 하나의 민족사』, 145쪽 참조).

두 번째 필사본, 즉 '이인섭 필사본 2'는 2개월 후인 1958년 8월 15일에 작성한 것으로 본문은 "저名한 朝鮮義兵大將 洪範圖 手記"로 시작되고 있으며 37쪽 분량이다. 표지에는 홍범도의 생몰 연도와 출생지, 묘지가 있는 장소를 밝혀놓았고, 홍범도의 사진과 크즐오르다 공동묘지에 있는 홍범도 묘비에 적힌 글귀를 옮겨놓았다.

저명한 조선 빨찌산대장 洪範圖 홍범도 1868年 8월 27일 조선 평양 서문안 문열사 앞에서 탄생하엿고, 1943年 10월 25일 쏘련 KazSSSR gor. Kzyl-orda 시에서 사망(시내공동묘지에 안장). 사진: 1922년 정월에 gor. Irkutsk에서 찍힌 것 총과 군복은 레닌동지게서 상금으로 바든 것임. 그는 1927年 쏘련 공산당원이고 개별적 은급수령자 1958년 8월 15일 고인에 친우 리인섭. 묘의 비문: 조선의 자유독립을 위하여 제국주의 日本을 反對한 투쟁에 헌신한 조선 빨찌산 대장 홍범도의 일홈은 천추만대에 길이길이 전하여지리다 一九五一年 十월二五일 레닌기치 신문사 동인, 고인의 전우 및 시내유지한 조선인일동 건립(鐵碑). 전면에는 '저명한 조선빨찌산대장 홍범도묘'.

'이인섭 필사본 2'가 '이인섭 필사본 1'에 비해 쪽수가 많은 것은 이인섭이 내용에 따라 문단을 나누고 큰 글씨로 썼기 때문이다. 그리고 두 개의 이인섭 필사본은 내용상 큰 차이가 없다. 대략 이 두 필사본은 200자로 약 95매가량이다.

'이인섭 필사본 2'는 읽는 이의 이해를 돕기 위해 뜻을 와전하지 않는 범위 내에서 글의 뜻을 분명히 하기 위한 조사나 말을 덧붙였고, 순한글로 된 단어의 의미 이해를 돕기 위해 한자 또는 러시아어를 첨가하거나 난해한 용어나 지명에 각주를 붙여 부연설명을 첨가했다. 이인섭은 자기가 덧붙인 말을 괄호 안에 넣어 구분했다. 예를 들어 '이인섭 필사본 1'에는 "사련을 치고"(1쪽)라고 쓰여 있는데, 그 뜻을 짐작할 수 없기 때문에 "사련(殺人)을 치고"(1쪽)로 한자를 덧붙였고, '이인섭 필사본 1'에 나온 "세미노대"(31쪽)는 전혀 무슨 뜻인지 알 수 없으나 "세미노대(3минуты)"(35쪽)라고 수정하여 '3minutes', 즉 "3분"으로 이해할 수 있게 되었다. 이처럼 '이인섭 필사본 2'는 인명, 지명 등 고유명사 해석에 혼란의 여지를 없애고 뜻을 명확히 하기 위해 한자를 혼용했다. 이는 평안도, 함경도 사투리, 조선식 러시아어 등의 뜻을 명확히 하는 데 큰 도움이 되고 있다.

다만, 두 필사본은 철자가 달리 표기되거나 필사과정에서 발생한 오류들이 있다. 예를 들어 '이인섭 필사본 1'의 9쪽 첫줄에 "림재덕도 널과 갗이 사형에 처한다. <u>조선놈들아 너의 놈들도 드러[들어]보와라. 너이나 내나 다 조선놈으로 무순[무슨]일이 탈바서 저런 역적놈들과 나을 해코저 하너냐하느냐</u>"(밑줄과 대괄호는 필자)에는 밑줄 친 부분이 빠져 있어 의미전달이 되지 않는데, '이인섭 필사본 2'의 9쪽에는 있다. 또한 '이인섭 필사본 2' 2쪽 셋째 문단의 "九月 十八 장安寺 넘어오는 길 嶺上인즉 단髮령입니다"가 '이인섭 필사본 1'에는 누락되어 있다.

반면에, '이인섭 필사본 1'(19쪽)에는 "봉밀사 김형무(성무)"로 되어 있으나 '이인섭 필사본 2'에는 "봉蜜산 김형무"(21쪽)로만 되어 있다. 또한 '이인섭 필사본 1'의 "투항한 놈들이 같이 단니던 동무을 잡으려고 백파을 다리고 온 놈이 분명하다"(21쪽)의 '분명하다'가 '이인섭 필사본 2'에는 "不明하다"(23쪽)로 잘못 기재되어 있다. 그리고 이들 두 필사본 간에 사소한 철자상의 표기 차이 외에 서로 아예 다르게 표기된 것도 있다. 예를 들어 '이인섭 필사본 1'에는 "내에[나의] 군인 250명이 사방으로 둘너싸고"(25쪽)라고 쓰였는데 '이인섭 필사본 2'에는 "나에 군인 520명(五二0)"(24쪽)으로 되어 있어 군인 수가 달리 적혀 있음을 알 수 있다(참고로 김세일 필사본 21쪽에는 520명이라 되어 있다). 그리하여 이인섭의 두 필사본은 상호대조할 필요가 있고 특히 상이할 경우에 김세일본과 함께 참고할 필요가 있다.

이인섭의 두 필사본과 김세일 필사본은 어법, 문법, 띄어쓰기가 다른데, 특히 김세일 필사본에 많은 탈자, 오자가 있고 누락되거나 불명확한 부분이 많다는 것이다. 김세일 필사본에는 이인섭 필사본에 있는 단락 전체 혹은 단락 중간 부분이 누락되어 의미를 파악하기 힘든 곳이 적지 않다. 심각한 예가 '이인섭 필사본 1'의 2쪽과 '이인섭 필사본 2'의 3쪽 두 번째 문단 전체가 김세일 필사본에는 완전히 빠져 있다. 즉 "그날 밤으로 盜亡하여 단발嶺 영上에 當한 즉 해가 山 등에 올나오니 日本 놈 세놈이 나을 붓둘려고 왓떤 놈이 元山으로 넘어가는 것을 몰수히 다 잡았습니다"가 김세일 필사본에는 빠져 있는 것이다(2쪽). '이인섭 필사본 1'에 "209명을 잡아다가 대장소 앞에 김원홍, 림재덕 두 놈을 꿀리고 내가 나서면서 너이 두 놈이 내 말을 드러라. 김원홍 이 놈 네가 수년을"(8쪽)이라는 문장에서 밑줄 친 부분이 김세일 필사본에는 빠져 있다(9쪽). 이외에도 누락된 부분이 여러 군데가 있다.

그 외에 '이인섭 필사본 2'에는 "장安寺 넘어오는 길 嶺上인즉 단髮령"(2쪽)이 김세일 필사본에는 "장안사 넘어오는길 영상인즉 담발영임니다"(2쪽)로 되어 뜻을 알 수 없게 되었다. '이인섭 필사본 1'의 "평안도 양덕이"(3쪽)이 "평양도 약덕"으로, '이인섭 필사본 1'의 "일병은 사십여명을 잡고"(5쪽)가 "일병은 삼십여명을 잡고"(4쪽)로, '이인섭 필사본 1'의 "일본 천황에 귀순할 것 같흐면"이 "일본 청항에 귀순할 것같으면"(5쪽)으로, '이인섭 필사본 1'의 "둣텁바우꼴서"(9쪽)가 "둣텁비우골서"(8쪽)로, '이인섭 필사본 1'의 "28일에 함흥 동교촌 신성리"(9쪽)가 "함흥 동고촌"(8쪽)으로, '이인섭 필사본 1'의 "이번 내일이 바루 되면 커니와 약 불연(不然)이면"(10쪽)이 "이번 내이리 바루되면 커니와 약쁘런이면"(9쪽)으로, '이인섭 필사본 1'의 "삼단 단천으로"(11쪽)이 "삼담 단천"(10쪽)으로, '이인섭 필사본1'의 "일본군량[日本 軍糧]"(12쪽)이 "일본굴양"(11쪽)으로 되어 있다. 김세일 필사본에는 이러한 사소한 오류가 많은 것이다.

전체적으로 보아 김세일 필사본이 읽기가 매우 어렵고 이해하기 어려운 부분이 많다고 볼 수 있다. 이른바 김세일 필사본은 '교육을 제대로 받지 않은 홍범도'가 쓴 글이라 하더라도 도저히 이해할 수 없는 부분이 너무 많은 것이다. 이인섭 필사본 가운데 나중에 작성된 '이인섭 필사본 2'가 상대적으로 오류나 빠진 부분이 적다. 그럼에도 불구하고 두 개의 이인섭 필사본은 상호대조하여 활용할 필요가 있다.

3. 「홍범도 일지」 필사본의 작성 경위

1) 이인섭 필사본 「홍범도 일지」의 작성 경위

이인섭이 홍범도를 처음 만난 것은 자신이 1913년 러시아로 망명했다가 러시아 당국에 체포되어 니콜스크-우수리스크(현재의 우수리스크)의 감옥에서 중국 마적 홍후즈(紅鬍賊) 두목의 도움으로 석방된 후 찾아간 니콜스크-우수리스크의 이갑 집에서였고, 두 번째는 1918년 봄 하바롭스크에서 러시아 사회민주노동당 볼셰비키 시당위원회 비서 김알렉산드라와 원동소베트인민위원회 의장 알렉산드르 미하일로비치 크라스노셰코프(Aleksandr Mikhailovich Krasnoshchekov)의 극력 주선으로 조선인정치망명자협의회를 개최하고 한인 볼셰비키당을 조직하려던 회의에서였다고 한다.[8] 세 번째는 한인들의 강제이주 후인 1937~1943년에 카자흐스탄의 크즐오르다에서였다.[9] 같은 평양 출신으로 한말 의병운동에 참여한 점, 러시아로 망명하여 노동생활과 빨치산 활동을 했던 등 공통의 경험이 많았던 점에서 이인섭은 홍범도에 대하여 남달리 존경했고 그의 삶과 활동을 높이 평가했다.

이인섭이 홍범도에 관한 기록을 모으기 시작한 것은 그가 1951년 홍범도의 분묘수리위원회에 참여하게 되면서였다. 1943년에 사망한 홍범도의 묘가 8년이 지나면서 심히 훼손되자 크즐오르다의 유지들이 의연금을 모아 묘를 수리했던 것이다. 이인섭은 당시 홍범도의 전우들의 위탁으로 1951년부터 홍범도에 대한 회상기 등의 자료들을 수집했고, 카자흐스탄 우시토베(Ushtobe)에 있던 고려극장의 배우이자 서기였던 김진으로부터 홍범도의 "일긔와 사진"을 받았으며 하바롭스크의 장리호가 보내준 홍범도의 장년 시절 사진과 담화내용을 종합하여 「조선인민의 전설적 영웅 홍범도장군을 추억하며서」와 239페이지에 달하는 『홍범도장군』을 집필하기에 이르렀다.[10] 이인섭은 『홍범도장군』의 서문에 해당하는 「필자가 이 회상긔을 쓰게 된 동기」에서 홍범도가 직접 쓴 「홍범도 일지」를 입수하게 된 경위를 다음과 같이 밝히고 있다.

그러나 그의 전기을 쓸만한 자료는 구하기 어려웠다. 그러다가 펠간(Fergana)에 거주하는 리종학, 김재구, 김희영 동지들이 주는 1919년으로 1921년까지 간도지방에 공작하던 회상긔, 김승빈 동지가 보내준 간도서

8」 이인섭, 「조선인민의 전설적 영웅 홍범도을 추억하며서」(手稿本), 1~4쪽.
9」 위의 글, 13쪽.
10」 위의 글, 14쪽.

아령으로 1920년 1921년에 행군하여 올 시에 여러군대와 연합하던 사항, 예센뚜긔(Essentukii)에서 황운파, 홍파 동지가 보내준 갑산 무산 등지에서 진행하든 전투사항, 원수산 동지을 경유하여서 옛적 홍범도군대 참모장이던 김소림 선생의 회상담, 리창긔, 김홍무 그타 여러 전우들의 회상담과 긔록된 편지들을 바닷으나 당시 갗이 공작하던 간부나 그타 특출하던 인원들 성명, 년대을 아지 못하여서 각급하게 지내던 중에 <u>1958년 4월 17일에 Казахск공화국 СТ. Уш-тобе 조선극장내 당책임비서 김진 동지게서 정성스레 보내주신 홍범도장군이 친필노 쓰신 자긔평생 일긔, 그의 사진을 과연 귀중한 재료로써 필자가 갈망하던 재료을 충분이 리용하여서 이 글을</u> 쓰게 되엇습니다.[11](밑줄은 필자)

여기에서 이인섭에게 홍범도가 직접 쓴 「홍범도 일지」를 보내준 사람은 당시 카자흐스탄 우시토베에 있던 고려극장의 배우이자 당책임비서였던 김진이었음을 확인할 수 있다.

이인섭은 1958년 3월 14일 고려극장 측에 홍범도에 관한 자료를 요청하는 서한을 보냈다. 이인섭은 자신이 여러 해 동안 "조선해방운동에 참여하던 비밀사업자들 회상긔, 이전 의병들, 독립군들 회상긔, 쏘베트주권 수립을 위하여 악전고투하던 빨찌산들 회상긔을 수집"하고 있는 사실을 알리는 한편, 하바롭스크 구역 전쟁참가자들 '섹치야'(분과)와 조선노동당 직속당 역사연구소 등 소련과 북한의 기관들과 연계를 갖고 있다며 과거 의병, 독립군, 빨치산 활동에 참가한 이들의 회상기 등 자료수집에 협조해줄 것을

11ı 이인섭, 『홍범도장군』(手稿本), 19쪽.

요청했다. 특히 이인섭은 고려극장의 극작가 태장춘이 〈홍범도〉 희곡을 '제작'한 사실을 언급하면서, 그의 분묘수리위원회에 참여한 사실이 있지만 홍범도의 생년월일, 원적, 처음 기병(起兵)할 당시 조직자들의 성명 등 관련 자료와 사진을 보내줄 것을 구체적으로 요청했다.[12]

이인섭의 편지를 받은 고려극장의 당책임비서 김진은 1주일 후인 3월 20일 이인섭에게 편지를 보내면서 이인섭의 요청에 적극 협조하기로 한 고려극장 측의 결정을 알려주었다.

이제 우리 당긔관들에서나 조선로동당역사연구소나 또 선생끠[께]서 몸소 참가하시는 즉 과거 연해주 조선 중국인 특히 조선빨찌산들의 투쟁긔를 작성함에 대한 당신의 노력은 전체 조선 노력자들의게 잇어 오래 갈망하던 바, 환희로운 일이라고 생각하는 바입니다. …… 나하고 극장 총장하고 토의한 결과 다음과 같은 결론을 짓게 되엿음니다. 선생이 재료수입하는 사업에 구체적 방조를 들이기 위하여 우리극장이 五月에 우즈베기쓰딴으로 순회를 떠나겟으니 그때 안지산으로 꼭 갈터인 바 선생님과 만나야 되겟음니다. 우리도 그때에 선생님을 찾겟으니 극장이 그곳으로 가게 되면 선생님께서 극장에 김진이를 꼭 찾어주시요 그러면 우리 힘자라는대로 홍범도의게 대하여 담화해 들이리다. 우리가 Kzyl-orda[크즐오르다]에 살 때 홍범도 노인이 우리들과 친근히 접촉하엿기에 그의 생애를 알기는 하는데 자서한 년대 력사는 이약이나 들엇지 누가 긔록한 것은 없음니다. 연극 "홍범도"를 요즘에 준비하는데 이에 있어서도 이전 그의게[그에] 대한

12｜「이인섭이 조선극장 총국·당단체에게 보낸 편지」, 1958년 3월 14일자.

담화를 듣고 거기에 기초하여 만들어 낸 것이 많습니다. 이런 재료들은 그의 력사적 긔록에는 필요치 못하다고 생각함니다. <u>그리고 태장춘 동무의게 홍범도 노인의 원동 한까이 있을 때에 긔록한 의병운동에 대한 일긔가 잇는데 그때에 그 책에 재료를 갖이[가져] 간다던지 않이면[아니면] 그 일긔를 등본을 볏기에[베끼어] 보낸다던지 할터인데 지금 태장춘 동무가 휴양소로 간것이 오지 않엇음니다.</u> 그리고 사진 한 장. 레닌 인는데[있는데] 가서 мaузeр와 cежли - 뽀족삭꼬시를 선물받고 찍은 것이 딱 한 장이 태장춘 동무의게 있는데 태장춘 동무가 오면 상논하고 그 사진을 복사하여 보내게 하겟음니다. 그리고 순회시에 홍범도 동지들을 만날 일이 적엇음니다. 크즐-오르다 주 칠리 구역 "아방가르드" 김만삼이 잇던 꼴호즈에 전쟁때 (1943-1945년대) 곽영감이라고 홍범도 와 함께 의병에 단니던 노인이 게섯는데[계셨는데] 지금 알 수 없음니다.[13](밑줄과 대괄호는 필자)

홍범도가 쓴 "의병운동에 대한 일긔"가 있는데, 이는 원동의 한카이 구역에 있을 때 쓴 것이라는 사실을 알 수 있다. 홍범도가 카자흐스탄 크즐오르다에 와서 자기의 '일기'를 썼다는 이인섭의 회상과는 차이가 있지만,[14] 홍범도가 직접 쓴 「홍범도 일지」의 존재를 확인해주고 있는 것이다. 김진은 「홍범도 일지」를 직접 전달하거나 베껴 보내줄 것임을 약속하고 있다. 이후 김진은 1개월여 만인 1958년 4월 17일자로 「홍범도 일지」를 '등서'하여 이인섭에게 보냈다. 이 답장에서 김진은 이인섭을 위로하면서 "<u>그런데 일긔를 등본하는데 시간이 좀 걸엿으니[걸렸으니] 이 일긔는 홍범도 노인의 친</u>

13」「김진이 이인섭에게 보낸 편지」, 1958년 3월 20일자.
14」「이인섭이 김승화에게 보낸 편지」, 1967년 11월 15일자.

필을 등본한 것이니 값잇는[값있는] 문건으로 될 것이며 사진을 복사한 것이 잘 되지 못하엿으니 원동에 가서 등사하게 되는 때에 미술가가 수정을 하라고 편지에 부탁하시면 좋으리라"(밑줄과 대괄호는 필자)고 했다. 김진은 1958년 4월 16일에 「홍범도 일지」의 '등사'를 마치고, 다음날인 4월 17일에 사진 등 다른 자료들과 함께 '등사'된 「홍범도 일지」를 이인섭에게 우송했던 것이다.

김진으로부터 「홍범도 일지」의 필사본을 받은 이인섭은 앞에서 이미 서술했듯이 필사본을 6월 10일에 정서하여 "洪範圖 日記"라고 제목을 붙였고, 2개월 후인 8월 15일 다시 「저명한 朝鮮義兵大將 洪範圖 手記」라는 제목의 또 다른 필사본을 남겼던 것이다.

이제 고려극장의 태장춘이 갖고 있던 「홍범도 일지」를 등서한 사람이 누구인가를 검토할 차례이다. 이를 위해서는 이인섭의 두 필사본 끝부분에 주목할 필요가 있다. '이인섭 필사본 1'은 "끝 게속이 더 없기에 끝임니다. 이겄은 그의 일긔대로 등서한 것이니 그리 아십시오. Ст. Уш-тобе 필자 러시아서명 16/IV 58 г. (당책임비서 김진)"으로 되어 있다. '이인섭 필사본 2'은 "끝 게속이 더 없기에 끝임니다. 이겄은 그의 일긔대로 등서한 것이니 그리 아십시오. Ст. Уш-тоъе 김진 필자 러시아서명 16/IV 58 г."로 글을 마치고 있다. 이를 통해 고려극장 측에서 「홍범도 일지」의 '등서'를 완료하고 1958년 4월 16일 김진이 서명한 사실을 확인할 수 있다. 문제는 '필자' 다음의 러시아어서명이다. 이 서명은 '이인섭 필사본 1'의 경우 "당책임비서 김진" 또는 이인섭으로 추정할 수 있으나, 편지 등 문서들에서 일관되게 보이는 이인섭의 서명과는 확실히 다르다. 결론적으로 이 러시아어 서명은 연극 〈홍범도〉의 희곡작가인 태장춘의 부인으로 당시 고려극장의 배우로 활약하고 있던 이함덕의 것이다.[15] 이함덕의 서명은 이함덕이 쓴 『극장역사』의 표지에 쓰인 이함덕의 러시아어 서명과 일치한다. 이함덕이 손수 쓴 서명과 조금 다르지만 기본적인 서명의 골격은 그대로 나타나 있으며, 약간 변형된 이유는 이인섭이 이함덕의 서명을 옮겨 적으며 발생한 것으로 볼 수 있다. 이상을 종합해서 추정하면 고려극장 당책임비서 김진의 지시에 따라 태장춘이 갖고 있던 「홍범도 일지」를 태장춘의 부인인 이함덕이 등사했고, 이를 김진이 사진 등의 자료와 함께 이인섭에게 우송한 것으로 정리할 수 있다.

2) 이인섭이 김세일에게 「홍범도 일지」를 전달한 과정과 김세일 필사본의 작성경위

김세일은 『역사기록소설 홍범도』의 「작가의 말」에서 자신이 「홍범도 일지」를 입수하게 된 경위를 다음과 같이 구체적으로 밝혀놓고 있다.

1959년 여름에 노혁명자인 이인섭 선생이 우스베끼스딴 안지산시에서 나를 찾아 모스크바로 왔는데 이것은 나에게 있어서 그야말로 뜻깊은 상봉이었다. 나는 이인섭 선생을 그때까지 만나본 일은 없지만 그가 조선민족해방운동에 떨쳐나선 지 오랜 애국자이고 혁명자인 것을 알고 있는 지 오랬고, 이인섭 선생은 레닌기치 신문에 발표된 나의 장편서사시 「새별」을 읽어보고 내가 누구인 것을 대강 알았을 뿐이었다.
이인섭 선생은 나한테로 그저 빈손으로 오지 않았다. 그는 20여개의 크고 작은 필기장들을 가지고 왔는데 그 속에는 카작공화국 인민 여배우 이함

15」리함덕, 『극장역사』, 고려극장(Kor. Teatr), 표지, 날짜 불명.

덕씨(극작가 태장춘씨의 부인)가 손수 베껴 쓴 홍범도의 '일지'가 있었다. 문장들이 좀 서투르고 철자법으로 보아 오서들이 많으나 알아볼 수 있게 씌여진, 홍범도 장군이 남겨 둔, 그야말로 유일무이한 고귀한 문헌이었다. 그리고 혁명자들의 수기, 노의병들의 회상기 및 기타 중요한 역사적 자료들이었다.16(밑줄은 필자)

김세일은 1959년 여름, 이인섭이 모스크바로 와서 20여 개의 크고 작은 필기장을 자신에게 주었다고 밝히고 있다. 그리고 이인섭이 가져온 자료들 가운데 "카작공화국 인민 여배우 이함덕씨(극작가 태장춘씨의 부인)가 손수 베껴 쓴 홍범도의 '일지'가 있었다"라고 회상했다. 앞에서 검토한 김세일의 회상 가운데 두 번째 부분은 사실이다. 그러나 1958년에 이인섭이 20여 권의 자료를 가져왔다는 김세일의 회상은 시기 문제 등을 재검토할 필요가 있다.

우선 이인섭이 김세일에게 보낸 1961년 4월 3일자 편지를 보면, "동지가 지금 무순 직업을 하시는지 알녀주실 수 있을 넌지요? 나는 1957년부터 조선로동당 력사연구소와 연계을 가지고 있읍니다. 피차 글쓰는 내용과 목적이 동일 한 것만치 한번 만내 의사을 상통하였으면 피차 도음을 어들 수 있을 것임니다"라고 쓰여 있다. 또한 같은 편지에서 "동지게서는 조선에 저명한 빨찌산 대장 홍범도장군에 대하여서 자료을 수집하거나 글을 쓴 것이 없는지요 나는 그의 재료을 2-3년을 두고 초집하여 조선으로 보내읍니다"라고 하여 홍범도에 관해 처음으로 이야기하고 있다. 즉, 이인섭이 1958년에

16」 김세일, 「작가의 말」, 『역사기록소설 홍범도』 제1권, 19~20쪽.

모스크바에 있던 김세일을 찾아왔다는 김세일의 회고는 정확한 것이 아니다. 1961년에서야 이인섭이 김세일에게 무슨 작업을 하는지 물어보고 있는 것이다. 이어 약 7개월 후 김세일이 이인섭에게 보낸 1961년 11월 16일자 편지에 덧붙인 이인섭의 메모에는 "1962년 3월 10일에 소포-차님싸을 보냇다. '홍범도 일지' '홍범도 장군' 초기 사진 홍범도 2장 분묘 1 톰스크에서 바든 '홍범도 참고재료' 자료을 참고하라고 보냇다"라고 쓰여 있다. 즉, 김세일의 회상처럼 이인섭이 모스크바에 찾아가 한꺼번에 여러 자료를 준 것이 아니라 우송한 것이며 발송 시기 역시 1962년 3월의 일이다.

결국 김세일은 이인섭이 「홍범도 일지」를 송부(이인섭의 편지 내용에 따르면 우송)한 시간이나 수령 장소를 제대로 기억하고 있지 못한 상태에서 추정하여 고려극장 이함덕이 「홍범도 일지」를 등서한 날짜인 1958년 4월 16일에 맞춰 1959년 여름이라고 말했을 가능성이 없지 않다.

이인섭은 김승화에게 보낸 편지에서 소설『홍범도』와 관련하여 자신과 김세일의 관계를 다음과 같이 전하고 있다.

내가 김세일을 만내던 동기는 이러함니다; 여러 해전에 김세일 동지는『레닌기치』에다가 「새별」이라는 장편시을 게재하기 시작하였음니다. 그 사실에 내용을 보니 A.П. 김 아명이 '새별'이라고 작가가 자칭하고 썼었음니다. 그리하여 나은 그에게 A.П. 김 략사를 소개하니 그는 당시 그 시를 게재치 아니하고 말았음니다. 그 후 피차 서신거래가 있다가 그 후에 그가 Moskva 에 있을 때에 상면하였고 그집에서 수일간 뉴하면서 그가 장편소설 "설레는 두만강"을 썼다고 하였소 그 후에 내가 초집한 "국민전쟁참가(자)들 회상기『홍범도장군』상하권, 조선으로 보낸 존안 그타을 여러해 동안 그가 참고하더니 『홍범도』라는 장편소설을 쓰긔 시작하였음니다. 그런데

…… 김세일 동지는 1968년 가슬[가을]에 안지잔에 와서 신문독자모집을 하면서 우리집에 뉴하다 갔음니다. 그러나 자긔가 소설을 쓰는데 대하여 난 아모말도 아니하니 나도 묻지 아니하고 말았음니다.[17](대괄호는 필자)

김세일은 이인섭이 필사한 「홍범도 일지」, 이인섭이 쓴 『홍범도장군』, 기타 국민전쟁 참가자들 회상기 등 자료들을 활용해 소설 『홍범도』를 집필한 것임을 알 수 있다. 이러한 사정으로 이인섭은 김세일에게 보낸 논평에서 김세일에게 「작가의 말」에서 "나은 우선 홍범도가 친히 쓴 그의 '일긔'을 얻게 되었다"를 "1958年 4月 17일에 조선극장 당 КПСС 단체에서 그의 사진까지 보내준 것을 받게 되었다"라고 수정하도록 권고했던 것이다.[18]

김세일이 고송무에게 건네준 「홍범도 일지」를 필사하게 된 경위에 대해 본인이 직접 설명한 바는 없다. 다만 김세일 필사본의 끝 부분에 이인섭 필사본과 마찬가지로 "끝 계속이 더 없기에 끝임니다. 이겄은 그의 일긔대로 등서한 것이니 그리 아십시오. Ст. Уш-тобе 필자 (리함덕의 수표) 16/IV 58 г." 이라 쓴 후에 이어서 "홍범도 일기를 리함덕 동무 등서한 것을 그대로 등서하였음. Москва 필자 서명 30/IV-89 г."를 덧붙이고 있는데서 김세일이 1989년 4월 30일에 등서했음을 알 수 있다. 이는 「홍범도 일지」를 국내에 소개한 고송무가 모스크바를 방문하기 한 달 전의 일이다.

17ᅵ「이인섭이 김승화에게 보낸 편지」, 1969년 5월 일자 미상, 김승화의 5월 6일자 편지에 대한 답장.
18ᅵ이인섭, 「장편 소설 洪범도에 대하여」(手稿本).

4. 친필 「홍범도 일지」의 존재문제

1) 「홍범도 일지」의 실재문제, 작성 시기 및 장소

　김진으로부터 이함덕이 등서한 「홍범도 일지」를 받게 된 이인섭은 김진의 편지 내용을 신뢰하고 「홍범도 일지」의 실재를 확신했으며, 이를 역사학자인 김승화에게 보낸 편지에서도 재차 강조하고 있다. 즉, 이인섭은 김승화에게 보낸 1967년 11월 15일자 편지에 "홍범도은 甲午年부터 의兵이고 <u>그가 쓴 手긔가 조선극장에 있읍니다</u>"라고 적은 후 관련 내용을 소개하고 있다. 이인섭은 김승화가 보낸 1968년 4월 29일자에 대한 답신(일자 미상)에서도 "그리고 홍범도가 <u>친필노 쓴 일긔에 쓰기을</u> 1921년 12월 11일에 일꾸쓰크서 떠나 모스크바에 당도하여 …… 결과 연해주에서 사업하던 조선정치망명자들이 중령과 시비리로 피신하였은데 홍범도는 김성무와 같이 중국 밀산 산곡으로 망명하여가서도 자긔가 문창범 리범륜한데 생명까지 희생될 번하였다는 것을 혹 비밀에 부치였다가 <u>Кзыл-орда에 와서 쓰은 자긔 일기에다가 그 사실을 긔록하였다</u>"(이상 밑줄은 필자)라고 쓰고 있다. 여기에서 이인섭은 홍범도가 크즐오르다에 와서 자신의 일기를 기록했음을 밝히고 있다.

　홍범도가 직접 쓴 일기가 존재했다는 사실은 고려인 지식인들 사이에 널리 알려졌던 것 같다. 그리하여 고려인 작가인 김기철은 1989년 4월 11일자 ≪레닌기치≫에 기고한 「홍범도장군의 전투경로와 쏘련에서의 만년생활」에서 "<u>장군에게는 손수 쓴 일기책이 있었다. 이에 기초하여 희곡『홍범도』와 장편소설『홍범도』가 씌여졌다.</u> 그런데 이 일기책이 장편소설『홍범도』가 탈고된 후 빨래할 때 상의호주머니에 든 채 물속에 들어가 그 존재를 끌어내고만 것은 우리 모두에게 있어서 손실이 아닐 수 없다"라고 쓴 것이다 (밑줄은 필자).[19] 여기에서 말하는 희곡 「홍범도」의 작가는 고려극장 극작가인 태장춘을 말하며, 장편소설 『홍범도』의 작가는 김세일을 말한다. 빨래할 때 「홍범도 일지」를 잃은 장본인은 김세일의 부인 유류바가 된다.

연극 〈홍범도〉는 1941년에 카자흐스탄의 크즐오르다에서 초연되었는데, 극작은 태장춘, 연출은 채영이 맡았다.[20] 홍범도역은 후일 이인섭에게 「홍범도 일지」를 보내준 김진이 맡았다.[21] 제2차 세계대전이 진전되던 상황에서 고려극장은 1942년 1월 13일 크즐오르다에서 우시토베로 옮겨가게 되었고, 다시 1959년 5월 30일 크즐오르다로 옮겨오게 된다.[22]

김진, 이인섭, 김기철, 김세일을 비롯하여 고려인사회에서 상식화되어 있던, 홍범도 자신이 쓴 「홍범도 일지」의 실재 여부 문제를 추적한 이는 작가 정동주이다. 그는 구소련 각지를 여러 차례 방문하여 많은 자료를 수집하고 여러 글을 발표했는데, 그 가운데 출판물로 정리되어 나온 성과물이

19ㅣ 김기철, 「홍범도장군의 전투경로와 쏘련에서의 만년생활」, ≪레닌기치≫, 1989년 4월 11일자. 김기철은 이보다 앞서 톰스크의 러시아연방 극동국립중앙문서보관소에서 홍범도 "일기의 요약이라고 할 수 있는 홍범도 자필 이력서와 자서전을 입수했다"라고 했다.

20ㅣ 카자흐스탄 국립고려극장, 『흐르는 강물처럼: 사진으로 보는 고려극장 66년 (1932-1999)』(1999), 18쪽. 연극 〈홍범도〉의 두 번째 공연은 맹동욱 연출로 1960년 알마타에서 이루어졌다.

21ㅣ 김기원, 「홍범도 탄생 125주년과 그의 사망 50주년에 즈음하여」, ≪레닌기치≫, 1993년 11월 6일자 3면. 1941년 1월 16일 연극 〈홍범도〉가 초연되었는데, 연극을 관람한 홍범도는 "연극이 맘에 드십니까?" 하는 질문에, "너무 추네, 추어…… 하나 연극을 아무리 잘 놀아도 백두산포수의 백발백중인 총재간이야 뵈여주지 못하지" 하고 너털웃음을 웃었다고 한다.(김기철, 「홍범도 장군의 전투경로와 쏘련에서의 만년생활」, ≪레닌기치≫, 1989년 4월 11일자 3면 참조).

22ㅣ 카자흐스탄 국립고려극장, 『흐르는 강물처럼: 사진으로 보는 고려극장 66년 (1932-1999)』, 18쪽.

『까레이스끼, 또 하나의 민족사』(우리문학사, 1995)이다. 이 책에서 정동주는 「홍범도 일지」의 실재 여부를 확인하기 위한 과정을 매우 구체적으로 밝히고 있다. 우선 그는 러시아 모스크바에 생존해 있던 김세일을 찾아가 인터뷰를 했다. 1992년 10월 16일의 일이었는데, 김세일의 답변은 앞에서 소개한 『역사소설 홍범도』의 「작가의 말」과 똑같았다고 한다.[23]

이어 정동주는 다음해인 1993년 1월 "문제의 '홍범도 일지'까지 손에 넣을 수 있었다." 그에 따르면 이 일지는 "'이인섭'이 직접 베껴쓴 것인데, 이인섭은 이함덕이 홍범도 앞에서 직접 앉아서 홍범도가 말하는 대로 받아 적어서 남긴 '홍범도 일지'를 그대로 베껴 썼다고 적혀 있었다"라고 한다.[24] 이렇게 존재 여부를 찾아다니는 과정에서 정동주는 두 가지 문제가 있다고 판단했다고 한다. 즉, "이인섭 씨는 이미 사망하고 없기 때문에 이인섭 씨가 베껴 쓴 '홍범도 일지'는 사실상 증거 능력의 상당 부분이 상실된 것이며, 다른 하나는 과연 이함덕이란 사람을 만날 수 있을 것인가였다." 결국 정동주는 문제해결의 열쇠를 쥐고 있는 이함덕에게 인편으로 편지를 보내서 '홍범도 일지'와 관련된 몇 가지 질문을 했다. 이함덕은 정동주에게 보낸 답장에서 다음과 같이 답변했다.

선생님의 요청에 대해 간단히 이야기 하겠습니다.
1. 홍범도 선생님이 자기 손으로 적은 일기책이 저에게 있었습니다. 그러나 유감스럽게도 그 책을 제가 잃어 버렸습니다.

---

23 | 정동주, 『까레이스끼, 또 하나의 민족사』, 139쪽.
24 | 위의 책, 145쪽. 앞에서 살펴보았듯이, 이인섭은 자신의 「홍범도 일지」 필사본이나 편지에서 "홍범도 앞에서 직접 앉아서 홍범도가 말하는 대로 받아 적어서 남긴 '홍범도 일지'를 그대로 베껴 썼다"라고 쓴 사실이 없다.

2. 홍범도선생께서 생존시에 혹 우리집에 와서 식사하시면서 이야기하는 일이 있어서 좀 적은 것이 있으나 그도 풍부치 못합니다.

3. 내가 받아 적은 종이를 누가 소유하고 있는지 알수 없으며 언제던지 모를 것입니다. 왜냐하면 그분은 지금 없습니다.

4. 이인섭 선생께서 등사한 홍범도 선생의 일기를 내가 보면 사실이 어떠함을 혹 증명할 수(있)으나 그 일기를 읽은 다음에야 말할 수 있습니다.

여하간 선생님께서 알마띄로 오시겠다 하니 서로 만나서 자세한 이야기를 내 아는 것만큼은 이야기하여 드릴 터이니 그렇게 약속합니다.[25](밑줄은 필자)

정동주는 같은 해 9월 16, 17일 이틀에 걸쳐 카자흐스탄의 알마티로 가서 이함덕의 아파트를 찾아가 인터뷰를 했다.

정동주(이하 정): 홍범도를 아십니까?

이함덕(이하 이): 만나본 적은 있습니다.

정: 언제였습니까?

이: 내 남편이 극작가 태장춘인데, 그 양반 살았을 적에 우리 집에 홍범도 장군을 모셔다 놓고, 직접 살아오신 얘기들을 들은 적이 있는데, 내 남편이 홍범도 장군 일생을 연극으로 꾸며서 놀아보려는 뜻에서였습니다.

정: 함께 얘길 들으셨는가요?

25」「리함덕이 정동주에게 보낸 편지」, 1994년 1월 9일자. 이함덕의 편지 원본이 현재 독립기념관에 소장되어 있다(독립기념관 소장 자7521). 정동주는 구소련 지역에서 수집한 자료 상당수를 독립기념관에 기증했는데 이 편지도 그 가운데 하나일 것이다.

이: 아닙니다. 남편과 홍범도 장군 두 사람만 방안에서 며칠 동안 지냈습니다. 나는 가끔 마실 것이나 쟁반에 담아서 방안으로 들여놓았을 뿐입니다.

정: 그때 외에는 따로 홍범도 장군을 만난 적이 없습니까?

이: 그렇지는 않습니다. 내 남편이 각본을 쓰기 위해서 자주 홍범도 장군을 우리 집에 모셨습니다.

……

정: '홍범도 일지'에 대하여 몇 가지 질문을 드리고 싶습니다. 바로 이것인데, 여기 보면 1957년에(1958년의 잘못 - 필자) 이인섭 씨가 베껴 썼다고 되어 있습니다. 바로 이 등서본을 다시 김세일 씨가 옮겨 적으면서, 할머니께서 원본을 적었다고 써 놓았습니다. 그게 사실입니까?

이: 처음 듣는 얘깁니다. 그런 것이 있었는지 나는 구체적인 사실을 전혀 모릅니다. 나는 지식도 많지 못합니다. 연극은 잘 놀았습니다. 배우질 하는 사람은 지식이 크게 없어도 됩니다. 내가 철두철미하게 말하지 않으면 정 선생이 잘못될 것 같습니다. 김세일이라는 사람이 어째서 그런 거짓말을 했는지 그게 더 불쾌합니다. 나는 그런 것을 써본 적이 없습니다. 솔직히 말하겠습니다. 홍범도 장군이 뭐라고 쓴 것이 있기는 있었습니다. 학생 공책 넉 장에다 뭐라고 적기는 적었는데, 받침도 안 맞고 여간 조심해서 안 보면 무슨 말인지도 알아볼 수 없었습니다. 그분은 몹시 무식한 분이었습니다. 그것 내가 본 적은 있습니다. 하도 신기해서 오래 들여다봤는데, 지금도 딱 한 구절 기억나는 것이 있습니다. 산에 있는 범도 그분을 무서워할 정도였는데, 어쩐 일인지 레닌 앞에 섰을 때 떨리더라는 내용이었습니다. 그 외에는 아무것도 기억나지 않습니다.

정: 그 공책이 지금 어디에 있습니까?

이: 모르지요. 그다지 중요하게 여기지 않았기 때문에 어디선가 잃어버렸

다고 생각됩니다.

정: 그럼 김세일 씨가 주장한 바와 같이 할머니께서 직접 홍범도 장군이 말
씀하시는 대로 받아 적은 '홍범도 일지'란 없다는 것입니까?

이: <u>그런 일이 없었는데 어찌 그런 책이 남았을 수가 있습니까?</u> 내 남편은
극본을 쓰기 위하여 얘기를 직접 들었지만 나는 단 한 번도 그 분에 대한 무
슨 글을 쓴 적은 없습니다. 그런 일이 어찌 가능했겠습니까? 누군가가 꾸며
내어서 자기 공로를 내세우려고 한 짓 같습니다. 하늘이 내려다보는데 어
찌 거짓말을 하겠습니까?

정: 남편의 연극은 어땠습니까?

이: 제목이 '홍범도'였습니다. 그 어른이 살아계셨을 적에 공연을 놀았습니
다. 다 보시고 나서 너무 나를 추켜 올리지 않았는가? 하셨습니다. 다시 말
하지만 나는 김세일을 잘 모릅니다. 지난 어느 시기에 소설을 쓰는데 필요
하다며 '홍범도 일지'를 좀 빌려달라는 부탁을 한 적이 있습니다. 나는 그런
것을 갖고 있지 않기 때문에 거절한 일이 있습니다.[26](밑줄은 필자)

이함덕은 정동주에게 보낸 편지에서는 "홍범도 선생님이 자기 손으로
적은 일기책"을 갖고 있었는데 잃어버렸고 홍범도의 담화내용을 적은 것도
있었으나 이것도 분실한 상태라고 했다. 그러나 이후 정동주의 직접 인터
뷰에서는 자신이 옮겨 쓴 '홍범도 일지'에 대해서는 아는 바 없으며 다만,
"홍범도 장군이 뭐라고 쓴 것"이 있었다고 했다. 이함덕의 편지 내용과 인
터뷰 내용이 전면적으로 상충된다고 볼 수는 없다. 즉, 이함덕은 자신이 "직

26」 정동주, 『까레이스끼, 또 하나의 민족사』, 145쪽, 147~148쪽.

접 홍범도 장군이 말씀하시는 대로 받아 적은 '홍범도 일지'란 없다"라고 말하고 있지만, 홍범도가 직접 쓴 「홍범도 일지」의 존재를 부정한 것은 아니기 때문이다. 오히려 이함덕이 인터뷰에 앞서 정동주에게 보낸 답장에서 "홍범도 선생님이 자기 손으로 적은 일기책이 저에게 있었습니다. 그러나 유감스럽게도 그 책을 제가 잃어 버렸습니다"는 진술이 사실에 가깝다고 판단된다. 또한 이함덕은 일기라고는 부르지는 않았으나 "홍범도 장군이 뭐라고 쓴 것"이 있었고, 그 내용에 대해서도 매우 구체적으로 기억하고 있다. 이함덕의 기억은 앞에서 검토했듯이 김진이 이인섭에게 보낸 편지, 이인섭이 홍범도와 주고받은 담화내용 등과 부합된다고 할 수 있다.[27]

그렇다면 「홍범도 일지」는 언제, 어디에서 작성된 것일까? 이 문제를 확인할 수 있는 가장 좋은 방법은 「홍범도 일지」 자체를 분석하는 것이다. 우선 「홍범도 일지」의 작성이 종료되는 시점이 적어도 1938년 6월 18일(양력으로 7월 15일) 이후라는 점이다. 즉, 홍범도는 "1938년 6월 18일 붙어 녹똘간(Bol'nitsa)[병원] 거리울네(karaul)[경비] 매색[매월]에 90원식 석달 선일도 잇다"[28](대괄호는 필자)라고 기록하고 있다. 이는 홍범도가 카자흐스탄 크즐오르다에 있을 때 「홍범도 일지」를 마무리했음을 의미한다. 이어 홍범도는 "1938년 6월 24일[7월 21일] 우뽀로토호사에브 쎄쎄르 쏘베트 후보로 선임될 때에 우리 두 늙은 부처가 투표찌 부친 일도 있다"(대괄호는 필자)라고 회상하고 있다.[29] 이보다 앞부분에는 "끝은 1938년 5월 11일에 끝임니다. Хон пен до"라고 되어 있다.[30] 이로부터 '이인섭 필사본 1' 32쪽 네 번째

<hr>

27 | 정동주는 "'홍범도 일지'는 작성자가 알려지지 않은 가짜임이 확인되었다"라고 결론
지었다.(정동주, 『까레이스끼, 또 하나의 민족사』, 150쪽 참조).
28 | 「이인섭 필사본 1」, 32쪽; 「이인섭 필사본 2」, 37쪽.
29 | 「이인섭 필사본 1」, 32쪽; 「이인섭 필사본 2」, 37쪽.

문단 이후는 추가로 기술된 것임을 알 수 있다. 또한 20쪽에는 "18년전 고려 독립 만세가 불일듯 함으로 농사고 무이고 나가자 하고 무더 두엇든 총을 끄집어 내여 일변 닥그며"[31](밑줄은 필자)라는 구절이 있다. 여기에서 '고려 독립 만세'란 1919년의 3·1운동을 말하는 것이 분명하다. 이로부터 「홍범도 일지」는 홍범도 자신이 카자흐스탄의 크즐오르다에서 적어도 1938년 7월 말 이후에 작성한 것이라고 결론지을 수 있다.

2) 일기와 다른 형태의 홍범도의 메모(또는 기록노트)의 존재

「홍범도 일지」는 '일기'라고 알려져왔지만, 매일 매일의 일을 적은 명실 상부한 '일기'는 아니다. 현재 우리가 확인할 수 있는 네 개의 필사본은 '일기' 형식이라기보다 자전적 '약전'에 해당하는 것이다. 또한 「홍범도 일지」에는 대담상대가 있는 구술형식으로 쓰인 부분도 있어 누군가(태장춘 또는 이함덕)가 받아썼을 가능성도 없지 않다. 그 때문에 원래부터 「홍범도 일지」가 홍범도의 친필이 아닌 대필일 가능성도 충분히 있다. 홍범도의 친필이든 다른 사람의 대필이든 「홍범도 일지」의 내용, 특히 의병활동과 관련된 부분이 매우 구체적이라는 점에 주목한다면, 「홍범도 일지」의 기초가 되었을 법한 홍범도가 직접 쓴 다른 메모 또는 기록책이 있을 가능성이 크다.

우선 「홍범도 일지」(이인섭 필사본)를 보면, "4월 초8일에 경찰서에 가서 밤중 새로 네시에 당책 액기우고 주루만(тюрма) 세미노대(3минуты) 안잣다가 제집에 와서 자고 1938년 5월 11일에 당책, 빨찌산책, 생활비, 크니스

---

30 | 「이인섭 필사본 1」, 32쪽; 「이인섭 필사본 2」, 36쪽.
31 | 「이인섭 필사본 1」, 20쪽; 「이인섭 필사본 2」, 21쪽.

까(книжка) 목필책, 혁대, 철필, 옷추까(очка) 마원경 차자 내왓음니다”라
는 구절이 있다.[32] 여기에서 “크니스까 목필책”이 홍범도가 만주, 원동러시
아 시절 어느 때부터인가에 작성한, 특히 앞에 인용한 바 김진의 편지에 “태
장춘 동무의게 홍범도 노인의 원동 한까이 있을 때 베 긔록한 의병운동에
대한 일긔가 있는데”에서의 “일긔”를 말하는 것일 수도 있다.

　이 ‘목필책’이 정동주와의 인터뷰에서 이함덕이 말했던 것처럼 “홍범도
장군이 뭐라고 쓴 것”, “학생 공책 넉 장에다 뭐라고 적기는 적었”던 기록이
라고 추측할 수 있겠다.

5. 맺음말

　1958년 당시 고려극장의 당책임비서였던 김진에 따르면, 홍범도가 직접
쓴 원본 「홍범도 일지」는 러시아 연해주의 한카이 구역에서 작성한 ‘일기’
를 희곡 〈홍범도〉를 쓴 태장춘이 갖고 있었고, ‘일기’의 내용은 의병활동에
관한 것이었다고 했다. 그러나 이 「홍범도 일지」는 홍범도가 카자흐스탄
으로 강제이주한 후의 시기, 즉 빨라도 1938년 11월 이후의 어느 시점까지
만 기록되어 있다. 김진이 1958년 3월과 4월 이인섭에게 보낸 편지에 따르
면, 홍범도가 직접 쓴 ‘원본’ 「홍범도 일지」를 이인섭의 자료제공 요청을 받
은 김진의 지시로 희곡 〈홍범도〉를 쓰기 위해 홍범도를 자주 면담했던 태
장춘의 부인 이함덕이 1958년 4월 16일 ‘등사’하여 이를 김진이 1958년 4월

---

32 「이인섭 필사본 1」, 31쪽; 「이인섭 필사본 2」, 35쪽.

17일자로 이인섭에게 발송한 것이다. '고려극장 필사본' 또는 '이함덕 필사본'이라고 말할 수 있을 것이다.

이인섭의 두 필사본에 앞서 1990년에 국내에 소개된 이른바 김세일 필사본은 김세일이 1989년 고송무에게 전달해주기 위해 이함덕 필사본을 급히 등초하는 과정에서 상당 부분 첨삭을 가해 원본의 내용을 크게 훼손한 것으로 추정된다.

「홍범도 일지」의 내용을 살펴보면, 홍범도의 항일무장투쟁, 특히 의병운동에 관한 기록이 매우 상세하다. 이는 홍범도가 러시아 연해주에 있을 당시인 1920년대 말~1930년대 초에 자신의 의병활동에 관해 상세하게 적은 기록을 갖고 있었음을 짐작케 한다. 「홍범도 일지」의 기본 자료가 되었을 '목필책'이나 '학생 공책' 등이 그러한 기초적 기록이었을 것이다.

홍범도의 일지[1]

---

* 독자의 이해를 돕기 위해 현대어 표기를 덧붙였을 때는 [ ], 조사 등을 추가로 덧붙였을
경우는 ( )를 사용했다.

1) 이인섭본 1, 2의 표지는 다음과 같다.

이인섭본 1: 洪範圖 日記

　　　　그가 親筆노 쓴 그대로 등본 하였음.

　　　　1958년 6월 16일에

　　　　Узбекская ССР гор. Андижан 5010

　　　　ул. Сталина No 172А에서

　　　　리인섭은 등본을 필하였오.

이인섭본 2: 저명한 조선빨찌산 대장

　　　　洪範圖 홍범도

　　　　1868年 8월 27일 조선 평양 서문 문열사 앞에서 탄생하였고,

　　　　1943年 10월 25일 쏘련 Казсср гор Кзыл-орда시에서 사망(시내공동묘지에
　　　　안장)

　　사진: 1922年 정월에 гор Иркутск에서 찍힌 것.

　　　　총과 군복은 레닌동지게서 상금으로 바든 겄임.

　　　　그는 1927年 쏘련공산당원이고 개별적은급수령자

　　　　1958年 8월 15일 고인에 친우 리인섭.

묘의 비문: 조선의 자유독립을 위하여 제국주의 日本을 反對한 투쟁에 헌신한

　　　　조선빨찌산대장 홍범도의 일홈은 천추만대에 길이길이 전하여지리라.

　　　　一九五一年十月二五日 레닌기치신문사 동인, 고인의 전우 및 시내유지한 조
　　　　선인 일동 건립.

　　　　(鐵碑). 전면에는 "저명한 조선빨찌산대장 홍범도 묘."

1868년[2]

　고려[3] 평양 서문[4]안 문열사 앞에서 탄생하여 모친은 칠일 만에 죽고 아부지 품에서 여러분의 유즙[5]을 얻어 먹고 자라 초구세에[6] 아부지(가) 세상을 떠나다나니[7] 남의 집으로 다니며 머슴살이로 고생하면서 십오세가 되므로 나의 나이를[8] 두 살을 올려서[9] 평양 중국의 보단[10]으로 호병정[11] 설(치)할[12] 때 우영 제일대대[13]에서 코코수[14]로 사년을 있다가 살인[15]을 치고 도망하여 황해도 수안 총령[16] 종이뜨는 지막[17]에 와서 종이뜨기[18]를 배워 삼년을 뜨

2」 이인섭본 1: 1868년-1943(27/VIII 1868г. 生 25/X 1943 г. 死).
　　이인섭본 2: 저名한 朝鮮義兵大將 洪範圖 手記 1868年.
3」 高麗. 조선(朝鮮).
4」 西門.
5」 乳汁. 젖.
6」 이인섭본 2: 初九歲에. 홍범도가 작성한 「리력서」에는 8세로 되어 있다.
7」 떠나게 되니.
8」 이함덕본: 나을.
9」 이함덕본: 도두고.
10」 步團.
11」 胡兵丁. 중국(淸)식 군제. 이인섭본 2: 胡兵丁.
12」 設할. '설치할' 때.
13」 이인섭본 2: 右營 第一大隊. 임오군란 이후 청의 군제를 모방하여 중앙군은 1882년 11월 이후 '전후좌우별영(前後左右別營)'의 친군오영제(親軍五營制)로 개편되었고 종래 평양 감영(監營)은 1885년 4월 20일 친군서영(親軍西營)으로 개칭되는 것이 고종에 의해 윤허되었다. 평양 감영에서는 친군서영으로의 개칭에 앞서 이미 병정을 모집하여 훈련시켰다. 홍범도는 빠르면 1884년 늦어도 1885년 4월 이전에 자원입대하여 신군제에 따른 훈련을 받은 것으로 보인다. 홍범도가 '서영(西營)'을 '우영(右營)'으로 기억한 것은 당시 중앙의 '전후좌우(前後左右)'의 용어에 맞춰 '지방의 서영'을 '우영'이라 했을 것임을 짐작케 한다.
14」 나팔수. '곡호(曲號)'는 '나팔'을 뜻하는데 '곡호수(曲號手)'라는 한자어이나 발음대로 '코코수'로 쓰게된 것이다.
15」 殺人. 이함덕본: 사연, 이인섭본 2: 사련(殺人).
16」 遂安 蔥嶺.
17」 이인섭본 2: 紙幕.

다가 그때는 어느 때인고 하니 병술 정해[19]쯤 되었다. 그때 고려나라 동학[20]이 불 일듯 할 때입니다. 동학의 등쌀이 무서웠습니다.

지소[21] 주인놈[22]은 자본가입니다. 삼년 고삯[23]에서 일곱달[24] 고삯을 못 찾고 자꾸 내라고 성화 치듯 빌어도 주지 않다가 주인놈이 말하되 네 고삯을 찾으려 하거든 동학에 참예[25]하여라 그러면 주고 그렇지 않으면 네 소원대로 할 데 있으면 하여 보라. 내가 죽어도 동학에 들 생각은 없고 에라 네놈한테 내 땀나게 번 것을 거저 잘릴 수는 없다 하고 사직살판[26]하고 야간에 그놈의 집에 뛰어들어 그놈들 삼형제 놈을 독끼벤지하여[27] 다 죽였습니다.[28]

그날 밤 산페[29]로 도망하여 강원도 금강산 신계사 가서 변성명하고 경기 수원 덕수 리가[30] 지담[31]의 상좌[32]로 삭빨위승[33]하고 중질하였습니다. 해

18ㅣ 펄프를 물에 풀어 그물로 젖은 종이를 뜨는 일. 초지(抄紙).
19ㅣ 丙戌 丁亥. 각각 1886년과 1887년을 말한다. 이함덕본: 병술덩해, 이인섭본 1: 병술정해, 이인섭본 2: 丙戌年 해.
20ㅣ 東學.
21ㅣ 종이를 만드는 재래식 공장. 이인섭본 2: 紙所.
22ㅣ 이함덕본: 쥐인놈, 이인섭본 1: 주인놈, 이인섭본 2: 主人놈.
23ㅣ 苦삯. 품삯.
24ㅣ 이함덕본: 일급딸, 이인섭본 1, 2: 일곱딸.
25ㅣ 參預. 참여.
26ㅣ 사즉사판. '死卽殺판'(이인섭, 『홍범도장군』 상편 참고).
27ㅣ 도끼로 찍어서.
28ㅣ 이함덕본: 죽겠습니다.
29ㅣ 山蔽.
30ㅣ 德水 李哥.
31ㅣ 지담(止潭)스님.
32ㅣ 上佐. 행자(行者). 이함덕본: 상자.
33ㅣ 削髮爲僧. 이인섭본 2: 索髮爲僧.

수로는 양년[34]이고 달수로는 일년입니다. 도망하여 강원도 회양[35] 먹패장골[36] 골속 사십리 깊은 폐간[37]속에 들어가 준삼년을 물지어[38] 먹고 총노이[39] 공부를 畢하였습니다.[40] 그때는 어느 때인고 하니 을미년 팔월 이십삼일[41]입니다.

구월십팔일 장안사[42] 넘어오는 길 영상[43]인즉 단발령[44]입니다.[45] 그 곳 첫 쉼터[46] 앉아 쉴 때에 황해도 서흥 사는 김수협을 만나 의병할 공론[47]하고 단 두 사람(이) 떠나서[48] 김성창[49] 두장거리[50]에 당진[51]한즉 일병[52] 이백팔명[53](이) 당진한 것을 보니 그놈들 멘 총을 본즉 과연 욕심이 나서 못 견디겠

34| 兩年.
35| 淮陽. 이함덕본: 호양.
36| 이함덕본: 먹패장꼴. 이인섭본 2: 먹패場꼴.
37| 폐쇄된 공간.
38| 물을 쳐서. 이함덕본: 물쥐여. 이함덕본에는 '지'를 '쥐'로 적는 경우가 많은 것을 참고하여(예: '쏘다지면서'를 '쏘다쥐면서'로 표기) '물쥐여'를 '물지어'로 풀었다.
39| 총쏘기.
40| 이함덕본: 畢하였습니다.
41| 1895년 10월 11일. 이인섭본 1: 1895, 이인섭본 2: 乙未年(1896). 홍범도가 산간에서의 은둔생활을 청산한 1895년 10월 11일은 을미사변(乙未事變)이 발생한 10월 8일로부터 3일 후가 된다. 홍범도가 의병봉기를 하게 된 계기는 일본의 명성황후 시해 사건과 관련이 깊었을 것으로 추정된다.
42| 長安寺.
43| 고개 위. 이인섭본 2: 嶺上.
44| 이함덕본: 담발령, 이인섭본 2: 단髮령.
45| 이인섭본 1에는 이 문장이 누락되어 있다.
46| 이함덕본: 쉬염터.
47| 公論. 이인섭본 2: 公論.
48| 이함덕본: 더나서, 이인섭본 1: 더나서, 이인섭본 2: 떠나서.
49| 金城廠. 강원도 금성군(金城郡)에 소재. 현재의 강원도 철원군에 속해 있음.
50| 이인섭본 2: 두場거리.
51| 이인섭본 2: 當進.
52| 日兵. 일본병사.

습디다. 그날로 함경도 처령 넘어오는 길목에서 두 사람이 앉아있는데 일병 천여 명 넘어오니 불질[54] 못하고 앉아 있다가[55] 그 이튿날[56] 아침에 일병 십이 명이 원산서 서울로 올라가는 거 둘이 다 잡아가지고 안변 학포[57]로 도망하여 와서 그곳서 의병모집 하여 가지고 합 십사인[58]으로 안변 석왕사[59]절에 와서 철원 보개산[60] 유진석진[61]과 합하였습니다.

그 진과 합하여 세 번 전쟁에 크게 패하고 그 진이 일패도주[62]하여 없어지고 김수협(이) 그곳에서 죽었습니다. 내 혼자 요행 목숨이 살아서 황해도 연풍 널귀 금전판[63]에 들어와 몸을 숨기고 있다가 금점 동학군 놈에게 맥히어[64] 일본놈에게 붙잡힐 뻔[65] 하였댔습니다.

그날 밤으로 도망하여 박말령 영상에 당한즉[66] 해가 산등에 올라오니 일본놈 세 놈이 나를 붙들려고[67] 왔던 놈이 원산으로 넘어가는 것을 몰수이[68] 다 잡았습니다. 그 총 세 대를 앗아서[69] 두 대는 땅에다 묻고 철[70] 3백 개[71]

53। 이인섭본 1은 '일백팔명'으로, 이인섭본 2는 '一百八名'으로 잘못 적어놓았다.
54। 총질. 총을 쏘는 일.
55। 이함덕본: 앉았나니.
56। 이함덕본: 인흔날. 이인섭본 1: 이튼날.
57। 安邊 鶴浦. 안변은 행정상 함남에 속했으나 현재는 북한의 강원도에 있다.
58। 이인섭본 1에는 '합사십', 이인섭본 2에는 '合四十四人'으로 잘못 옮겨 적었다.
59। 釋王寺. 이함덕본: 서왕사절.
60। 鐵原 寶蓋山.
61। 유진석陣.
62। 一敗逃走. 이인섭본 2: 一敗盜走.
63। 金塵판. 금광의 일터(금점판).
64। 막히어. 이함덕본: 멕키워.
65। 이함덕본: 뿐, 이인섭본 1: 뿐, 이인섭본 2: 번.
66। 當한즉. 도달한즉.
67। 이함덕본: 붓뜰려고, 이인섭본 1; 부들녀고, 이인섭본 2: 붓뚤려서.
68। 沒數이. 있는 수효대로 모두.

그놈들 먹는 과자, 쌀(을) 들추어72 바랑에 걷어 넣고 지경산 꼭뚜73에 올라 한돈하고74 덕원 무달사75에 와서 산속에서 자고 덕원읍시 좌수76로 있는 전성준놈의 집에 야밤에 달려들어 일본돈 팔천사백팔십원을 달래 가지고 무달사 어귀에서 전승준 놈을 쏘고 평안도77 양덕으로 넘어가서 양덕으로 성천으로 영원78으로 다니면서 산간으로 준삼년을 혼자 의병을 하다가 철 없고 의포79없고 신발 없고 고생80하다 못하여 고만81 변성명82하였던 것 을 버리고 제83 홍범도로 부르면서 함경도 북청 단양 리가84에게 서방들어 팔년을 농사하여 먹다가 일본놈과 로씨야가85 전쟁할 때 갑진년86에 . . .

---

69 | 빼앗아서. 이함덕본: 아사서.

70 | 鐵. 탄환, 총알.

71 | 이함덕본: 궤, 이인섭본 1, 이인섭본 2: 개.

72 | 이함덕본: 둘추어.

73 | 지경산 꼭대기. 지경산은 황해도 북부에 위치한 산이다.

74 | 閑頓하고. 한가롭게 머물다가.

75 | 德源 武達寺. 이함덕본: 무달싸.

76 | 座首. 조선시대 지방의 자치기구인 향청[鄕廳, 향소(鄕所) 또는 유향소(留鄕所)]의 우 두머리[長]. 이인섭본 2: 座首.

77 | 이함덕본: 평양도, 이인섭본 1, 2: 평안도.

78 | 이함덕본: 여원, 이인섭본 2: 寧遠.

79 | 衣布. 이인섭본 2: 衣포.

80 | 이함덕본: 고상. 이인섭본 1: 고생, 이인섭본 2: 苦生.

81 | 그 정도로 하고.

82 | 이인섭본 2: 變姓名. 홍범도는 황해도 수안 총령의 제지소 주인 삼형제를 살해한 후 이름을 바꾸고 금강산 신계사(新溪寺)로 출가했다.

83 | 저를.

84 | 단양 이가. 첫째 부인 이씨를 말한다.

85 | 이함덕본: 노시야와.

86 | 1904. 이인섭본 1: 갑진년, 이인섭본 2: 甲辰年(1905년). '갑진년에…' 이하 부분은 누락되거나 빠진 것으로 보이며, 이후 서술된 내용은 1904년 직후에 관한 것이 아니라 1907년 가을 이후의 제3차 봉기에 관한 회상으로 판단된다.

또 내가 다시 구월 초팔일에 다시 나섰습니다.

구월십일일 치량동[87] 동학쟁이 십일일 밤에 동학쟁이 회소[88]에 달려들어 삼십여명을 죽이고 회소를 불지르고 그날 밤 솔봉개 안에서 풀밭에서 자고 그 이튿날 후치령[89] 허리원에서 일병 삼인을 잡고 총 세 병[90]을 앗고[91] 철 삼백개 얻어가지고 서쪽골 포수누기[92]에서 자려고 하다가 그 누기에서 자고 사영[93]간 포수를 만났습니다.

그 동무들 일홈입니다. 제1-김춘진[94], 제2-황봉준[95], 제3-리문협, 제4-박용낙, 제5-온성노, 제6-유기운, 제8-조병룡, 제9-홍범도, 제10-태양욱[욱], 제11-노성극, 제12-원성택,[96] 제13-차도선, 제14-최학선 합14인으로[97] 합

87ı 七良洞. 함남 북청군 안평사(安坪社).

88ı 이인섭본 2: 會所.

89ı 厚峙嶺. 함경남도 북청군 이곡면과 풍산군 안산면 사이에 있는 고개. 홍범도는 이후 30여 년에 걸친 자신의 항일투쟁 역정을 후치령 허리원에서 일본군으로부터 빼앗은 총과 함께했다. 홍범도는 이 총을 애지중지했으나 강제이주 후인 1938년 크즐오르다에서 소련 경찰에 압수당하게 된다. 「홍범도 일지」의 맨 끝부분에는 아쉬움을 넘어 분노에 찬 홍범도의 회상이 절절히 기록되어 있다.

90ı 柄. 자루.

91ı 빼앗고.

92ı 砲手幕. 포수들이 사냥할 때 임시로 머무는 거처.

93ı '사냥'의 함경도 방언. '사영간'은 '사냥군'(사냥꾼의 북한어)의 오기로 보인다.

94ı 김춘진(金春辰)이 후치령 전투에서 1907년 전사한 사실은 일본군 첩보 자료에서도 확인된다. 김춘진은 북청군 안평사 노양촌(老陽村) 사득리(沙得里)에 거주하던 포수였다(국사편찬위원회 한국사데이터베이스).

95ı 1907년 12월의 일본 측 첩보자료에 의하면 황봉준(黃奉俊)은 전사하지 않았으며 왼쪽 등 견갑골 오른쪽 상박에 관통상을 입었다. 일본첩보보고서는 후치령에 거주하는 김해진(金海辰, 65세), 김병익(金炳益, 21세), 황봉준(38세)은 후치령전투에서 부상하고 안평사 칠량동에 잠복하고 있다는 정보에 따라 조사했으나 후치령전투에 참가한 "폭도가 아니라 전투 시 피난 도중에 유탄(流彈)에 맞아 부상한 자로 판명되었다"라고 결론지었다. 홍범도가 전사한 것으로 기억한 여섯 명의 포수의병 가운데 한 명인 황봉준은 일본경찰의 심문을 지혜롭게 벗어났던 것이다(국사편찬위원회 한국사데이터베이스).

하여 다리고[98] 10월 초구일에 후치령 말니에서 일병 일천사백명과 전쟁을 하여 일병이 반수 이상이 죽고 조선인 보조인 이백삼십 명이 죽고, 우리 의병 김춘진 죽고, 황봉준 죽고, 리문형[99] 죽고, 조강록 죽고, 임승조 죽고, 임사존 죽고 제일등 포수들이 여섯 사람이 죽었습니다.[100]

처음[101]이 되다나니 총들 뿌려 던지고 싹 도망하고 한 놈 없이 우리 부자만 남았습니다.[102] 부자간(에)도 철 한개도 없습니다. 두 부자가 공론하고 밤이 들면 우리 둘이 전쟁터[103]에 비밀히 기어 들어가 일본(군)[104] 주검[105]에서 철을 얻어야 이곳서 우리 둘이 몸이 빠져 나가야 살지 그렇지 못하면 두 목숨이 죽을 모양이다 하고 둘이 밤들기를 저대하여[106] 죽으면 죽고 요행 살면 우리 앞으로 계영하던[107] 일이 된다 하고 부자간이 기어 들어가 수백명 주검에서 철 수천 개를 얻어 가지고 떠나자 하는 때에 일본놈들이 내

---

96 | 일본 측 첩보보고서에는 '원석택(元錫澤)'으로 나온다.
97 | '제7'이 누구인지 누락되어 있다.
98 | 데리고.
99 | '리문형'은 앞에 언급한 '리문협'과 같은 인물로 둘 가운데 하나는 오기로 보인다. 이함 덕본과 이인섭본 1, 2에는 '리문형'과 '리문협' 둘 다 쓰고 있어 어느 쪽이 맞는지 확인하기 어렵다.
100 | 일본 측 첩보보고서에서 김춘진, 황봉준, 박용락(朴用洛), 유기운(劉基云), 태양욱(太陽郁), 차도선(車道善), 최학선(崔學善), 그리고 원석택(元錫澤)의 이름이 확인된다. 홍범도가 회상한 '원성택'은 '원석택'으로 보이며, 전사한 것으로 회상한 황봉준은 관통상을 입었다. 홍범도가 전사한 것으로 회상한 이문형(협), 조강녹, 임승조, 임사존의 경우는 확인되지 않는다.
101 | 이함덕본: 첨.
102 | 이함덕본: 깃텃습니다. '깇다'는 '남다'의 옛말로 평안도 방언이기도 하다.
103 | 이함덕본: 전쟁팀.
104 | 이인섭본 1: 일본놈.
105 | 시체. 이함덕본: 죽엄.
106 | 기다려.
107 | 본격적인 일을 시작하는 것.

려다108 사격총쌀109이 소낙비 오듯 하는 철을 피하여 도망하여 서쪽골로 그 밤에 어둔 것을 무릅쓰고 사십리를 피하여 후영동 토기막110 옹기가마111에 기어 들어 두 몸이 자고 새벽112에 떠나 엄방골치기113(에) 들어가니까 그 곳에 의병 칠십 명이 그곳에 모여서 이제는114 철이 없으니 화승대115를 모집하노라고 있는 때 우리부자(가) 지고 간 철을 한사람에게 일백팔십육개씩 노나 가지고 그날 밤 지나서 그 이튿날 배승개덕에 나가서 일본놈이 갑산 혜산포로 철 운반하는 것을 사십 바리116를 앗아내니 일병은 삼십여명을 잡고 그러다나니117 동지달 이십육일에 응구 괫택이118(로) 넘어가서 원성택으로 중대장을 삼고 응구사 포수를 모집하여 십이월십사일 삼수성119을 점령하고 일대120 이백구십사병과 탄환 백육십궤121를 앗아 가지고122 고려

108ㅣ높은 곳에서 낮은 곳을 향해서.

109ㅣ무더기로 쏘아대는 총탄세례.

110ㅣ土器幕. 이인섭본 2: 後영洞 土器幕.

111ㅣ탄막(炭幕). 이함덕본, 이인섭본 1, 2: 용기가마.

112ㅣ이함덕본: 새박.

113ㅣ嚴方(洞)골짜기.

114ㅣ이함덕본: 이저는. '이저'는 '이제(바로 이때)'의 평남, 함경도 방언.

115ㅣ화승총. 이함덕본: 화성대. 이인섭본 2: 火繩(성)대.

116ㅣ마소(말과 소)의 등에 잔뜩 실은 짐을 세는 단위.

117ㅣ그렇게 하고나서. 이함덕본: 그르다 나니. 이인섭본 1, 2: 그러다나니.

118ㅣ괘탁리(掛卓里).

119ㅣ이인섭본 2: 三水城.

120ㅣ일본제 총. 이인섭본 2: 日대.

121ㅣ櫃. 나무로 네모나게 만든 상자.

122ㅣ이후 5쪽 분량이 다른 글씨체로 쓰였다. 「홍범도 일지」의 원본을 이함덕이 옮겨 적으면서 이 부분만 다른 사람에게 베껴 쓰게 한 것으로 보인다. 이 부분을 쓴 사람은 이함덕의 남편으로 희곡 「홍범도」를 쓴 태장춘으로 추정된다. 이후부터 끝까지 다시 이함덕이 쓴 것으로 보인다. 일지 맨 끝에 이함덕이 서명한 것으로 보아 다른 사람이 쓴 5쪽 분량의 앞부분과 이후 뒷부분은 이함덕이 쓴 것이 확실하다.

진위대[123]가 메든[124] 베르단이[125] 이백육십대와 철 15궤를 앗아가지고 삼수부사[126] 유등을[의] 목을 베어[127] 쑥꽃대[128]에 달고 삼수읍 군주사[129]를 죽이고 십이월 이십팔일 일병 양천[130]명과 28일 저녁부터 시작하여 정월 초삼일까지 전쟁을 계속하여 초사일까지 전쟁하였는데[131] 부상당한 자: 김동운, 성태일, 노성극, 새꼴에 사는 홍병준, 임태준 합 5인이 상하고 죽은 동무들: 최학선, 길봉순, 리봉준, 조기석, 홍태준, 오기련, 박봉준, 김일보, 최영준입니다. 일본병은 1033명이 죽고 고려보조원 90명이 죽고, 합1123명이 죽고 총은 18개만이[을] 얻어 보고 철은 한개도 얻어 보지 못하고 말았습니다.

그날 밤중에 행군하여 정평[132]서 들어온 군대와 합하여 가지고 갑산읍[133]에 정월 19일 밤중에 달려들어 일본군 109놈 죽이고 상한 놈 38놈이었다. 의병 48명이 죽고 또 패진[134]하여 사방을 헤어진 동무들을 다시 모집하여 가지고 동지별[135] 청지평[136]서 22일 전쟁하여 의병 20명이 죽고 일병 1013명

123」 이함덕본: 진우대, 이인섭본 1: 진우대, 이인섭본 2: 鎭𤇄隊.
124」 이함덕본: 머든, 이인섭본 1: 머든, 이인섭본 2: 메든.
125」 러시아제 총. 아관파천 시기에 대한제국정부가 수입하여 진위대에서 사용함. 이인섭본 2에서는 '베르단이'에 주석을 붙여 "로어[러시아어]. 단방자리[단방짜리] 통철 사량총[사냥총]"(대괄호는 필자)이라 적었다.
126」 이인섭본 2: 三水府使.
127」 이함덕본: 벼여.
128」 쑥국대. 사형대. 이인섭본 2에서는 '쑥꽃대'에 "古代 罪人을 목을 달아 쥑이난[죽이난] 나무"(대괄호는 필자)라고 각주를 달았다.
129」 이인섭본 2: 三水邑郡主事.
130」 兩千. 2,000.
131」 일본 측 기록(『조선폭도토벌지』)에도 일본군이 12월 31일(양력) 삼수성을 공격했으나 의병의 완강한 저항으로 도주했다고 기록하고 있다.(『고종시대사』 1907년 12월 31일). 「홍범도 일지」의 일자를 양력으로 본다면 시기가 일치한다.
132」 定平. 함경남도에 있다. 이함덕본: 쟁펭, 이인섭본 1: 정평, 이인섭본 2: 定坪.
133」 이인섭본 2: 甲山邑.
134」 敗陣. 부대조직이 무너져 흩어진 상태. 이인섭본 2: 敗陣.

을 죽이고 총 3대만 얻었습니다.

이제는[137] 고군약졸[138]됨으로 산간을[이] 웅거지지[139]가 됩니다. 정월 28일에 용문동[140] 더덩[141]장거리 하고 이월 초팔일에 붉은별 전쟁입니다. 대병[142]과 접전하여 의병 2800명이 일본병 한놈 죽였습니다.[143]

2월 18일 일진회 회원 도수하는 놈 림재덕, 김원홍, 최정옥이 소위 귀순[144]시키노라고 일병 103명과 고려놈[145] 보조원 80명을 다리고 내처와 내 아들을 잡아가지고 능구 창평리[146]에 들어와서 주둔하고 내처가 지식있는 줄 알고 「네서방한테다가 글을 쓰되: 당신이 일본천황[147]에 귀순할 것 같으면 천황[148]께서 당신을[에게] 공작베를[149] 주자니 항복하면 당신(에)게 좋은 공작베를 하게 되면 나도 당신 자식도 귀한 사람에 자식이 안 되겠습니까? 내가 시킨 대로 글을 보내면 커니와 배각하면[150] 너의 모자는 어육[151]

135। 이함덕본: 등디벨, 이인섭본 2: 동지벨.

136। 이함덕본: 청지펭, 이인섭본 2: 청지坪.

137। 바로 이때에. 이함덕본: 이전은, 이인섭본 1: 이전은, 이인섭본 2: 이저는.

138। 이인섭본 2: 孤軍弱卒.

139। 雄據之地. 이인섭본 2: 山間 웅거지지.

140। 이인섭본 2: 龍門洞.

141। 이함덕본: 더뎅.

142। 이인섭본 2: 大兵.

143। 이인섭본 1에는 이 문장이 누락되어 있다.

144। 이함덕본: 규순, 이인섭본 2: 歸順.

145। 이함덕본: 고려노.

146। 이함덕본: 능구창평니, 이인섭본 2: 능구 장평里.

147। 이함덕본: 일본청항, 이인섭본 2: 日本天皇.

148। 이함덕본: 청항.

149। 公爵벼슬. 이인섭본 2: 公작베를.

150। 排却하면. 밀어내거나 거절하여 물리치면. 이함덕본: 배닥하면, 이인섭본 1: 배각하면, 이인섭본 2: 배닥하면.

151। 魚肉.

을 만들겠다.152」성황같이153토롱154이 심하 죽으면 섰습니다.155

　내말의 말로 계집이나 서나이나156 영웅호걸이라도 실끝 같은 목숨이 없어지면 그 뿐이거든 계집(의) 글자로 영웅호걸이 곧이듣지 않는다. 너희놈들이 나하고157 말하지 말고 너희 맘대로 할 것이지 나 아니 쓴다고 무수한 욕질한즉 저 악독한 놈들이 발꼬락158 두 사이에다 심지에 불 달아 끼우고 반 죽엄 시켜도 종내 항복(하)지 않으므로 갑산읍으로 잡아들여 보내고 김원홍, 림재덕이 자비로159 나의 처가 쓴 모양으로 편지를 한 놈에게 주어 용문동 더뎅이에 보낸 후에 능구사160 남부여대161를 물론하고 청하여 놓고 백성의 원쑤를 바꿔162(서) 홍범도(가) 잘못한다는 말로 백성들(에)게다 혼겁한163 거짓말164을 하니까 당신네 말씀이 전부 다 옳다 박수갈채가[로] 능구사 창평리165가 깨여질 지경이 되었다.

　용문동에 편지 가지고 왔던 개놈은 그때로166 곧167 처치하니까168 연방

152」이함덕본: 만들간아, 이인섭본 1: 만들갓다, 이인섭본 2: 만들간다.
153」城隍같이. 서낭신이 붙어 있다는 나무로, 주변에 사람들이 던진 돌로 더미가 만들어져 있다.
154」土壟. 임시로 쌓아올린 무덤.
155」이함덕본: 심하 주그면 섰습니다. → 이인섭은 다음과 같이 풀었다. "내 부인은 악형을 당하다 못하여서 죽으면서 이렇게 제 글을 썼습니다."(이인섭, 『홍범도장군─정치역사소설』, 19쪽).
156」'서나이'는 '사나이'의 평안도 방언. 이함덕본: 서나이이나.
157」이함덕본: 날과.
158」발가락. 이인섭본 1, 2: 발고락.
159」'스스로'의 북한 말.
160」능구社.
161」男負女戴.
162」이함덕본: 밧고. '밧고다'는 '바꾸다'('바꿈질하다')의 옛말.
163」魂怯한. 혼이 빠지도록 겁은 주는. 이함덕본: 홍겁한.
164」이함덕본: 거짓말.
165」이함덕본: 창펜니.

이틀지간에 편지가 여덟169장 들어오니 여덟 놈은 다 살랐다.170 아홉번 만에 내 아들 양순놈에게 편지를 주면서 너도 들어가면 나오지 못할 것은 안다만 이 편지가 너희 원군대171로 들어가지 못하고 중간에서 이런 일이 있는 줄(을) 나도 안다만은 그러나 네가 가면 너의 아비가 반가워 할 것이다. 그러면 네게서 편지가 나지면172 그때는 너(의) 부173가 탄복할 것이다 하고 보내니 이놈이 그것을 가지고 내 있는 대장소174 문밖에 나아온즉175 내가 총을 들고 이놈아 네가 전달에는176 내자식이지만은 네가 일본감옥에 삼사색177을 갇혀 있더니 그놈의 말을 듣고178 나에게 해179를 주자고 하는 놈이야. 너부텀180 쏴 죽여야 하겠다 하고 쏜 후 부관이 나가 본즉 귀방울이 마사181 떨어지고 죽기는 면하였다고 합디다. (3월) 28일에.

삼월 초이일에 림재덕, 김원홍 두 놈이 일병 190명과 조선인 190명과 더덩장거리 김치강의 집에 와서 주둔하고 그곳 백성에게다 전령182하되 싸움

166」이함덕본: 그시로.

167」이함덕본: 숫.

168」이함덕본: 처치우니까.

169」이함덕본: 여들.

170」없애버렸다. 이함덕본: 사랏다, 이인섭본 1, 2: 살앗다.

171」元軍隊. 원래 군대.

172」나타나면.

173」父.

174」大將所.

175」이함덕본: 나사온즉.

176」前달에는. 이전 달에는.

177」三四朔. 3, 4개월.

178」이함덕본: 들고. '들다'는 '듣다'의 함경도 방언.

179」害.

180」이함덕본: 너붙엄, 이인섭본 1: 너부터, 이인섭본 2: 너붙엄.

181」망가뜨려져. '마수다'는 '망가뜨리다'의 북한말.

할 것 같으면 싸움하고 귀순하기 원하거든 세시간(안)에[183] 계약을 체결하고 만약 그렇지 않는 경우에는 쏙싸포[184]로 너의 군대를 씨(도) 없이 멸망[185]시키겠다고 서리같은 명령이 들어오니 온 군대 안에 송구영신[186]입니다.

군대 안에 일등 불 잘 놓고 양기좋은[187] 군사[188] 칠백 명을 비밀단속하고 엿차[189]하라고 단속하고 참모부에 귀순[190]이 요구된다고 글을 써 나를 주면 내가 가서 교섭하여 그놈들 다리고 흙다리 한판에 들어서거든 엿차엿차[191]하시요. 제가 변복[192]하고 변성명하고 장거리에 당진하여 김치강 매제집에 들어가서 편지를 드린즉 김원홍이가 받아보고 씩 우스면서 너희 소원이 그렇다고 하면 그렇게 하여 주마 하고 무장[193]들 집안에 세우고 파수 15명으로 파수세우고 그 나머지 이백여명으로 영솔하여 흙다리목에 당진하자 더덩장거리에서 총소리가 콩닥[194]듯하며 사방 방천에서 모진 광풍[195]에 불 일어나듯하며 막 재작이[196]를 하여 몰수이 생금하고[197] 장거리에서

---

182 ɭ 傳令. 이함덕본: 젤령, 이인섭본 1: 전녕, 이인섭본 2: 傳令.
183 ɭ 이인섭본 1, 2: 세시전에.
184 ɭ 速射砲. 기관총이나 기관포. 이함덕본: 쏙싸포.
185 ɭ 이함덕본: 명망, 이인섭본 1, 2: 멸망.
186 ɭ 送舊迎新.
187 ɭ 陽氣좋은. 기력이 좋은.
188 ɭ 이인섭본 1: 군인, 이인섭본 2: 軍人.
189 ɭ 如此. 이렇게. 이함덕본: 엿차.
190 ɭ 이함덕본: 귀수귀순, 이인섭본 1, 이인섭본 2: 귀순.
191 ɭ 이인섭본 1: 여차여차.
192 ɭ 이함덕본: 벽복, 이인섭본 1, 2: 변복.
193 ɭ 武將. 무장한 장교들. 이인섭본 2: 武장.
194 ɭ 작은 절구나 방아를 찧을 때 나는 소리 또는 그 모양.
195 ɭ 이인섭본 2: 狂風.
196 ɭ '결딴'의 평안북도 방언.
197 ɭ 生擒하고. 생포하고.

의병 고응렬이 죽고 조인각이 부상되고 그집 식솔 어린 안동이 죽었습니다.

209명을 잡아다가 대장소 앞(에) 김원홍, 림재덕 두 놈을 꿀리고 내가 나서면서 너희 두 놈이 내 말을 들어라 김원홍 이놈 네가 수년을 진위대[198] 참령으로 국록을 수 만원을 받아먹다가[199] 나라가 망할 것 같으면 시골산면에서 포지[200]하여 감자 농사하며 먹고 지우는[201] 것이 그 나라 국민지도리[202](로서) 옳거든 칠조약 구조약[203]에 참여하여 나라 역적이 되니 너 같은 놈은 죽어도 몹시 죽어야 될 것이다. 림재덕도 너하고[204] 같이 사형에 다 처한다[205]. 조선놈들아 너희놈들도 들어 보아라 너희나 내나 다 무슨 일이 탈나서[206] 저런 역적놈들과 나를 해코저 하느냐?

일본놈은 남의 강토를 제 강토(로) 만들자 하니 그럴 수 있다 하자 너희 같은 놈들은 네아비 네어미 다 너희하고 같이 씨를 없애야 되겠다 하고 김원홍과 림재덕 두 놈을 말짱[207]을 두 대를 깍아서 든든히 세우고 한 놈씩 마주 세워 기둥에다 얽어매고 석유통자[208]를 웃딱지[209]를 떼여 저놈들 목욕시키고 불 달아 놓아라 하고 그 나머(지)는 포살[210](로) 다하여 죽이라 하고

198। 이함덕본: 진유대.
199। 이함덕본: 먹따가.
200। 이인섭본 2에는 '포지'에 주석을 붙여 "포지 中語. 삽이나 홈이[호미]로 개간한다는 말"(대괄호는 필자)이라고 적었다.
201। 일정한 기간이 지날 때까지 시간을 보내는.
202। 국민의 도리. 이인섭본 2: 國民之道理.
203। 이인섭본 2: 七條약 九條약.
204। 이함덕본: 널과.
205। 이함덕본: 청한다, 이인섭본 1: 처한다, 이인섭본 2: 處한다.
206। 잘못되어서. 이함덕본: 탈봐서.
207। 말杖. '말목(가늘게 다듬어 깎아서 무슨 표가 되도록 박는 나무 말뚝)'의 한경도 방언.
208। 통자: 막걸리 한 말을 담는 통(강원도 방언).
209। 물건 위에 앉거나 덮인 딱지.

삼월십육일 능구패택이[211] 행군하여[212] 십팔일 일병과 접전하여 일(본)병(사) 9명[213]을 죽이고 약수동에 들어가자고 십구일 장진 능꼴 늘구목이에서 일본(군)과 접전하여 일병 여든다섯[214]놈 잡고 23일에 동사[215] 다랏치 금전[216]앞에 돗텁바우골서 일본(군)과 싸워 십육 명 죽이고 의병 5인이 죽었습니다.

거기서 함흥 초리장[217] 유채골 동리에 야밤에 달려들어 부자놈 여덟놈 붙잡아다가 일화 이만팔천구백원을 빼앗아 군비에 쓴 일이 있습니다. 28일에 함흥 동교촌[218] 신성리에 자본가 박면장[219]이라고 하는 놈에 집에 달려들어 일화 육천원을 앗아 가지고 그놈의 맏자식이[220] 함흥 일본놈에 군대의 소대장으로 있다나니 제 집에 의병들이 재산을 탈취한다는 소문을 듣고[221] 일병 300명과 보조원 50명을 영솔하여 350명으로 친히 제가 영솔대장이 되여 제 대대장께 연품치[222] 않고 비밀히 달려들어 야심한 밤중에 접전된 일이 있습니다.

210」砲殺. 총살.
211」이인섭본 1: 승구파덕이, 이인섭본 2: 승구패덕이.
212」이함덕본: 이행군하여, 이인섭본 1, 2: 행군하여.
213」이인섭본 2: 日兵九名.
214」이함덕본: 야든다슷, 이인섭본 1: 팔십오놈을, 이인섭본 2: 八十五놈을.
215」東社.
216」금점(金店). 이함덕본: 금전, 이인섭본 1: 금점, 이인섭본 2: 金점.
217」이인섭본 2: 초리場.
218」이함덕본: 함흥동고촌, 이인섭본 1: 함흥동교촌, 이인섭본 2: 咸興東橋村.
219」이함덕본: 박명장, 이인섭본 1, 2: 박영장.
220」이함덕본: 맏자식이기. 이 부분 다음부터 글씨체가 처음의 글씨체로 다시 바뀜. 중간의 다른 글씨체로 쓰인 부분은 5쪽이 채 못 되는 분량이다.
221」이함덕본: 들고.
222」이인섭본 1, 2: 연통치.

그러다나니 의병이 588명이 되다나니 그 동네 집집마다 들었습니다. 불시에 사방으로 총소리가 나다나니 헤어져223 있던 군사가 나갈 곳이 없으니까 마츰 접전이 아침 날밝도록 싸호다나니 일병이 왔던 군사가 사분지일이 살지 못하고 회진하다나니 박면장224의 식솔 하나도 남지 않고 구족225이 멸망하였습니다.

그날 밤 날새도록 싸홈하고 그 이튿날 홍원226 영동으로 행군하여 지산당에 주둔하고227 사월초이일 내가 변복하고 홍원읍 박원성228집에 가서 그놈에 문간에다 일병 헌병대 사인229을 월급 주고 문간 파수병으로 둔 곳에 들어가 이 댁에 들어가는 글자를 적어 달라고 한즉 조사가 심히 묻는 고로 싹근다리에 사는 백성으로 나의 외편230도 되려니와 지원한 일이 있노라고 한즉 들어가라 하길래 들어간즉 함흥본관 좌수로 있던 리경택과 홍원 군수로 있는 홍가와 원성 세 놈이 앉은데 들어간즉 네 웬놈이냐? 그 말끝에 단총을 내여 들며 나는 산간에서 나무 밑을 큰집 삼고 지우는231 홍범도입니다. 내가 이곳에 들어온 것을 너희가 모르겠느냐 빨리 나의 조처를 빨리 조처하시요 이번 내일이 바로 되면 커니와 약불연이면232 이 방안에 주검

223ㅣ 이함덕본: 혀여져, 이인섭본 1: 허여져, 이인섭본 2: 혀여저. '헤여지다'는 '헤어지다'의 북한어이다.
224ㅣ 이함덕본: 박면장, 이인섭본 1: 박영장, 이인섭본 2: 朴영장.
225ㅣ 九族. 고조·증조·조부·부친·자기·아들·손자·증손·현손까지의 동종(同宗) 친족을 통틀어 일컬음.
226ㅣ 이함덕본에는 일관되게 '호원'으로 쓰여 있으나 이는 함남 '홍원(洪原)'의 오기로 보인다. 이하에는 '호원'을 모두 '홍원'으로 바로잡았다.
227ㅣ 이함덕본: 주문하고, 이인섭본 1: 주둔하고, 이인섭본 2: 주문하고.
228ㅣ 이인섭본 1: 박원섭, 이인섭본 2: 朴원섭.
229ㅣ 四人. 네 사람. 이인섭본 1: 네놈, 이인섭본 2: 四人.
230ㅣ 外便. 어머니 쪽의 일가. 이인섭본 2: 外便.
231ㅣ 지내는.

이 몇이 될 것을 모르겠소. 빨리 조처하시요. 주인놈이 제댁과[233] 얼마든지 통틀어[234] 내오라고 한즉 일화 30천[235]을 내어다 전대에 넣어 허리에 띠고 원성을 앞에 세우고 나와 싸근다리 고개에 올라와서 부디 안녕히 계시라고 부탁하고 지산당에 돌아와 4월 초팔일 밤에 행군하여 명태골[236]로 장진[237] 여애리 평풍바우 밑에 행군하여 사방에 있는 군대를 불러 모아 놓고 군사 (를) 정구[238]한즉 1864명이고 중대장이 11명이고 소대장(이) 33명으로 고쳐 편성할 때

제1중대장 원창복으로 장진 청산령[239]을 지키고 꼭 아적[240] 저역[241]에 장진군대가 삼수로 넘나드는 놈을 목잡고 있다가 불시에 쏘고, 몸을 피하였다가 경부[242]로[에게] 비밀히 군사 먹을 것을 걱정하라고 시키시요.

제2중대장 최학선으로 매덕령을 지키고 갑리로 드나드는 놈과 앞서 식대로[243] 하소.

제3중대장 박용락으로 안장령을 지키고 함흥 장진으로 넘나드는 놈(들)과 앞서와[244] 같이 하소.

232। 若不然이면. 만약 그렇지 않으면. 이함덕본: 약쁘련이면, 이인섭본 1: 약불연, 이인섭본 2: 약不然.
233। 자기 아내와.
234। 이함덕본: 통털어. '통털다'는 '통틀다'의 북한어.
235। 3만.
236। 이인섭본 2: 明太꼴.
237। 이인섭본 2: 長津.
238। 點考한즉. '점고'는 명부에 일일이 점을 찍어 가며 사람의 수를 조사하는 일.
239। 이함덕본: 청살령, 이인섭본 1: 청산령, 이인섭본 2: 청살령.
240। '아침'의 경남, 전남, 제주도, 함경도, 황해도 방언.
241। '저녁'의 경남, 함북 방언.
242। 耕夫. 농부.
243। 앞의 방식대로.

제4중대(장) 조병영으로 조개령을 지키고 삼담[245] 단천으로 넘나드는 놈과 앞서와 같이 하소.

제5중대(장) 유기운[246]으로 새일령을 지키고 통피장꼴 북청을 넘나드는 놈과 그대로 조처하시오.

제6중대장 최창으로 휫치령[247]을 지키고 앞서와 같이 시행하시요.

제7중대장 송상봉[248]을 불러[249] 부걸령을 지키되 너는 꼭 내가 명으로 시키노라 남시령을 지키고 길주로 갑산 혀리로 드나드는 놈과 싸홈을 하되 남을 10명을 죽이지 말고 내 군사 죽이지 말아야할 것임으로 너를 극력 주선으로 부탁하노라.

제8중대장으로 삼수신파목재[250] 압록강으로 내려가는 것을 쏘아 넘기시오.

제9중대장으로 통팔령을 지키고 홍원 북청으로 드나드는 놈과 앞서 계약한 대로 꼭 그대로만 하면 우리의 성공이 잘 될 것입니다.

그 나마(지)는 사중대[251]로 내가 영솔하고 다니며 일본과 접전하게 하고 다 분배 후에[252] 우리가 일구지[253] 아니하고는 숱한 군사를[늘] 기황[254]을

---

244 । 이함덕본: 앞서과.

245 । 이인섭본 1, 2: 삼단.

246 । 劉基云. 이함덕본, 이인섭본 1, 2: 유기윤.

247 । 후치령(厚峙嶺).

248 । 송상봉(宋相鳳).

249 । 이함덕본: 불너는, 이인섭본 1, 2: 불너.

250 । 이인섭본 2: 三水新波木材.

251 । 四中隊. 네 중대로. 이인섭본 1: 네 중대로, 이인섭본 2: 四中隊.

252 । 나누어 배속한 후에.

253 । 일을 일으키지. 이함덕본: 일으지. '일다'는 '일구다(현상이나 일 따위를 일으키다)'의 북한어.

254 । 饑荒. 굶주림. 이함덕본: 긔환, 이인섭본 1, 2: 긔황.

면치 못할 것입니다 하고 나는 사방으로 다니며 할 것입니다.

4월27일 통폐장꼴 쇠점거리에서 전쟁하여 일본대장 여덟놈 잡고 군사 십삼명 잡고 일본군량[255] 닭 50개, 과자 열 궤, 백미 삼십 말, 앗아가지고 그날 밤으로 사동[256]으로 하남 안장혈 쌈[257]에 일본(병) 400여명이나 죽고 우리(가) 승전은 하였으나 패하여[258] 상남 숯치기 깊은 산골 폐간 속에서 굶어 이틀을 유진[259]하고 있다나니 비는 자꾸 삼사일 쏟아지는 것을 견디어 갑산 간평에 내려 와서 귀밀밥[260]을 얻어먹으니 모두[261] 취하여 고생하는 중에 길주서 넘어오는 일병 80명과 쌈하여 일병 3명을 죽이고 의병 8명이 죽었습니다.

5월 초이일에 구름물영[262](을) 넘어오다가 일병 32명이 오는 것을 목잡고 저대하다가 일시에 쏘아 한 놈도 남지 않고 다 죽이고 총 30개, 군도[263] 두 개, 탄환 300개, 단총 네 개(를) 앗아 빼어가지고 갑산 청지평 싸홈에 의병 11명 죽이고 일병 90명 즉살[264]시켰다.

초사일 괴통병 어구에서 일본마병 15명 잡고 말 다섯필 앗아가지고 약수동[265] 넘어가서 여해산[266] 평풍바우 밑에서 군회[267]를 열고 그 말[268] 잡아

255| 日本軍糧. 이함덕본: 일본굴량, 이인섭본 1: 일본군낭, 이인섭본 2: 日本軍糧.
256| 이인섭본 2: 사洞으로.
257| 이인섭본 1: 하남안장터 싸홈에, 이인섭본 2: 하南안장터 싸홈에.
258| 敗하여. '승전은 했으나 패'한 것은 전쟁에서 승리는 했으나 의병부대 조직이 무너진 것을 말한다.
259| 留陣. 군사들이 머물러 있는 것.
260| '귀리밥'의 북한어.
261| 모두.
262| 이인섭본 1, 2: 굴움물령.
263| 이인섭본 2: 軍刀.
264| 卽殺.
265| 이인섭본 2: 약水洞.

분육[269]하고 회의 결정에 군비는 물론하고 전쟁에 죽은 동포의 가족을 살려 주어야 되겠는데 한 가정에 150원씩 분배시키고 도합[270]을 놓으니 116천[271] 898원으로 분배하고 어찌하든지 재전[272]을 모아야 약환[273]을 외국으로 청구[274]하여야 될 것입니다.

5월 25일로 다시 이곳에서 다 우리가 군회를 불러 가지고 재전으로 외국에다 청구하자고 각자[275] 맹세하고 초구일에 각지로 떠나 사방으로 각산[276]하여 헤어져 간 후 나는 동사 다랏치[277] 금점에 달려들어 일병 6인을 죽이고 별장[278]놈(을) 죽이고 금[279] 1994개를 앗아가지고 수동골수로[280] 넘어와 행창에 당진하여 밤을 유하고[281] 함흥 천보산 절로[282] 들어가 4일 유

266| 이인섭본 2: 여해山.
267| 軍會.
268| 이인섭본 2: 그 馬.
269| 고기를 나누어. 이인섭본 2: 分肉.
270| 都合. 이인섭본 2: 都合.
271| 11만 6,000.
272| 재전(在錢). 재문(在文). 셈을 하고 남은 돈.
273| 藥丸. 화약과 납으로 된 탄환.
274| 이인섭본 2: 請求.
275| 이함덕본: 각제.
276| 各散. 이인섭본 2: 各散.
277| 이함덕본: 달아치.
278| 別將. 조선시대 무관직.
279| 이인섭본 2: 金.
280| 이인섭본 2: 水洞골수로.
281| 留하고. 머물고. 지내고.
282| 「홍범도일지」에는 같은 장소를 언급하면서 '천보사'와 '천보산'이 세 군데에서 다르게 표기되어 있다. 즉 이함덕본은 '함흥 천보산 절려' '함흥 명태골로 천보사절로' '돌오 천보사절로', 이인섭본 2는 '함흥 천보山 절더' '함흥 명태골노, 천보사절노' '돌오 천보山 절노'로 다르게 표기하고 있다. 이인섭본 1은 일관되게 '천보산'으로 표기했다. '천보사'는 절의 이름일 터이고, '천보산 절'은 '천보산에 있는 절'로 읽을 수 있을

하고 있노라니까 안변 덕원 연풍 등지에서 수십 번 전쟁하던 노희태 군대 540명과 연합하여 정평 한대골 어구에서 접전하여 일병 190명 잡고 의병 4인이 죽고 한명(은) 팔(을) 맞아 중상되어 고생하였다.

정평 바맥이에서 500명 일병과 쌈하여 107명 잃고 내 아들 양순이 죽고 거차 의병은 6명이 죽고 중상자가[283] 8명이 되었다. 그때 양순은 중대장이었다. 5월 18일 12시에 내 아들 양순이 죽었다.

그날로 떠나서 거사골수로 들어와서 노희태(는) 군사를 다리고 함흥 명태골로 천보사 절로 넘어가고 나는 군대를 다리고 장진 남사[284]로 내려와서 실령 어구에서 접전하여 16명을 일병을 죽이고 총 16개 철궤 여섯 개 앗아가지고 도로 천보사 절로 가 노희태 군대에 철 2400개 분배하여 노나 주고 인차[285] 떠나 18일에 홍원읍[286] 앞에 전진포[287]에 홍가집에 달려들어 홍원군수 홍가자[288]를 붙들어 일화 37000원을 빼앗아 가지고 그날 밤으로 함흥 덕산관 함영문 그놈에 집에 달려들어 너는 시 좌수로 있고 또 군주사[289]로 있는 놈이니까 돈을 내 청하는 대로 바치지[290] 않으면 당장에 식구는 오늘밤으로 멸망시킨다 하고 일화 3십만원을 바치라 한즉 극력 주선하여 3만

것이다. 이인섭은 두 번이나 '천보山'으로 표기하고, '천보사절'은 별개로 본 것 같다. 함흥 부근 지역에서 '천보산'이나 '천보사'가 확인되지 않아, 여기에서는 하나로 통일하지 않고 이함덕본의 표기를 따랐다.

283ㅣ 이함덕본: 중상되기가, 이인섭본 1: 중상자가, 이인섭본 2: 중상된 자가.

284ㅣ 長津 南社.

285ㅣ 이내. 지체 없이 바로.

286ㅣ 이인섭본 1, 2: 洪원읍.

287ㅣ 이인섭본 2: 전진浦.

288ㅣ 홍가 놈. 이인섭본 2: 洪哥者.

289ㅣ 이인섭본 2: 郡主事.

290ㅣ 이함덕본: 받지, 이인섭본 1: 밫이지, 이인섭본 2: 밭치지.

원을 내어다 주는 형식을 보니 여러 곳에서 대용하여 주길래 받아가지고 인차 떠나오면서 글을 써서 사방에 돌려놓으면서 덕산관 사는 한영문[291](이)가 함흥읍을 들어올 것 같으면 남대천 다리목에 일병 300명 있고 성안에 500명 있으니 염려말고 들어오라 하길래 수일간[292] 들어가겠습니다 하고 그 댁에 와서 연품하되 우리가 어느 날 밤에 들 것을 우리도 비밀히 다하고 간다는 것을 글을 써 누구와 담화하고 있는 듯이 하고 떠나 장진 여래산[293]으로 들어오니[294] 회의를 모였다가 회의를 못하고 있는 중에 마츰 들어가 회의를 열고 앞서와 같이 일화[295] 20천[296]을 정하여놓고 외국으로 갈 사람을 뽑는데 북청(에) 사는[297] 조화여, 김충렬 그 동무들이 화수야[298] 연추[299]에 주둔하고 있는 리관리(에)게[300] 보내면 비똔약[301]을 몇십밀리온[302] (어)치라도 내올 수 있다고 하길래 김충렬[303] 조화여 두 사람으로 20천과 노

291ㅣ 앞에 언급된 '함영문'과 동일 인물임이 확실하나 어느 것이 맞는지 확인할 수 없어 그대로 두었다.

292ㅣ 두서너 날 동안에.

293ㅣ 이함덕본: 여내산, 이인섭본 1: 여래산, 이인섭본 2: 여래山.

294ㅣ 이함덕본: 드오니, 이인섭본 1, 2: 들어오니.

295ㅣ 이인섭본 2: 日貨.

296ㅣ 2만.

297ㅣ 이함덕본: 북청하는, 이인섭본 1: 北青사는

298ㅣ 해수애(海水涯). 연해주에 있다. 이인섭은 '화수야'를 '해수애'로 보고 블라디보스토크라 했으나(이인섭, 『홍범도장군』 상권), 이범윤이 있던 곳이 연추이므로 '화수야'는 '동해수빈(東海水濱)'과 마찬가지로 '연해주'로 보는 것이 타당할 것이다.

299ㅣ 연추(延秋, 煙秋). 이인섭본 2에는 "연추난 지금 하산구역 경원 마즌[맞은] 편 당시 구역 中 심지"(대괄호는 필자)라고 주석을 붙였다.

300ㅣ 李管理使에게. 간도관리사(間島管理使) 이범윤을 말함. 이함덕본: 리괄니게.

301ㅣ 러시아어 'боепитание(바예피타니예)'의 우리말 표현으로 '탄약(무기)의 보급'을 뜻한다.

302ㅣ 몇 십 밀리언(million). 몇 천만.

303ㅣ 金忠烈.

수304로 백원을 주어 강동305 연추 리범윤한(테)다 서사306를 다307 두 사람에308 보냈더니 이 험한 놈들이 다 잘라먹고 오히려 일본정탐군309으로 몰아 가두고 당금310 죽게 되니까 그 개끼운311 자들이 본대312에 글을 보내니 글을 받아보고 인차 김수현으로 노비313를 주어 급속히 들어가 구하라고 보내니 그놈이 또 제가 리가314놈에게 들어가315 그 당류316와 같이 휩쓸리어317 있다나니 소식이 영무소식318하니 알 수 없어 약철319이 없어 일병과 쌈도 못하고 일본(병)이 온다(하)면 도망하여 매 본 꿩이 숨듯이 죽을 지경으로 고생하다가 할 수 없어 외국 중국땅 탕해320로 10월 9일에 압록강을 건너 올 때에 신파321 기름구피 일본군대322와 접전하다가 그날 밤으로 건

304ㅣ 路需. 노자(路資). 먼 길을 떠나 오가는 데 드는 비용.
305ㅣ 江東. 당시 한인들은 러시아 연해주를 '강동,' 간도를 '서강(西江)'이라고 불렀다.
306ㅣ 書辭. 서장(書狀), 즉 편지에 쓰인 말.
307ㅣ 빠짐없이 모두.
308ㅣ 두 사람에게 소지케 하여.
309ㅣ 정탐(偵探)군. 이함덕본: 일본 청탐군, 이인섭본 1: 일본정탐군, 이인섭본 2: 일본 정탐군.
310ㅣ 當今. 바로 이제.
311ㅣ 간힌. '개끼다'는 '갇히다'의 함경도 방언. 이함덕본: 객끼운자들이, 이인섭본 1: 객기은 자들이, 이인섭본 2: 개기운 자들이.
312ㅣ 本隊. 본부대.
313ㅣ 路費. 노자(路資).
314ㅣ 이범윤을 말함. 이인섭본 2: 李哥놈.
315ㅣ 이함덕본: 들어와, 이인섭본 1, 2: 들어가.
316ㅣ 黨類. 이함덕본: 당누.
317ㅣ 이함덕본: 협쓸리어, 이인섭본 1: 협슬니여, 이인섭본 2: 협쓸니여.
318ㅣ 이인섭본 2: 永無소식.
319ㅣ 藥鐵. 화약과 총알[鐵丸].
320ㅣ 通化.
321ㅣ 신갈파진(新乫坡鎭). 조선시대에는 가을파지보(加乙波知堡)라 했으며, 함경남도 삼수군 신파면에 소재한 압록강변의 하항(河港)이다. 신갈파진은 혜산시와 함께

너와 압록강을 하직하고 너의 수궁[323]이 수천리 장강[324]인데 내가 무사히 건너 왔다 부디 잘 있거라 다시 볼 날이 있으리라고 눈물로 하직하고 탕해로 들어와서 하루[325] 묵어 길림[326]으로 1300리 되는 곳에 와서 생면부지[327] 한 곳에 와서 돈 한 푼 없이 길림 성안 중국 통사[328] 길성익 영변[329]사람인데 사상이 좋아서 우리군대 40여명을 수십원으로 용비[330] 써서 이틀을 유하고 다리고 온 동무들을 도로 탕해로 보내고 김창옥, 열두 살 먹은 자식 용환, 권감찰 내 합 4명이 로씨야로 들어올 때 노수 한 푼 없이 도보하여 난림창[331], 우수현[332], 우라개[333], 우시허[334], 아시허[335] 내도[336]한즉 술기길[337]

압록강 상류나 개마고원에서 벌채되는 원목을 집산하는 임산도시로 유명했으며, 이곳에서 나무를 떼로 엮어 압록강 하류에 있는 중강진·만포·신의주 등으로 떠내려보내는 중계항으로서의 기능도 했다. 신갈파진에서 4km 가량 하류 쪽에 원래의 가을파지보였던 구갈파진(舊乫坡鎭)이 있고, 그 중간 지점에는 예로부터 하항선의 정박지로 활기를 띠었던 박주호(泊舟呼)라는 지명의 포구가 있다 이곳은 광복 전에는 간도(間島)에서 활동하던 독립지사들이 자주 건너와서 주민들에게 민족혼을 깨우치는 일이 잦았다. 그리하여 일본인들은 국경수비대를 주둔시켰으며 작은 마을인데도 경찰서와 헌병 1개 분대를 상주시켰다(한국정신문화연구원 편,『한국민족문화대백과』13권, 663쪽 참조).

322ı 이함덕본: 일병군대.
323ı 水窮. 물줄기의 끝.
324ı 長江.
325ı 이함덕본: 할날, 이인섭본 1, 2: 한날.
326ı 吉林. 이함덕본: 질님, 이인섭본 1: 길림, 이인섭본 2: 吉林.
327ı 生面不知. 이함덕본: 생명주지, 이인섭본 2: 生面不知.
328ı 通辭. 통역.
329ı 寧邊. 평안북도에 있다. 이함덕본: 넹벤, 이인섭본 1, 2: 영변.
330ı 비용(費用). 이인섭본 2: 用費.
331ı 拉林廠(倉). 지명.
332ı 榆樹縣. 지명.
333ı 烏拉街.
334ı '우시허'는 새로운 지명이라기보다는 다음의 '아시허(阿什河)'를 되풀이해서 두 번 받아 적은 것으로 보인다.

을 만나 네 사람이 도보하여 굶어오길 준이틀을³³⁸ 오다나니 기한³³⁹에 들

뻔하다나니 로씨야 거사리³⁴⁰에 와서 배를 갈아치며³⁴¹ 먹을 것을 비니

까³⁴² 로시야 산다르미³⁴³ 흘네브(хлеб)³⁴⁴ 한 덩어리 내다주니 요기하고

떠나 도보하여 먹으며 굶으며 근근(히) 도보하여 엿새가 되도록 오니까 어

딘지 모르고 오다나니 술기길에서 조선사람 셋을 만나 일만포³⁴⁵(가) 얼마

나 먼가(하)고 물은즉 그자가 멀다고 하면서 이리로 가면 칠십리고 술기길

로 가면 고려리수로 150리라고 하면서 질러³⁴⁶ 가는 것이 필요하다고하니

즐러 오다가 홍후재³⁴⁷ 무리에게 붙들려 가서 이틀을 자고 대접도 많이 받

---

335 | 阿什河. 지명.

336 | 來到.

337 | 이함덕본: 술기질, 이인섭본 1, 이인섭본 2: 술기길. '술기'는 '수레' 또는 '달구지'를
뜻하는 함경도 방언. '마술기'는 '마차(말이 끄는 수레)', '소술기'는 '우차(소가 끄는
수레)', '쇠술기'는 '기차'를 뜻하며, 술기길'은 '수레길', 즉 기차길(철도)이나 도로를
말한다.

338 | 굶어오기를 거의 이틀을. '준이틀'이라는 표현에서 '준'은 「홍범도 일지」의 앞부분에
'준삼년'이라는 표현에서도 찾아볼 수 있다. 이함덕본: 굶어 오길준 잇틀, 이인섭본
1: 굶머 오일준 이틀을, 이인섭본 2: 굶머 오일준 잇틀을. 모든 판본에서 띄어쓰기가
제대로 되어 있지 않아 뜻을 풀어내기가 어려웠다.

339 | 飢寒. 굶주리고 헐벗어 배고프고 추운 상태.

340 | '간이역(일반역과는 달리 역무원이 없고 정차만 하는 역)'의 함경북도 방언. 당시 북
만주를 서북에서 동남쪽으로 가로지르는 동중철도(東中鐵道 또는 東淸鐵道)는 러
시아정부에서 관리했기 때문에 '로시야 거사리'라 표현한 것이다.

341 | 가리키며.

342 | 달라고 요청하니까.

343 | 잔다름(жандарм). '헌병'을 뜻하는 러시아말. 이인섭본 2에는 '산다르미'에 "산다르
미: 당시 로시아헌병"이라고 주석을 붙였다.

344 | '빵'을 뜻하는 러시아말.

345 | 一面浦(Yimienpo). 현재의 상지시(尙志市) 남쪽에 위치한 일면파(一面坡). 이인섭
본 2: 일만포(一面浦).

346 | 이함덕본: 즐러.

347 | 홍호적(紅鬍賊). '홍후즈(honghuz)'. '홍후재' 또는 '홍후자'로 적기도 하는데, 여기서

고 온 일도 있습니다.

　12월 6일에 흥더허재348(로) 나와서 엿새를 묵어 고려풍속349에서 노수350 차려351 술기352타고 소왕영353에 들러 엿새 묵어 해삼354(에) 내려가서 일색355 유하고 1908년356에 연추(로) 나가서 리관리라 하는 자를 보고 조선(에)서 (온) 김충열 조화여 두 사람을 어떻게 보니까 일본정탐으로 보셨는가요 한즉 그자의 말이 나는 그런 줄 저런 줄 모르노라고 한즉 그러면 그 사람을 어찌하여 주르만(тюрма)에357 가두었던가요. 그 대답에 비싸기

는 홍호재로 통일했다. 중국인들을 중심으로 구성된 마적을 말하는데, 19세기와 20세기 전반기에 만주와 연해주 일대를 횡행하며 농촌을 습격하여 방화, 약탈, 납치 등 악행을 일삼았다. 만주와 연해주에 출병한 일본군은 한인들의 항일활동을 저지하기 위해 홍호적을 후원하여 한인들을 공격하도록 했다.

348ı 橫道河子. 중국 흑룡강성(黑龍江省) 해림현(海林縣) 소재. 현재의 목단강시(牡丹江市) 해림시 횡도하자진(橫道河子鎭).

349ı 風俗. 한 마을 또는 여러 마을의 자치단위를 말하거나 그 지도자를 일컬었는데, 세금, 경찰, 소송 등 하부 행정기능을 맡기도 했다.

350ı 路需.

351ı 마련해주어.

352ı 여기에서 '술기'는 '기차'일 가능성이 크다. 즉, 홍범도 일행은 북만주를 가로지르는 동중철도를 타고 중러 국경을 넘어 러시아로 들어갔던 것이다.

353ı 蘇皇領. '소왕령(蘇王領)', '송황령(宋皇領)', '송왕령(宋王領)', '쌍성자(雙城子)', '쌍성보(雙城堡)' 등 여러 명칭으로 표기된 연해주의 러시아 도시. 발해 시대에 솔빈부(率濱府)가 있었던 지역이다. 1866년에 러시아 아스트라한 주로부터 이주한 러시아 농민들이 수이푼강(현재의 라즈돌리노예강)의 지류인 라코브카(Rechka Rakovka) 하구의 강변에 니콜스코예(Nikol'skoe) 마을을 개척했다. 1898년에 시(市)로 승격됨과 동시에 '니콜스크-우수리스크(Nikol'sk-Ussurisk)'가 되었다가 1935년 '보로실로프(Voro-shilov)로 개칭되고, 1957년 현재의 우수리스크(Ussurisk)로 개명되었다.

354ı 海蔘威. 블라디보스토크를 말하는데, 당시 한인들은 '해삼(海蔘)'이라고도 했다.

355ı 일삭(一朔). 한 달.

356ı 1909년의 잘못. 홍범도의 국내 탈출(망명)이 1908년 말이므로 연추에 간 것은 1909년 2월 초로 추정된다.

357ı 이함덕본: 주르만에(тюрма). 러시아어 'тюрма'는 '감옥'을 뜻함.

(документ)358 때문에 개졌다고359 대담한 소문이 낭자하니까 연추 주민들이 리범윤 죽일 놈이라고 누구든지 아니 욕할 자가 없었다.

그 후에 최재형360 연추 노야361 김운경 이자들이 서로 반대파가 일어나므로 1909년에 취풍362 허커우363(에) 와서 도로 고려로 나가려 하는 때 소왕영에 있는 최원세가 올라와서 극력 주선으로 말리며 내가 주선하여 차려 내364 보낼 터이오니 걱정마시고 계시라고 말리니 할 수 없어 있다나니365 최원세(가) 각처로 다니며 원조하여 수천원으로[을] 모집하여 가지고 허커우366(로) 올라와서 박기만으로 총무를 정하고 김제현으로 부총무를 정하고367 김왕륜368으로 재무를 정하고 1910년 3월 6일로 고려로 나가려고 맹

---

358 비자. 체류허가증.

359 갇혔다고. 이함덕본: 객겟다고. 이인섭본 1, 2: 객겻따고.

360 崔在亨. 최 표트르 세묘노비치.

361 老爺. 연추는 당시 가장 큰 한인마을 가운데 하나이다. '노야'는 마을 또는 촌락의 나이 많은 지도자를 말하며 함경도 말로 '노예'라고 했다.

362 추풍(秋風, 秋豊). 수이푼(Suifen, 水芬河)강. 현재의 라즈돌리노예(Razdol'noe) 강 유역 일대를 일컬음.

363 河口. 코르사코프카(Korsakovka).

364 마련하여.

365 이함덕본에는 '최원세가' 이하 '있다나니'까지의 부분이 되풀이되어 적혀 있다.

366 이함덕본: 헉커우.

367 당시 홍범도가 '창의대장(倡義大將)'의 명의로 '유학(幼學)' '진우종(陳禹鍾)'을 '실관사원(實觀事員)'으로 임명하는 사령장에 홍범도와 병기된 '박기만'의 직함은 '도총무(都總務)'였다. 사령장에는 홍범도의병진의 본부가 '차거우 비안고(車巨隅 飛鴈庫)'에 있다고 쓰여 있다. '비안고' 마을은 '氷陽庫'로 표기되기도 한다. '차거우'는 연해주 우수리스크 시 동남 방향에서 수이푼 강으로 흘러드는 수푸치나 강(현재의 코마로프카 강)을 따라 형성된 지역 일대를 말하며, '비앙고'마을은 그 상류 유역에 위치해 있었다.
'이인섭본 2'에는 김제현이 "부總理"로 되어 있다. 당시 최원세, 박기만 등의 의병모금 사실은 일제의 의병 관련 보고서에서 확인된다. 즉, 박기만 등 24명의 명의로 "己酉 正月"(1909년 1월, 음력)에 '추풍사무통장(秋豊事務通章)' 형식을 띤 보고[通報]를 발포했던 것이다. 이 통보는 "동포는 서로 합심하여 관리(관리사 이범윤)와 힘을

세하였더니 조물이369 시기하여 박기만 놈이 원조돈 1800원을 쓰고 내놓지
아니함으로 재피거우370에다 회를 불러놓고 박기만, 김왕륜, 김재형371 절
땅 노여372 김아부렴373 다 불러놓고374 회의를 불렀다.

1910년 3월 11일에 회의문제는 각총무며 재무 각 임원으로써 다수375한
금전을 거둔 것을 보고에 얼마나 도합된다는 총무의 보고, 무장을 얼마나
사서 어데다 둔 것. 문제는 그뿐. 총무의 보고에 전후376 4980원으로 무장
30병에 2180원이 들었다고 보고에 나타나고 탄환 3800개(를) 1100원 주고
산377 것입니다. 그 나머지 남은 것은 의병들 비쩨기 300장에 800원 주고378
내게 하였고 그 남아있는 돈 내가 한 달 통용379하고 썼습니다. 이렇게 되니

합하여 왜(倭)를 벌(伐)하고 살아서는 인간의 가치를 보지(保持)하고 죽어서는 부
끄러움 없는 귀신이 되라. 유지(有志) 동포는 속히 궁색한 곳으로 와서 번상확론(爛
商確論)으로 대사(大事)를 이루라"라는 내용이며, 관리사 이범윤 중심의 의병운동
에 에 동참할 것을 촉구하고 있다. 통보의 끝 부분은 다음과 같다. 己酉(一九〇九年)
正月 日 朴基萬 金周郁 金弘達 朴文吉 金泗文 金丙淵 金九郁 金成基 蔡昌黙 金相橉
蔡希乾 蔡亨權 金右淵 朱衡湖 南弘達 金奎瑞 蔡圭治 金雲濬 金敏奎 金丙價 韓奎錫
蔡蔆黙 蔡斗黙 金昌先 南丙煥.

368ㅣ 이함덕본: 김왕눈.
369ㅣ '조물주가' 또는 '만물(萬物)이.' 이함덕본: 조무리, 이인섭본 1: 조물이, 이인섭본 2:
　　 조무리.
370ㅣ 자피거우(Zapigou). 夾皮溝. 수이푼 지역의 산간에 위치한 한인마을.
371ㅣ 이함덕본에는 다르게 표기되어 있지만 '김재형'은 앞서 언급된 '김제현'과 같은 인물
　　 임에 틀림없다.
372ㅣ 절당 노야. '절당'은 러시아정교 교회, '노야'는 책임자, 즉 러시아정교 사제(신부)를
　　 말한다.
373ㅣ 김아브람(Ким Аврам).
374ㅣ 이함덕본: 불놓고.
375ㅣ 이인섭본 2: 多數한.
376ㅣ 前後. 일정한 수량에 약간 모자라거나 넘는 것. 이인섭본 2: 前後.
377ㅣ 이함덕본: 싼.
378ㅣ "산 것입니다 …… 800원 주고" 부분은 이인섭본 1, 2 모두에 누락되어 있다.

까 우리의 일은 망태기[380] 되었구나 하고 내가 밸[381]이 불어나서[382] 회의고 뭐고[383] 이 종자들 모조리 때려 죽이고 말아야 하겠다고 하고 달려들어 박기만을 단개에[384] 쳐서 주검을 만들고 회의가 망태기 되었다. 그 며칠 후에 취풍사사 원호놈들[385] 추겨가지고 나를 죽이자고 취군[386]하여 올 때 리범윤[387]의 군사적[388] 관리병이라고 하였습니다. 그 군대가 척후병이 되어(나)서고 다지안재[389] 안준현이고 육성[390] 최순경이고 허커우[391] 김가네 다수[392]고 박가네 다수고, 문창범(이) 도수[393]하여 250여명이 취군 작정하여 재피거우 박문길 집에 달려들어 나를 결박하여 가지고 왕거우[394] 유사

---

379. 이함덕본, 이인섭본 1, 2: 통영.

380. 전혀 쓸모없이 되어버린 상태.

381. 배알. '창자'의 준말로 '밸이 불어나다'는 '부아가 치밀어 오르다'를 뜻함.

382. 성이 나서. 이함덕본: 뿔어나서.

383. 이함덕본: 무에고.

384. 단기에. 단숨에.

385. '추풍4사(四社)'는 1870년대에 초기 한인이주자들이 추풍 일대 수이푼 강 유역에 개척한 대표적인 네 개의 한인마을 즉, 육성촌(六城村, Putilovka), 허커우(河口, Korsakovka), 황거우(黃口, Krounovka), 다지안지(大甸子, Sinel'nekovo)를 총칭하는 말이다. 추풍4사를 개척한 한인이주자들은 러시아 국적을 취득하고 러시아정부로부터 토지를 분배받아 '원호인(原戶人 또는 元戶人)'으로 불리던 부요(富饒)한 지주들로서 자신들보다 나중에 이주해온 러시아 국적이 없는 한인농민들 즉, 여호인(餘戶人) 또는 유호인(流戶人)들에게 자신들의 토지를 소작을 주었다.

386. 聚軍. 군사를 모아.

387. 이함덕본: 이범뉸

388. 이함덕본: 군산적, 이인섭본 1, 2: 군사적

389. 이함덕본: 다디안재. 추풍4사의 하나인 다지안지.

390. 추풍4사의 하나인 육성촌.

391. 추풍4사의 하나인 허커우.

392. 多數.

393. 都首. 우두머리.

394. 王溝. '王됴于'로 표기하기도 함. 러시아 연해주 우수리스크의 서남쪽 크로우노브카 강 상류 골짜기에 위치해 있던 한인마을.

장395 집에다 가두고 무수한 매를 치면서 리범윤(에)게다 보고를 써서 해삼으로 보내되 이 홍범도를 죽이는데 관리사의396 명령이 있고서야 죽(이)겠습니다 써 보내니 그 보고를 깔고 회답도 하지 아니한 고로 14일을 죽지 않으리 만큼 숱한 매를 맞고397 14일 만에 소왕영 군대 사단장이 알고 까삭까398 8인을 왕거우 어구서부텀 총질하면서 올라와 나를 결박한 것을 풀어 놓고 30여명을 붙잡아 가다나니 요행 목숨이 살아 다리고399 다니던 군사 30여명을 죽게400 맞은 동무들 다리고 총을 싸가지고 고려 무산401에 나가 일병놈과 쌈하여 군사 17명을 죽이고 일병 하나 죽고 패하여 산간으로 도망하여 이틀 먹지 못하고 굶어죽게 된 때에 북사령402으로 갑산 있던 일병 42명이 넘어오는 거 목403을 잡았다가 한개도 남지 않게 다 잡고 두 사람 죽고 열네 놈 생금하여 싹 죽이고 무장 40개, 단총 4개, 코코 두개, 폭발 14개 군량 세 바리, 탄환 칠천 개, 탄자 50개 앗아가지고 깊은 산폐에 들어가 4일을 그놈들(에)게서 앗은 구벙이개404에다 끓여 먹으면서 있다가 그 남은 것을 노나 지고 무산 왜가림에 나와 야밤 삼경 일본 병참소 달려들어 폭발로 치며 총질하여 죽이고 불을 놓아 놓고 밤으로 도망하여 백두산으로 행하

---

395 ｜ 유社長. '사장(社長)'은 마을의 촌장, 즉 마을[社]의 우두머리를 일컬음. 이함덕본: 유 새장, 이인섭본 2: 유社長.
396 ｜ 管理使의. 이함덕본: 관리자에.
397 ｜ 이함덕본: 막고, 이인섭본 1, 2: 맛고.
398 ｜ 코사크(cossack) 사람.
399 ｜ 이함덕본: 더리고.
400 ｜ 죽도록.
401 ｜ 茂山.
402 ｜ 이인섭본 2: 北司令.
403 ｜ 길목. 어귀.
404 ｜ 이함덕본: 구벙이깨, 이인섭본 1, 2: 구벙이개.

여[405] 장백부[406]로 행하다가 종성읍에서 20리 나와 그곳이 모를 덴데 일병과 접전하여 진종일[407] 쌈하다가 그놈들에게[408] 포위되어 의병이 다 잡히어 가고 나는 빠져 도롱봉으로 하여 내도산으로 안도현으로 길림에 들어와서 차타고 도로 로씨야에 들어와서 해삼 와서 부리딴[409]에서 커우대[410] 메기 시작하여 삼,사색[411]을 벌어먹다가 금점 딴뚠[412]에 들어가 양년[413]을 금점하여 번 돈 1400원을 가지고 나와 취풍 당어재 골치기[414]에서 약담배[415]도 심고 곡석[416]도 심으다가 미깔래[417] 어리방이까[418] 가서 일년을 벌다가 구리밧토점으로 중구식가점으로 버양고점으로 연드리식까점으로[419] 돌

405」 이인섭본 1, 2: 향하여.
406」 이인섭본 2: 長白府.
407」 盡終日. 온종일. 아침부터 저녁까지 내내.
408」 이함덕본: 그놈들께.
409」 프리스탄(пристань). 부두.
410」 부대(負袋)의 함경북도 방언.
411」 3, 4개월. 이인섭본: 三,四 朔.
412」 누군가 '딴뚠' 글자 위에 '(안군)'이라고 적어놓았다. 이를 참고하면 '딴뚠'은 아무르 강(흑룡강)의 하류로 흘러들어가는 암군(Амгунь) 강 유역의 금광으로 추정된다.
413」 兩年. 2년.
414」 골짜기. 이인섭본 1: 골재기.
415」 양귀비. 아편(opium).
416」 곡식(穀食).
417」 니콜라옙스크-나-아무레(Nikola yevsk-na-Amure). 당시 한인들은 '미깔래'라고도 하고 '니항(尼港)'이라고도 불렀다. 아주 드물게는 '니시(尼市)'라고도 불렀는데 정확하게 말하자면 '니시'는 '니콜스크-우수리스크'를 줄여서 부르는 명칭이다.
418」 리발카(рыбалка). 어로(漁撈) 사업.
419」 누군가 '구리밧토점' 글자 위에 'курбадт', '버양고점' 글자 위에 '비양고'를 적어 넣었다. 이로부터 이들 금점(금광)의 명칭은 각각 '구리밧토점'은 '쿠르바트(курбадт, Kurbadt)', '중구식가'는 '퉁구스카(Тунгуска, Tunguska)', '버양고'는 '비양코(Бия-нко, Bianko)', '연드리식까'는 '얀드리스카(Яндрийска, Yandriiska)'로 잠정 비정할 수 있다.

아 다니며 번돈이 3050원을 가지고 이만 나와서 오연발 한 개에 탄환 100개 씩 끼워 9원씩 주고 사서 중국놈에게서도 사고 고려놈에게서도 사고 로시 야(놈)에(게)서도 사서 의병을 모집하여 17개를 싸 메고 봉밀산[420] 김성 무[421] 집팡[422]에 가서 고려로 나가지 못하고 1915년 7월 26일 부텀 산저장 녹[423]을 잡아먹기 시작하여 햇수로 이태 반을 사영하다가 그 총을 밤으로 운반하여 추풍 당어재 골치기 최의관 병준[424] 집에다 묻어놓고 농사를 시 작하여 한해 농사짓고 18년전 고려 독립만세[425]가 불 일듯 함으로 농사고 뭐고[426] 나가자 하고 묻어 두었던 총을 끄집어 내여 일변[427] 닦으며 일변 의 병모집과 탄환모집과 일변 원조하여 의병들 입힐 것과 천리경[428] 그러한 것을 갖추다나니 1919년 8월 8일에 밤에[429] 떠나 앵덕이[430] 106인이 무장

---

420 蜂蜜山.
421 金成武. 이함덕본: 김형무, 이인섭본 1: 김형무(성무).
422 '지판(地板)'의 중국식 발음. 전답, 경작지를 말한다.
423 山猪獐鹿. 멧돼지와 노루, 사슴. 이함덕본: 산지작녹.
424 최병준(崔丙俊). 한말 중추원(中樞院) 의관(議官)을 지낸 인물로 연해주지역에서는 '최의관'으로 불렸는데, 열렬한 애국지사로서 한인들의 존경을 받았다. 처음에는 훈 춘(琿春)에서 거주하다가 이후 연해주 추풍 당어재(唐於峴)골로 이사했다. 그는 훈 춘과 연해주지역의 항일독립운동에 참여하고 후원했는데, 특히 홍범도의 활동을 크게 지원했고 아들 홍용환을 보살펴주었다. 일부 연구자들이 '議官'을 '醫官'으로 해석하여 그의 직업을 의사로 잘못 파악해왔다.
425 이함덕본: 독입만세, 이인섭본 1: 독립만세, 이인섭보 2: 독立萬歲.
426 이함덕본: 무이고.
427 一邊. 한편으로.
428 千里鏡. 망원경.
429 이함덕본: 방에에, 이인섭본 1, 2: 밤에. 여기에서는 이인섭본을 참고하여 '밤에'로 했다. 무리한 해석이긴 하나 이함덕본의 '방에'를 '방애'('방아'의 함북 방언)로 볼 경 우, '방에에'는 '방아'(또는 방앗간) 또는 '방아 있는 마을'로 해석할 수도 있다.
430 홍범도의 구술을 받아 적는 과정에서 덧붙여진 것으로 주431 "앵덕"의 반복적인 말 로 문맥상 불필요하게 쓰여진 것으로 보인다.

을 메고 앵덕431에 당진하니 저녁때가 됨으로 게서 자고 가려 하려고 하고 있는 때432 불원간433 노시야 빨찌산 6명이 우리 유하는 곳에 당진한즉 통변434을 청하여 물은즉 수청등지에서 쌈하다가 패하여 9명이 요행 목숨을 보전하여 오다나니 소왕영 여승당거리435 와서 폐깐에서 굶어 자다나니 세 놈이 간 곳 없이 도주하여 없어짐으로 그 동무를 찾는 중에 백파436들에게 투항하고 우리 6인을 잡아주려고 다짐까장 하였다는 소문을 듣고 목숨을 도주하여 오다나니 고려빨찌산이 이곳에 있다고 하는 소문을 듣고 왔으니 나도 고려빨찌산과 같이 다니면 어떻겠습니까 한즉 우리는 고려로 나가는 의병이니까 같이 갈 것 같지 못합니다.(답) 나도 어느 국이나 빨찌산에 참예할 권리가 있습니다. 그러나 당신네말두 모르겠는데 어찌 같이 다니겠습니까? 우리를 믿어 주시면 말 모르는것이 관계437없습니다. 하나 그러나 우리와438 같이 못가겠습니다.

하고 우리 군인들 다리고 한 삼리 거리 되는 곳에 집 사439가 있는데 따로 자다나니 샐 녘이440 되니까 그 동무들 유하는 곳에서 총소리가 콩닥441듯

---

431 ı 연해주 추풍(수이푼) 지방 자피거우 시베창에 위치한 지명으로, '앵덕'은 '언더기(언덕이)'의 또 다른 표기로 보임. 이인섭본 1: 앵덕기, 이인섭본 2: 앵데기.

432 ı 이인섭본 1, 2: 잇는데.

433 ı 不遠間. 이함덕본: 부련간.

434 ı 通辯. 통역.

435 ı 女僧堂거리. '여승당'의 본래 뜻은 '니사(尼寺)' 또는 '니승원(尼僧院)', 즉 '여승들이 사는 절'이나 여기에서는 러시아정교회의 '여수도원'을 뜻하며, '여승당거리'는 '여수도원이 있는 거리'를 말한다.

436 ı 백위파. 반혁명(반볼셰비키)파.

437 ı 이함덕본: 계관. 이인섭본 1, 2: 관계.

438 ı 이함덕본: 우리과.

439 ı 집 네 채. 이인섭본 1, 2: 집 사(4).

440 ı 날이 샐 즈음(무렵). 이함덕본: 샐역히, 이인섭본 1, 2: 샐력이.

소리가 남으로 우리군대를 사방으로 산조시켰고 저 물방에[442]거리(에)서 동네(에)다 총질하는 놈들을 사격하라고 명령하고 나는 개안[443]에서 쏘다 나니[444] 물방에거리에 있든 놈이 13명이 죽고 말 세 필 죽고 그놈들이 퇴진 하여 양재거우[445] 등으로 도망하는 것 보고 그 동네 수색하여[446] 들어간즉 먼저[447] 왔던 그 동무 말과 같이 투항한[448] 놈들이 같이 다니던 동무를 잡으 려고 백파를 다리고 온 놈이 분명하다.[449] 그 동무들이 6인중에 세 사람(이) 죽고 세 사람이 살아있는 동무들과 성명을 물은즉 (답) 이와노위츠, 완실네 꼬사, 까리면니츠.[450]

헐벗고 신발 없이 된 것을 채려 입히고 같이 중국땅[451] 차무정재[452] 서쪽

441ı 작은 절구나 방아를 찧을 때 나는 소리 또는 그 모양.

442ı 물방애거리. 물방아거리. '물방에'는 '물방애'의 오기이고 '물방애'는 '물방아'의 함경 북도 방언.

443ı 개울 물가의 안쪽.

444ı 이함덕본: 초다나니, 이인섭본 1, 2: 초(쏘)다나니.

445ı 楊子溝. 한인들은 '양자동(楊子洞)'이라고도 했다.

446ı 이함덕본: 수색하려, 이인섭본 1, 2: 수색하여.

447ı 이함덕본: 만제.

448ı 이함덕본: 투황한.

449ı 이함덕본: 불명하다, 이인섭본 1: 분명하다, 이인섭본 2: 不明하다.

450ı 이인섭본 1, 2에는 이들 러시아빨치산 세 명의 러시아어 이름을 첨부해놓았다. 각각 **Иванович, Василикоса, Калименнич**이다. 홍범도는 ≪레닌의 긔치≫ 신문 1941년 11월 7일자에 투고한 「원쑤를 갚다」라는 제목의 글에서 백파와의 전투를 소 개하면서 두 명의 러시아빨치산을 '와실리 찌모페예위츠'와 '이완 꼰쓰딴찌노브'라 고 소개했는데, 조금 차이가 있다. 전투에서 전사한 백파 기병의 숫자도 7명으로 「홍 범도 일지」의 기록(13명)과 다르다. 홍범도는 1930년대 초에 작성된 앙케이트에서 백위파와의 전투가 벌어진 곳이 포크로브스카(Pokrovka) 구역이라고 밝혔고, ≪레 닌의 긔치≫ 기고문에서는 전투가 벌어진 한인마을을 'C촌'이라고 했는데, 추풍4사 의 하나인 '다지안지(大甸子)' 마을 즉, '시넬리니코보(Синельниково)' 마을일 가 능성도 없지 않다.

451ı 이함덕본: 중국따, 이인섭본 1: 중국땅, 이인섭본 2: 中國당.

골 깊은 고려(마을에) 주둔하고[453] 밤잘지간에[454] 홍후재 70명(이) 달려든 것을 잡아치우고 멍고개[455] 방축영[456] 깊은 개응덩(이)에서 홍후재 90명 잡고, 총 50병, 철 1300개, 약담배 여섯 봉우재[457], 천 190자[458], 대양[459] 300 원, 일화[460] 700원(을) 앗아 군인들(이) 노나 가지고 로시야(인) 3인을[에게] 대양 일화 합하여 500원으로 체급[461] 주니까 아니 가지겠노라고 하는 것을 억지로[462] 주고 그 이튿날 행진하여 나재거우[463]로 중국 하마탕 예수촌에 야밤에 들어가 무장을 벗고 (19)19년 10월 14일 부팀 (19)20년 3월 초삼일 에 무단봉에 나가 사흘 유숙하고 있다가 행군하여 봉오골 최진동진[464]과 연합하여 1920년 4월 초삼일 일병과 접전하여 일병 370명 죽(이)고 저녁편 에 소낙비가 막 쏟아지는데 운무[465]가 자욱하게 끼여 사람이 보이지[466] 않

452ı 草帽頂子.

453ı 고려 마을에 주둔하고. 이함덕본: 고려 주두하고, 이인섭본 1: 고려(집) 주둔하고, 이인섭본 2: 고려(집) 주둔하고.

454ı 밤에 자는 사이에.

455ı 이함덕본: 먼고개, 이인섭본 1, 2: 멍고개.

456ı 이인섭본 1: 방축령, 이인섭본 2: 방축영.

457ı 봉지.

458ı 이함덕본: 약담배 6섯, 봉우재천 190자, 이인섭본 1: 약담배 여섯 봉우재 천 190자, 이인섭본 2: 약담배 여섯 봉우재, 천 190자. 여기에서는 이인섭본 2의 표기가 맞다고 보고 이를 따랐다.

459ı 大洋. 당시 중국의 화폐.

460ı 日貨. 일본화폐.

461ı 제급(齊給). 금품 따위를 고르게 나누어줌.

462ı 이함덕본: 역지로, 이인섭본 1, 2: 억지로.

463ı 羅子溝. 중국 길림성(吉林省) 왕청현(汪淸縣). 현재의 길림성 연변조선족자치주에 있다.

464ı 이인섭본 2: 崔진동陳.

465ı 雲霧. 이인섭본 2: 雲무.

466ı 이함덕본: 뵈이지.

게 자욱하게 낀데[467] 일본 후원병 100여명이 외성으로 그 높은 산 뒤에로 영상[468]에 올라서자 봉오꼴서 쌈하던 남은 군사 퇴진하여 오든 길로 못가고 그 산으로 오르다가 신민단 군사 80명이 동쪽산에 올랐다가 일병이 저희 있는 곳으로 당진하니까 내려다 총질하니 일병은 갈 곳이 없어 마주 총질한즉 올라가는 철에 후(원)병[469]이 몇이 죽으니까 속사포[470]로 내려다가 부리니[471] 신민단 군사 한개도 없이 죽고 일병이 수백 명 죽고 서로 코코소리[472] 듣고 총소리 끊어지었다. 그때 왔던 일병이 오륙백 명 죽었다. 초육일 그곳에서 떠나 일낭거(우)[473] 지나 늦투거우[474] 석탄고[475]로 당진하니 시거우[476] 들어갔다 나오는 일병 100명이[과] 마주쳐 접전하여 일병이 술을 잔뜩 먹고 오든 놈들과 접전하여 몰신[477] 다잡고 무장을 앗아 가지고 뫼일거우[478]로 들어가 허영장[479] 군대와 연합하여 한 달 유숙하고 있다나니 소왕령[480]에서 글발이 나오되 붉은 주권이 소왕령 점령하였다고 글발이 나오니 로시야 동무 삼인이 들어가길 요구한즉 군사 30여명으로 그 동무들(을) 보

467ı 이함덕본: 끼운데.
468ı 嶺上. 고개 정상.
469ı 後兵.
470ı 이함덕본: 쏙쌔포.
471ı 쏟아부으니. 갈겨대니.
472ı 나팔소리.
473ı 一兩溝. 依蘭溝.
474ı 老頭溝.
475ı 石炭庫.
476ı 西溝. 중국 길림성 연길현에 있다.
477ı 모두.
478ı 明月溝.
479ı 許營將. 허근(許根).
480ı 이함덕본: 소왕평, 이인섭본 1: 소왕령, 이인섭본 2: 소황평.

호하여 보낼 때에 중국 군대가 접어든 것을 보고 우리 군대서 총질하여 중국인 5명이 죽다나니 그놈들이 너희(는) 우리와 상관없는 일로[481] 우리에(게) 불질할 이치[482]가 무엇이냐고 시비가 일어나 그놈들이 배상금(을) 한 놈에게 800천[483]씩 물지 않으면 너희를 무장으로 쏘겠다고 고성대독[484]하니 물마 하고 대답은 하였으나 물것이 없음으로 비밀(이)운동하여 운둘나재[485]에 삼경[486]에 접어들어 중국군대에다 사격하려고 차비하는[487] 시에 출장나갔던 기병 30여 명이 본영문[488]으로 들어오든 대장이 대장이 말에게(서)[489] 내려 이것이 어쩐 일인가고 물으니까 전후사실을 말한즉 그럴듯하다고 하면서 조금 지체하소 하고 영문으로 들어가드니 대대장 오패[490]라 하는 대장이 나와 우리 영문에서는 그런 것을 전후 모른다고 대답하면서 군사의 법은 세계에 어데든지 꼭 같으니까 그럴듯하다고 하면서 보의탄 탄장[491]을 청하여 물은즉 제 군대[492]가 도적잡으려 갔다가 그런 일이 있었습니다 라고 대답한즉 탄장을 책망하여 놓고 인차[493] 서로 양국이 이렇게 된 것을 보면 조선이 없어지니까 중국도 순망지치[494]라 고생한다 하면서 누

481ㅣ 이함덕본: 이려, 이인섭본 1: 이려, 이인섭본 2: 이러(케).
482ㅣ 이함덕본: 이체.
483ㅣ 80만.
484ㅣ 高聲大讀.
485ㅣ 煙兎拉子. 중국 길림성 훈춘현(琿春縣)에 있다.
486ㅣ 三更. 밤 열한 시에서 새벽 한 시 사이. 이인섭본 2: 三更.
487ㅣ 差備하는. 채비하는, 준비하는. 이함덕본: 차부하는.
488ㅣ 本營門.
489ㅣ 말에서. 이인섭본 2: 馬게.
490ㅣ 이인섭본 2: 뭇패.
491ㅣ 보위단(保衛團) 단장(團長). 이함덕본: 보의탄 한 장, 이인섭본 1, 2: 보의탄 탄장.
492ㅣ 자기 군대.
493ㅣ 이제. 이함덕본, 이인섭본 1, 2: 인치.

가 잘못이든지 두 군대에는[495] 서로 좋은 낮으로 화친 화친하자[496] 하고 서로 손길(을) 쥐고 서로 헤어진 일이 있다.

4월 28일에 떠나 천보산[497] 뒤에로 어랑촌[498]을 지나 말리거우[499]에 들어가 유진하고 한 달 유하고 투두거우[500] 일본(군)영을 야심삼경에 달려들어 재작하고[501] 그 곳(에)서 어덴지 모를 곳의 조선인예수촌에서 오라 하길래 행군하여 간즉 군사들을 쇠[502] 잡고 분육[503]하여 메긴 후에 내복 한 벌씩 주니까 타(서) 입고 떠나 말리거우로 들어오니 7월이 되었다.

일병이 로씨야에서 철병하여 나오는 놈이 수만 명이 북간도에 폭 덮였다. 그런데 고려에 있던 일병이 몇십 명이 종성(에) 와서 고려포수 수십 명을 청하여 놓고 너희 중에 백두산 사영군[504]이 몇이나 되는냐고 물은즉 반수이상이 된다고 대답하였다. 그러면 한 달에 50원씩 줄 것이니 말리거우에 홍범도 군대가 있다(고하)니 누가 그놈의 목을 바치면 오천원(을) 상급으로 줄 것이니 그럴 만한 자가 있으면 손을 들어 맹세하라 한즉 몇 놈이 손

---

494 | 중국과 조선의 전통적인 관계를 뜻하는 '순망치한(脣亡齒寒: 입술을 잃으면 이가 시리는 관계)'으로부터 조선이 망한 상태의 중국을 '순망지치(脣亡之齒: 입술을 잃어버린 상태의 이)'로 비유한 것이다.

495 | 이함덕본: 잘못이든 지우 군대에는, 이인섭본 1: 잘못이든 거주 군대에는, 이인섭본 2: 잘못이든 거두(고).

496 | 이함덕본: 화친 하친하자, 이인섭본 1: 화친화친 하라, 이인섭본 2: 화친和親하자.

497 | 天寶山. 중국 길림성 연길현에 위치한 산이다.

498 | 漁浪村. 중국 길림성 화룡현(和龍縣)에 위치한 마을. 현재 연변조선족자치주 화룡시(和竜市)에 있다.

499 | 馬鹿溝. 중국 길림성 연길현에 위치. 현재 연변조선족자치주 왕청현에 있다.

500 | 頭道溝.

501 | 결딴내고.

502 | 소.

503 | 分肉. 고기를 나누어.

504 | 사냥꾼. 이인섭본 2: 산연꾼.

을 들어 맹세하고 무리를 지어[505] 백두산으로 들어 밤낮 폐속으로 단체하고 야지꼴 당진하여 그날 밤으로 말(리)거우 좁은 골[506](을) 둘러싸고 날 밝기를 저대하는 중에 내에[507] 심정이[508] 솔난하여[509] 밤중에 군사를 취군하여 말리거우 제일 높은 산에 올라가 밤을 새는 중에 날이 금시 밝자 대포소리 한방 나더니 사방으로 미야소리[510]가 천지 진동하면서 사격소리가 끊기지[511] 않고 단번에 말리거우 인가촌에 달려드니 인적이 고요하고 아무것도 없으니 (놈들이) 물 논이던지[512] 웅덩이던지 몰수이 없데서[513] 나갈 방수[514]를 얻는 중에 내에 군인 520명이 사방으로 둘러싸고 베락치듯[515] 막 사격하니까 종천강 종지출[516] 못할 것을 그려놓았다. 밤이 삼경(이) 되도록 진을 풀지 못하고 답새우다나니[517] 다 잡았다.

총 240병과 탄환 500발(을) 받아가지고 조선놈 사복하고 몸 빠져 나가는 놈 여섯 놈 붙들어 뒤짐 지여 가지고 높은 산으로 잡아가지고 올라 와서 초사[518]를 받으니 개개[519] 직고하되[520] 재전(이) 사람을 죽입니다. 저희도 의

---

505 | 이함덕본: 짖어.
506 | 이함덕본: 조분고려, 이인섭본 1: 조분고려, 이인섭본 2: 조분 골.
507 | 나의.
508 | 이함덕본: 심정에, 이인섭본 1: 심정이, 이인섭본 2: 심情이.
509 | 산란하여. 이인섭본 1: 손난하여, 이인섭본 2: 솔난하여.
510 | 메아리소리. 이함덕본: 마야소리, 이인섭본 1, 2: 미야소리.
511 | 이함덕본: 끊긔지, 이인섭본 1: 끊이지, 이인섭본 2: 끊지지.
512 | 이함덕본: 물론어떤, 이인섭본 1: 물논어떤, 이인섭본 2: (놈들이) 물 논(물이나 논이나)이던.
513 | 엎드러져서. '업듣다'는 '엎드러지다'의 옛말이다.
514 | 方手. 방법과 수단. 이함덕본: 밤수, 이인섭본 1, 2: 방수.
515 | 벼락치듯.
516 | 이인섭본 2: 從天降 從地出.
517 | 냅다 족치고 나니.
518 | 招辭. 공초(供招). 죄인이 범죄 사실을 진술하는 것을 말한다.

병으로 몇 달 다니었습니다.

　그놈들을 코를 께여521 가지고 저녁 굶고 아적 굶고 폐깐으로 샘물골522
에 가서 산에서 샘물골 백성을 청하여 돈을 많이 주고 음식을 지여다 먹고
소미523 한 섬에 일화 백원씩 주고 싸 올려다가 조금씩524 노나 지고 떠나서
소밍미거우525 왕닌526의 형의 집팡에 와서 소미 두 섬527에 일화 300원 주
고 싸서 노나 넣고 어구로 나와(서) 군정서528 청산리529에 있다 하니까 연
합하여 고려로 나갈까 하고 찾아가는 길에 어구의 큰길에 나가 서자마자 하
여530 보초병이 뒤(로) 물러서면서 일병이 수천 명이 당금 당진하였다 한즉
할 수없이 고려 나가 쓰자던 뿔니묘트531를 걸고 일병 대부대에다 내 두르
니 쓰러지는 것이 부지기수532로 자빠지는 것을 보고 도망하여 오름길533
로 산페로 들어와 코껜 놈 죽이고 9월 11일 밤에 칩은534 산간에서 불도 놓
지 못하고 떨다나니 날 밝은 후에 군사를 정구한즉 세 사람(이) 없어졌다.

519」 箇箇. 낱낱이.
520」 直告하되. 이함덕본: 짓고하되, 이인섭본 1: 짓고하되, 이인섭본 2: 직告.
521」 께어.
522」 천수평(泉水坪). 이함덕본: 샘물곤, 이인섭본 1: 샘물곤, 이인섭본 2: 샘물골.
523」 小米. 좁쌀.
524」 조금씩.
525」 화룡현(和龍縣) 소봉밀구(小蜂蜜溝)인듯.
526」 王林. 인명.
527」 이함덕본: 셩, 이인섭본 1, 2: 섬.
528」 (大韓)軍政署(대한군정서). 북로군정서.
529」 화룡현 청산리(靑山里).
530」 何如. 어찌. 어떻게.
531」 러시아어로 'пулемёт'(기관총, machine gun)을 말함.
532」 不知其數.
533」 오르막길. 이함덕본: 오른길.
534」 추운.

찾아보니까 낭구535 밑에 업데536 죽었다.

굶고 얼어 죽었다 하고 그 산속에 묻어놓고 떠나 큰 봉미거우537 지나 훈신장 앞덕이에 올라서자 청산에 들여다 보니 청산 갑산 어구에 일병이 수천 명이 모여 서서 장교놈이 군대에 여차여차538 하여야 포로로 잡을 모계를 가르치노라고 서서 공론할 때에 뽈니묘트 걸어놓으니 막 쓸어지는 것(을) 보고 철이 없어 놓지 못하고 도망하여 천리송539 밭을 께여540 동남창541 안도현 가는 골로 70리를 도망하여 오다가 홍후재 (소)굴을 만나 때려 부시고 대양 7만원과 소미 석 섬을 얻어 노나 지고 우두양창542으로 안도현을 향하여 가다나니 날이 저물어짐으로 우두양창 막치기543에서 불을 놓고 유하게 되니까 내가 분부하되 우둥(불)544 앞에서 불쪼이지 말고 대거리545마다 쬐우되546 등하불명547임으로 도적이 들어오는 것을 보지 못하는 것이라. 명심하여라 (하)고 명령하고 밤을 지내는 때 마츰 일병(이) 뒤를 쫓아오다가 홍후재를 만나 그놈들과 의병 간 길을 알려548 주면 돈을 많이 주마 한즉 그

535ᵢ 나무. 이함덕본: 낭그.
536ᵢ 엎드려져.
537ᵢ 蜂蜜溝.
538ᵢ 이함덕본: 엇차엇차, 이인섭본 1: 엇차엇차, 이인섭본 2: 여차여차.
539ᵢ 千里松. 이인섭본 2: 천리松.
540ᵢ 가로질러.
541ᵢ 안도현 동남차(東南岔).
542ᵢ 화전현(樺甸縣) 오도양차(五道陽岔).
543ᵢ (골짜기의) 골이 패어 들어간 지대의 마지막에 끝난 곳을 말한다.
544ᵢ 모닥불.
545ᵢ 代거리. 교대로.
546ᵢ 쬐되.
547ᵢ 이함덕본: 등하불면, 이인섭본 1: 등하불명, 이인섭본 2: 燈下不明.
548ᵢ 이함덕본: 알과.

놈들이 우리도 그놈들을 잡자고 쫓는 중이다 하고 같이 뒤를 쫓아와서 우둥논549 우둥(불)에다 쏙째포를 막놓으니 우둥(불)앞에 불쪼이던 군사는 씨도 없이 다 죽고 그 나머지는 사방으로 일패도주 하니 다시 갱무여망550이 되었다. 숱한 탄환을 피하여 부도처하고551 산간으로 기어 올라간즉 부지하처552라 갈 바를 모르고 헤메는 중에 한곳에 간즉 묘한 바우가 날새553도 출입 못할 곳에 들어간즉 늙은 포수 하나씩 둘씩 모여드니 40여명이 모여들어 날밝기를 저대하고 있다가 사방을 살펴보니 과연 천작554으로 생긴 곳이다 하고 우둥 놓은 것을 내려다보니 일병과 홍후재(가) 섞이어 다니는 것을 본즉 견딜 수 없어 내(가) 총질하니까 일병과 중국 홍후재 죽는 것이 환하게 보이니까 자꾸 쏜즉 얼마 죽은 것은 모르나 누렇고 검은 빛이 많이 보이드라. 그놈들이 막 우리 있는 곳으로 기여 들어오는 놈을 자꾸 놓다나니 수십명이 썩어지니 기병이 올라 따라555 오는 것을 쏘다나니 올라온 놈은 한개도 살지 못하였다.

그렇하여556 밤낮 쌈하다니 우리양식이 진하여557 죽게 되니까 마가목558 열매를 따먹고 있다가 9월 30일 저녁에 불시로 뇌성벽력이 천지를 깨여 치듯 하더니 불시로 소낙비가 막 쏟아지면서 천지를 분별치 못하게 쏟아

549」 불 놓은.
550」 更無餘望. 이인섭본 2: 更無餘望.
551」 不到處. 머물 곳이 없이.
552」 不知何處. 이인섭본 2: 不知何處.
553」 날아다니는 새.
554」 天作. 하늘이 만든. 이인섭본 2: 天作.
555」 이함덕본: 올레 달아.
556」 그렇게.
557」 盡하여. 다하여.
558」 장미과의 낙엽 활엽 교목.

지는 때 틈을 타서 그 짬에 나와 물개안559에 내려와 소낙(비)소리 날 때면 기어 얼마쯤 가다가 서쪽산으로 올라간즉 날이 새었다. 안도현 쪽으로 행하여 가다나니 제일 중대장 리천호를 만나 합이 200명으로 안도현을 행하여 얼마쯤 가다나니 페깐으로 내다보니 흰풍이 보이길래 점점 가까이 간즉 일병 대장놈이 군사 15명으로 파수를 세우고 주둔하고 있는데 달려들어 멸망시키고 군량, 군복, 탄환, 전화통 한 개, 과자 여러가지 앗아가지고 안도현 싸닌방560으로 행하여 간즉 어느땐고 한즉 동지달 14일이다. 그곳서 두 달을 유하다가 인차561 로시야로 들어올 때 오동청 앵무현562 태성563 영고탑564을 지나 모무거우진이-투형동565(에)서 한 달 지워566 홍후재와 쟁토하고 12월 19일 떠나 봉미산567 내려와 십여일을 유하고 양무강568 수리더우569 호림현 도무거570로써 (러시아) 이만 싸인발571 와서 정월 26일 (제)2군단572(에)게 무장을 바치고 2월 6일 자유시로 들어올 때 무장 몇 개를 준

559」 (개울)물가의 안쪽.
560」 安圖縣 三人坊.
561」 이제. 이함덕본, 이인섭본 1, 2: 인치.
562」 현재의 길림성 돈화시(敦化市) 액목진(額穆鎭)으로 추정된다.
563」 太城. 현재의 흑룡강성 집현현(集賢縣) 태성촌(太城村)으로 추정된다.
564」 寧古塔. 현재의 흑룡강성 모단강시(牡丹江市) 영안시(寧安市).
565」 잠정적으로 '모모구진 두형동(某某溝鎭 頭型洞)'으로 추정된다. '어느 어느 구(溝, 계곡)나 진(鎭)에 위치한 두형동(머리 모양의 동굴)'이라고 풀어본다.
566」 지내며.
567」 蜂蜜山.
568」 楊木崗. 흑룡강성 가목사시(佳木斯市) 무원현(撫遠縣)에 위치.
569」 水利道. 관개용 물길(을 따라).
570」 虎林縣 倒木溝.
571」 이만(Iman) 사인발(Саинбар).
572」 러시아인민혁명군 제2군(단). 원동공화국 소속의 적군으로 하바롭스크에 본부를 두고 있었다. 이함덕본: 의군대게, 이인섭본 1: 이군대게, 이인섭본 2: 의군대게.

것을 기록한즉 말건 일대573 707병이고 노식574(총) 4개이고 철 4만7천개이고 폭발 2804개이고 코코 6개, 단총 40개고 전후 다 2군단에 넘기고 자유시 들어와 까란다시유일니575와 연합하여 양색576만에 일꾸쓰크 들어와 있다가 모쓰크바 1921년 12월 11일에 일꾸쓰크서 떠나 모쓰크바(에) 당진하여 객정577에서 개578를 열고 전기부려579 사진 찍고 첫번 또로측까580놈이 나와 보고한 후에 심야식까581(가) 몽고국기(를) 간부에(게) 취시키고582 깔닌583(이) 나와 보고하고 그 담에 일본 가다야마584(가) 축하 삼아 몇 마디

573ı 일본식 총. 이인섭본 2: 日대.

574ı 露式. 러시아식.

575ı 카란다라시빌리(N.A. Karandarashvili). 1921년 6월 자유시참변 당시 이르쿠츠크파 측의 고려혁명군정의회 의장으로 여러 민족으로 구성된 '합동민족'을 이끌고 상해파계열의 독립군과 한인빨치산부대 진압을 지휘한 조지아(Georgia) 출신의 시베리아 러시아빨치산 지도자. 1922년에 병사한 그의 묘가 초라한 모습으로 이르쿠츠크 중앙공원 입구 근처에 자리잡고 있다.

576ı 양삭(兩朔). 두 달.

577ı 客亭. 여관. 홍범도는 당시 외국공산당 간부들을 묵게 했던 럭스(Lux)호텔에 머물렀다.

578ı 개회식(開會式).

579ı 전기(電氣)를 이용해서.

580ı 레온 트로츠키(Leon Trotsky, 1877~1940).

581ı 보리스 자카로비치 슈미야츠키(Boris Zakharovich Shumiatskii, 1886~1938). 당시 국제공산당(Comintern) 원동비서부(극동비서부, 한인들은 동양비서부라 부르기도 했다) 부장으로, 1921년 11월 개최된 워싱턴회의에 대항하기 위해 개최한 원동민족대회(또는 원동민족혁명단체대표회, 극동노력자대회)의 준비와 진행을 총괄한 책임자였다.

582ı 추(推)시키고. 대회 당시 1921년 7월의 몽골인민혁명의 성공을 기념하는 뜻에서 혁명을 배후에서 지도, 후원했던 국제공산당 원동비서부장인 슈미야츠키가 몽골국기를 대회 집행부에 바쳤다.

583ı 미하일 이바노비치 칼리닌(Mikhail Ivanovich Kalinin, 1875~1946). 당시 전러소비에트회의(후의 소연방최고회의) 중앙집행위원회 위원장이었다.

584ı 가타야마 센(片山潛, 1859~1933). 저명한 일본공산주의자로서 국제공산당집행위원으로 활약했다.

말하고 그 나머(지)는 잘 모르겠습니다. 그리고 회관에 돌아와 그 이튿날 계속 대회를 열고 쓰딸린(이) 집행부 회장으로 선임되여 회를 처리하였다. 나도 레닌의 후원을 많이 받았다. 레닌께서 회에 나온 일이 있소.[585] 회의가 필되지[586] 못한 것은 뻬뜨롭쓰까[587] 가서 회의를 필하려고 미상[588]하였다.

그리고 레닌께서 저를 불러오라고 사단[589]이 내려옴으로 제 레닌께 들어가서 뵈온 일도 있고 말씀에 대답한 일도 있다. 자유시 사변을 묻는데 몇 마디 대답한 일이 있었다. 활동사진 제 일신[590]을 돋쳐가지고[591] 활동사진 몇 시간 논 사실이 있었고 그리고 뻬뜨롭쓰크에 가 회를 필하고 1922년 정월 초육일 떠나 21일만에 일꾸쓰크(로) 나와 유하다가 1923년 4월 3일에 치따(로) 나와서 사오색 유하다가 8월 초일일 불나감쓰까[592] 나와 수일 유하다가 배에 앉아 하바롭쓰크 나와 내린즉 14일에 삭클니[593]아른닷때[594]에 있든 김창수, 김오남 이놈들이 합동군대[595] 까란다시 군대와 쌈할 때에 나를 쌈하지[596] 않았다고 나를 죽이자고 불시로[597] 피짱으로 나를 쳐 이가 두

585 । 이함덕본에서는 '갓기웟다가'(갇히었다가)와 '레닌, 심야쓰까, 깔린'의 사이에 들어가 있으나(주602의 본문 참조) 문맥상 맞지 않아 이 위치로 옮긴 것이다.
586 । 畢되지. 끝나지.
587 । 상트페테르부르크(Saint Petersburg).
588 । '미산(未散)하다', 즉 '해산하지 않았다'를 잘못 쓴 것으로 보인다.
589 । 事端.
590 । 제 一身. 내 한 몸을.
591 । 내세워서.
592 । 블라고베셴스크(Blagoveshchensk). 러시아 아무르 주의 주도(州都). 이인섭본 2: 블나감쓰크(Благовещенск).
593 । 사할린. 이인섭본 2: 삭클니(Сахалин).
594 । 의용대.
595 । 合同軍隊.

대 부러짐598으로 레닌이 체급599준 싸창600으로 그 두 놈을 죽이고 칠일 주

르만에(тюрма)601 갇히었다가602 레닌, 심야쓰까, 깔린 그 네 분(의) 겹서

증명을603 얻어 가지고 나온 것 다 찾아 가지고 이만 싸인발(로) 나와 농사

삼년을 하다가 왼첨으로604 양봉605 알쩨리606 조직해 가지고 이태607를 하

다가 쓰빠쓰까608 진동촌 와서 빨찌산 알쩨리를 조직하여 농사하나 달레

사609 쏩호스610에서 물을 잘 주지 않아 추수 후에 회계해 본즉 쏩호스 빚진

596ㅣ 이함덕본: 쌈 지, 이인섭본 1, 2: 쌈하지.

597ㅣ 不時로.

598ㅣ 이함덕본: 불너짐으로.

599ㅣ 제급(齊給). 나누어줌.

600ㅣ 마우저 권총.

601ㅣ 감옥.

602ㅣ 이함덕본: 갓기윗다가, 이인섭본 2: 갓기워따가. 이함덕본에는 이다음 부분에 '레닌
　　　께서 회에 나온 일이 있소'가 들어 있다.

603ㅣ 연명으로 서명한 증명서. 이함덕본: 그 녀분 겹서 증명을, 이인섭본 1: 그 녀분 겹서
　　　증명을, 이인섭본 2: 그 네 분 겹서 증명을 (해 준 것).

604ㅣ 맨 처음으로.

605ㅣ 養蜂.

606ㅣ 아르텔(артель). 협동조합. 동업조합. 농업집단화(콜호즈화)는 세 단계(수준)가 있
　　　는데, 가장 낮은 단계는 토지를 협동적으로 경작하는 토즈(TOZ) 즉, 토지의 협동경
　　　작동업조합이고, 가장 높은 단계가 (농업)코뮌(коммуна, commune)인데 이는 생
　　　산과 분배를 공동화(단합화)한 것으로 생산활동뿐만이 아니라 생활분야에서도 공
　　　동화(단합화)를 실현한 단계이다. 이들 사이의 중간 단계가 아르텔리(artel')이다. 농
　　　업부문에서의 아르텔리 즉, 곡물경리 아르텔리에서는 기초적 생산자료, 노동력, 토
　　　지 이용, 기계와 기타 기구, 노동가축, 경리건물을 공동화(단합화)하는 것이다. 공동
　　　화되지 않은 것은 텃밭(적은 채포원과 공원), 주택, 젖 짜는 가축의 일정 부분, 작은
　　　가축, 닭 등이었다.

607ㅣ 두 해(2년).

608ㅣ 스파스크(Спаск). 러시아 연해주 중서부, 중러 국경의 흥개호(興凱湖, Khanka
　　　Lake) 서남부에 위치한 도시. 현재의 스파스크달니(Спаск-Дальний).

609ㅣ 달리사(Дальлиса). '거리가 먼'이라는 뜻의 'дальний'와 'рис(쌀)'이 결합된 말로,
　　　소프호스(국영농장)의 벼농사 중심 농장이었다. 이함덕본: 달려사, 이인섭본 1: 달

것이 500원을 진 것을 그나왈(кнал)611 쳐서 그 빚 물고612 그곳에서 떡까미나 어리발613(에) 빠끌로614 토지를 얻어가지고 마소 한개 없이 회원덜 어깨에다 멍지615를 걸개 만들어 메고 후치616로 째고617 조이[조] 21곅따리618, 콩 두 곅따리로 8년도에619 농사하여 대작으로 되었는데 까멘나 어리발놉620 홍투애 기관621에서 홍범도 알제리 선봉조합을 다른 곳으로 가라 하면서 어데든지 지시도 없이 가라 한즉 모쓰크바 깔리닌 선생께 청원 올렸더니 변강 크라이622에 명령하되 홍범도 몇천 날가리623라도 요구하는 대로 획정하여 주라고 내림으로 천 곅따리를 떼여 가지고 관개공사624하여 열두

네사, 이인섭본 2: 달녀사.

610」 소프호스. 국영농장. советское хозяйство(совхоз).

611」 도랑. 수로(水路). '크날(кнал)'은 '수로(canal)'라는 뜻의 러시아어.

612」 소프호스.에 진 빚을 도랑(수로)를 판 노임(삯전)으로 갚은 사실을 말한다.

613」 카멜-리발로프(Камен-Рыболов). 러시아 연해주 중서부, 홍개호의 동남부 호반(湖畔)에 위치한 도시.

614」 '빠끌로'에 가까운 러시아어로 '삼찌꺼기'라는 뜻을 가진 '파끌랴(пакля)'가 있다. 이를 기반으로 '빠끌로 토지(땅)'을 해석하면 '버려진 땅' 또는 '쓸모없는 땅'으로 해석할 수 있겠다.

615」 멍에. 수레나 쟁기를 끌기 위하여 마소의 목에 얹는 구부러진 막대.

616」 극쟁이(땅을 가는 데 쓰는 농기구). 쟁기와 비슷하나 쟁깃술이 곧게 내려가고 보습 끝이 무디다. 소 한 마리로 끌어 쟁기로 갈아 놓은 논밭에 골을 타거나, 흙이 얕은 논밭을 가는 데 쓴다.

617」 도랑, 이랑. 물길을 만들어서.

618」 헥타르(ha).

619」 1928년도에. 이인섭본 2: 8년도(1928)에.

620」 카멘-리발로프.

621」 한카이 구역. 이인섭본 2: 홍투이(Ханкайский р-на).

622」 크라이(край). 러시아의 지방행정단위. 주(州) 또는 도(province)급에 해당한다.

623」 날갈이. 하루갈이 즉, 일경(日耕). 소를 데리고 하루 낮 동안에 갈 수 있는 밭의 넓이를 말한다.

624」 灌漑工事. 이함덕본, 이인섭본 1: 광개공사, 이인섭본 2: 관개공사.

주모자리[625] 나쏘쓰[626] 걸고 70겍따리 논을 내여 벼를 심어내니 한 겍따리에서 80쩬트녜르[627]씩 생산이 났습니다.

그 이듬해 31년[628]입니다. 직커우재 꼼문나[629]를 청하여 연합(하)고는 102겍따르[630] 하여 벼를 심으니까 이따위 회원놈덜이 노다리(лодарь)[631]축이 다수임으로 기슴[632]을 명심하지 않다나니 논밭이 낫 대일 것[633] 한 겍따리도 없이 모두 묵어[634] 회원들이 기한[635]에 들게 되었습니다. 그놈들께 농사지어 그놈들 속에다 집어넣고 씬두히츠[636](촌)에 나와 수랍씨까는[637] 20겍따르를 농사하다가 물에 패하고[638] 1934년에 수청 쓰꼬또브[639] "레닌

---

625. 주(主)못자리.
626. 나소스(насос). 양수기(揚水機)를 뜻하는 러시아어.
627. 쩬트녜르(цéнтнер). 100kg, 10분의 1톤.
628. 이인섭본 2: 1931年.
629. коммуна. 코뮌(commune). 주606 참조.
630. гектар. 헥타르.
631. 논다리. 불량자.
632. 김. 논밭에 난 잡풀.
633. 낫을 댈 것, 즉, '추수할 것'으로 해석된다.
634. 오래되어 썩어.
635. 飢寒.
636. 신두힌스크(Синдухинск)마을(촌). 러시아 연해주 중서부, 중러 국경에 있는 홍개호 남부의 한카이 구역에 소속된 한인마을.
637. '가공되지 않은', '생(生)의'라는 뜻을 가진 러시아어 수랍스키이(суровский)에서 나온 말인 듯하다. 즉, '수랍씨까는'는 '개간되지 않은 (땅)'으로 풀어도 좋을 듯하다.
638. 敗하고. 물이 충분하지 않아 실패하고.
639. 시코토보(Шкотово) 구역. 한인들은 통상 수청지방을 외수청(外水淸), 내수청(內水淸), 자하소자하(蘇子河) 또는 수주하(水州河)), 도비허(都飛河, 都兵河)의 네 구역으로 나누었다. 수청지방의 중심에 해당하는 내수청은 연해주 내륙지방에서 남쪽의 아메리카만으로 흘러들어가는 수청강 계곡분지 일대를 말한다. 시코토보는 외수청에 속한다. 외수청은 수청강(현재의 파르티잔스크 강) 계곡 분지의 내수청의 서쪽에 위치하고 있는데, 우수리만(블라디보스토크 동편)으로 흘러들어가는 마이허 강[Maikhe, 현재의 아르툠노브카(Artyomnovka) 강]과 치무허강[Timukhe, 현재의

길" 조합640을 연합하여 3년 만에 1937년도 7월 초팔일 (스)딸닌 명령641에 의지하여 까사흐쓰딴 얀꾸르간642 씨리다리643강을 건너 사나리크644 셀쏘베트645에 와서 10월 11일 12월.

1938년도 4월 초에 크슬오르다(Кзыл-орда) 와서 2백원 주고 집 하나 얻어가지고 삽니다. 1938년 5월 초7일입니다. 크슬오르다 당간부646에다 당월연금647을 물려고 아츰 11시에 가서 당간부 책임서기 없어 새로 두시까지 대하다가648 당간부(사무실) 마즌칸에 들어가 그 사실로 말한즉 역세649를 내놓고 열흘날 와서 물라고 하시면서 월연금받는 사람(이) 오지 않았다고 하시길래 골 쏘유스650에 가서 침겐트651에서 깔또치까(карточка)652

시코토브카(Shkotovka) 강] 계곡의 분지 일대를 말한다.

640」 집단농장(콜호즈) '레닌(의) 길'은 러시아어로 '푸치 레니나(Путь Ленина)'였다. 홍범도는 7년 카자흐스탄으로 강제이주당할 때까지 수직원으로 일했다.

641」 이함덕본: 명영.

642」 카자흐스탄 크슬오르다(Кзыл-Орда) 주 카잘린스크(Казалинск) 구역 얀쿠르간(Яныкурган). 홍범도가 처음 이주하여 6개월 정도 살았던 이곳은 아랄 해와 가까운 지역이다.

643」 시르다리야(Сырдария) 강은 톈산산맥에서 발원하여 카자흐스탄을 북서방향으로 가로 질러 아랄 해로 흘러가며, 같은 톈산산맥에서 발원하여 우즈베키스탄을 가로지르는 아무다리야 강과 쌍벽을 이룬다. 강제이주된 고려인들의 역경과 고난의 개척과 정착의 역사에 자주 등장한다.

644」 자나리크(Жанаарик).

645」 농촌소비에트.

646」 이함덕본: 당군부, 이인섭본 1: 당간부, 이인섭본 2: 당군부.

647」 黨月捐金. 이인섭본 1: 당원연금, 이인섭본 2: 당월연金.

648」 待하다가. 기다리다가.

649」 曆書. 달력.

650」 이함덕: 골 쏘유스. 골 소유즈(гор. союз). 'гор.'은 '고로드(город)'의 약자로 '도시'를 뜻하고, 소유즈(союз)는 노련가연맹(위원회) 즉, 은퇴한 노련가(老鍊家) 노동자들의 연맹을 뜻한다. '골 쏘유스'로 하면, '(크즐오르다) 시 연맹'으로 판단된다.

651」 쉼켄트(Шимкент).

왔으면 생활비 탈까(하)고 그 곳서 세시(간이)나 있다가 오지 않았다고 하심으로 제집에 온즉 새로 다섯시가 되었습니다. 점심을 얻어먹고 앉았노라니까 멀리채(милиционер)653 두 분이 와서 총을 내놓으라고 성화같이 재촉한즉 총을 내어다 주었습니다.

본래 내 나이 70 먹은 늙은 몸이 소용없는 총을 집에다 둘 수 없다 하고 보내기는 하나 내에 사랑하던 30여년 총입니다. 1903년 3월 초팔일 후치령 허리원서 내 혼자 일병 마군654 세 놈을 잡고 앗은 총입니다. 그러므로 고려에서 삼년을 사용하다가 1905년에 로시야로 들어올 때 간으로655 도망하여 왔다가 또 다시 무산 땅에 나갔다가 그동안 산간656에서 삼년을 고생하다가 다시 1908년에 로시야로 들어와서 그 총을 가목657을 잘라 취풍 당어재골658 최병준 집에다 묻어두고 농사하기도 하며 밋깔내659 우여주만네 어리바이까(рыбалк)660도 가 있었고 여러 금광에도 다니다가 1919년에 다시 그 총이 세상에 나와 다시 일본놈 몸에다 철을 뿜었습니다. 그런 총으로 모쓰크바 동양 민족 대회에 젤리가태(делегат)661로 갈 때도 그 총을 메고 갔던 것입니다. 원동서 해삼 소왕영 허바롭쓰까662 수청, 슈꼬또보 각처로 다

652ㅣ 배급전표.
653ㅣ 밀리치아네르(милиционер). 경찰관. 이인섭본 1: 밀니채.
654ㅣ 이인섭본 1: 일본 마군, 이인섭본 2: 日兵 馬軍.
655ㅣ 이인섭본 1: 간으로, 이인섭본 2: 산으로.
656ㅣ 이인섭본 2: 山間.
657ㅣ 架木. 총가목(銃架木). 총의 여러 부분을 이어 주는, 나무로 된 부분.
658ㅣ 이함덕본: 당어재고, 이인섭본 1, 당어재꼴, 이인섭본 2: 당어재골.
659ㅣ 니콜라옙스크-나-아무레.
660ㅣ 리발카.
661ㅣ 대표(자). 젤리가트(делегат).
662ㅣ 하바롭스크(Khabarovsk).

니어도 면목이 있는 곳인 고로 다니면서도 의심하여 각 고로대663 경찰관에 총을 내여달라고 호송664도 많이 하였습니다. 일이 없다고 하심으로 그 총을 명심하지 않다가 까산(린)쓰크665 이주하여 올때에 슈꼬또보666구역 경찰관에 가지667 올리었습니다. 경찰서 서장께서 가지고 가라고 하길래 가져 왔습니다. 그러므로 제가 등한하였습니다. 원동서 각경관께서 사랑하는 것만치 믿고 있었습니다.

이 무식한 놈의 행사로 제가 책임졌습니다. 4월 초팔일에 경찰서에 가서 밤중 새로 네 시에 당책 액기우고668 주루만(тюрма)669에 세 미노대(3 минута)670 앉았다가 제집에 와서 자고 1938년 5월 11일에 당책, 빨찌산책, 생활비, 크니시까(книжка) 목필책, 혁대, 철필, 옷측까(очки)671, 망원경672(을) 찾아 내왔습니다.

저를673 두고 경관에 호송한 계집은 사돈입니다. 그 계집이 1908년도 부텀 이력을 제가 잘 압니다. 나지바또(Владивосток)674 있을 때도 술장사로 제몸을 매음녀와675 같이 팔아먹으며 숱한 로동자의 등 쳐먹고 살았습니

663ı 고로드(город). 도시.
664ı 呼訟. 호소(호소).
665ı 카잘린스크.
666ı 시코토보 구역.
667ı 처음으로.
668ı 빼앗기고.
669ı 추르마(тюрма). 감옥.
670ı 3분(minute). '미노대'는 '분(分)'의 러시아어 'мминута'를 발음한 것이다.
671ı 안경.
672ı 이함덕본, 이인섭본 1: 마원경, 이인섭본 2: 미원경.
673ı 이함덕본: 절.
674ı 블라디보스토크. "나지바또"는 블라디보스토크를 줄여서 말한 것으로 짐작되나, 이러한 표현은 「홍범도 일지」에 처음으로 나온다.

다. 또 그리고 소왕영에 올라와서 나부사리(база́р)676곁에 집을 얻어 가지고 그런 행위로 장사하다가 양딸677(을) 돈을 받고 두 번이나 팔아먹은 모양입니다. 첫 번 주었던 서방재678(에)게 숱한 재산을 그년이 술 먹자, 떡 먹자, 신발 없다 삼사 년을 뜯어 먹다가 그자가 재산이 끝나니까 저와679 깜빠니680 되는 계집에게 주고 몇 해지간 살았습니다.

(19)19년681 밋꼬식까682(을) 일병이 점령하고 있을 때에도 일본놈들 군대에 다니는 보조원 통변683놈들이 그 계집의 집에 속여 다니며 그년을 내세워 놓고 장단684 갖다 놓고 매일 육산표육685에 거들거리고686 잘 살았습니다. 또 이 곳 와서 항상 원동서 놀던 버릇을 잊지 않고 본남정687 죽어 양색688이 되지 않아 다시 서방을 얻되 경찰서 허가없는 채장689 놈을 얻어가지고 매일 장취690로 육산표립691으로 지우기만692 하여도 과연 아니겠는

---

675 이함덕본: 매음녀과.
676 시장(市場).
677 수양딸.
678 '신랑'의 함경도 방언.
679 이함덕본: 저과.
680 캄파니온카(компаньо́нка). 동료.
681 1919년. 이인섭본 2: (19)19年.
682 니콜스크-우수리스크(Нико́льск-Уссури́йск).
683 通辯. 통역.
684 長短. '장단'은 음악의 박자를 말하나, 여기에서는 풍류나 노래 등의 박자를 내는 장구나 북 등의 악기를 말한다.
685 육산포[肉山脯肉]. 고기안주. 이인섭본 2: 肉山과 脯肉.
686 거드럭거리고, 거들먹거리며.
687 本男丁. 원래 서방(남편).
688 兩朔. 두 달.
689 採場. 광산업자.
690 長醉. 늘 술에 취해 있는 상태를 말한다.
691 육산포림(肉山脯林). 고기가 산을 이루고 포(脯)가 숲을 이룬다는 뜻으로 몹시 사치

데 제가 경찰서에서 허가 얻은 듯이 그라신이 고로대[693](의) 윤파리 계집과 술장사 떡장사하여 먹으라고 권면하여 시킨 일이 지금[694] 있습니다. 그리고 사일만이면 와서 눅깔[695]에 술비지[696]가 나오도록 먹고 제맘대로 쥐정[697]을 하다니 홍범도의 경찰서에 왔다 갔다 한 일입니다. 끝은 1938년 5월 11일에 끝입니다. Хон Пендо

1938년 5월 14일 영께부 겡치수 낌[698]한테 서마리야에 죄목을 전수[699] 기록하여 영께부 겡치수 낌에게 들인 일도 있었다. 1938년 6월 18일부터 녹똘간(болиница)[700] 거리울네(караул)[701] 매색[702]에 90원씩 받고 석 달 선 일도 있다.

1938년 6월 24일 우뽀로호사에브[703] 쎄쎄르 쏘베트[704] 후보로 선임될 때에 우리 두 늙은 부처가 투표지 부친 일도 있다.

스런 잔치를 비유적으로 이르는 말.
692 | 지나가기만.
693 | '붉은 구석'이라는 뜻의 '크라스니 고로도크(Красный городок)'란 명칭의 주거지역. 크즐오르다에 속하며, 홍범도가 카잘린스크의 농촌으로부터 1938년 4월경 크즐오르다로 이주한 후인 1938년 6월경 거주하던 곳이다.
694 | 이함덕본: 시금, 이인섭본 1, 2: 지금.
695 | 누깔. '눈깔'('눈알'의 속된 말).
696 | 술을 거르고 남은 찌꺼기.
697 | 주정(酒酊).
698 | NKVD(НКВД), 즉 내무인민위원부 정치부의 '김'이란 성을 가진 요원을 말하는 듯하다.
699 | 全數. 전부.
700 | 병원(病院).
701 | 경비(警備). 보초(步哨).
702 | 매삭(每朔).
703 | Упорохозаев. 1938년 당시 크즐오르다 시에서 소비에트대의원에 입후보했던 우즈벡인으로 짐작되나 확인할 수 없는 인물이다.
704 | 세세세르(СССР) 소비에트(Совет). 소련의 최고인민회의.

1927년 3월 초육일 이만 고로(드)[705]서 양잠[706]알쩨리로 일년 반을 있다가 1928년 7월에 꼴호스을 조직하여 가지고 쓰빠쓰까 진동촌 달리사 쏩호스에 나와 20젝따리 떼여 가지고 일 년을 농사하니 물이 발라서[707] 가슬[가을]에 전후 회계를 보니 쏩호스 기관 빚을 이천 원을 지고 도랑 파서 싹전[708]으로 그 빚 물고 깜미나 어리발롭으[709]에 알쩨리를 데리고 빠끌로 땅을 뗄 때에 깔닌 선생께 청원 올리고 800젝따르[710] 허가하심으로.

끝[711]

계속이 더 없기에 끝임니다. 이것은 그의 일기대로 등서한 것이니 그리 아십시요.

필자[712]

ст. Уш-тобе

16/IV. 58г.

---

705 | 이만 시(市). 이함덕본: 이만고로서, 이인섭본 1: 이만고로서, 이인섭본 2: 이만고로(드)서.
706 | 이함덕본: 얌잠, 이인섭본 1, 2: 양잠.
707 | 충분하지 않아서.
708 | 삯전. 삯(노임)으로 받은 돈을 말한다.
709 | 카멘-리발로프.
710 | 일지의 앞부분에서 홍범도는 '천젝따리'라고 회상했다.
711 | 이하의 부분은 고려극장 책임비서 김진의 말을 이함덕이 적은 것으로 추정된다. '필자' 다음에는 이함덕이 러시아어로 서명했다. 이 서명은 이함덕이 남긴 노트에 남긴 서명과 일치한다.
712 | 이함덕본에는 '필자' 다음에 이함덕의 러시아어 서명이 있다. 이인섭본 1에는 연도 표기 다음에 '(당책임비서 김진)'이라 쓰여 있다. 이인섭이 첨가한 것으로 보인다.

1868년

[1쪽]

고려 평양 서문안 문열싸 앞에서 탄생하여 모친은
칠일 만에 죽고 아부지 품에서 여러분네 유즙을 얻어 먹고 잘아
초구세에 아부지 세상을 떠나다나니 남에 집으로 단니며 머슴
사리로 고생하면서 십오세가 됨으로 내에 나을 두 살을
도두고 평양중국에 보단으로 호병정 설할때 우영제일 대대
에서 코코수로 사년을 있다가 사연을치고 도망하여 황해도
수안 총령 종이뜨는 지막에와서 종이뜨기를 뵈와 삼년을
뜨다가 그때는 어니땐고하니 병술덩해 쫌 되엇다. 그때
고려나라 동학이 불일듯 할 땜니다.
동학에 등살이 무섭엇습니다.
지소쥐인놈은 자본감니다. 삼년고삭에서 일급딸 고삭을
못찾고 작고 내라고 성화치듯 빌어도 주지 않다가 주인놈이

말하되 네고삭을 찾으려하거던 동학에 참예하여라 그러면
주고 그렇지 않으면 네 소원대로 할 데 있으면 하여 보라
내가 죽어도 동학에 들생각은 없고 에라 네놈한데 내
땀나게 번것을 거저 잘닐수는 없다하고 사직살판하고
야간에 그놈에 집에 뛰여들어 그놈들 삼형제 놈을 독게
벤지하여 다 죽겟습니다.
그날밤 산폐로 도망하여 강원도 금강산 신계사 가서

[2쪽]

변성명하고 경긔 수원덕수리가 지담에 상자로 삭빨
위승하고 중질하엿습니다.
해수로는 양년이고 달수로는 일년임니다.
도망하여 강원도 호양 먹패장꼴 골속사십리 깊은폐간속에
들어가 준삼년을 물쥐여먹고 총노이 공부를 필하엿습니다.
그때는 어느 땐고 하니 을미년 팔월이십삼일 입니다.
구월 십팔일 장안사 넘어오는길 영상인즉 담발령입니다.
그곳 첫 쉬염터 앉어 쉴 때에 황해도 서흥사는 김수협을
맞나 의병할 공논하고 단두사람 더나서 김성창 두
장거리에 당진한즉 일병 이백팔명 당진한것을 보니
그놈들 멘총을 본즉 과연 욕심이 나서 못견디겟습다.
그날노 함경도 처령넘어오는 길목에서 두사람이 앉아있는데
일병 천여명 넘어오니 불질못하고 앉앗나니 그 인흔날
아츰에 일병 십이명이 원산서 서울노 올나가는거
둘이다 잡아가지고 안변학포로 도망하여와서 그곳서

의병모집 하여가지고 합십사인으로 안변 서왕사절에
와서 철원보개산 유진석진과 합하엿습니다.
그진과 합하여 세번전쟁에 크게 패하고 그진이

[3쪽]

일패 도주하여 없서지고 김수협 그곳에서 죽엇습니다.
내혼자 요행목숨이 살아서 황해도 연풍 널귀 금전판에
들어와 몸을 숨기고 있다가 금점동학군 놈에게 멕키워
일본놈에게 붓잡힐뿐 하엿댓습니다.
그날밤으로 도망하여 박말령 영상에 당한즉 해가 산등에
올나오니 일본놈 세놈이 나를 붓뜰려고 왓던놈이 원산으로
넘어가는 것을 몰수히 다 잡앗습니다.
그총 세대를 아사서 두대는 땅에다 뭇고 철삼백궤
그놈들 먹는 과자, 쌀 둘추어 바랑에 거더넣고 지경산
꼭뚜에 올나 한돈하고 덕원 무달싸에와서 산속에서 자고
덕원읍시 좌수로 있는 전성준놈에 집에야밤에 달녀들어
일본돈 팔천사백팔십원을 달내 가지고 무달싸 어귀에서
전승준 놈을 쏘고 평양도 양덕으로 넘어가서 양덕으로 성천으로
여원으로 단니면서 산간으로 준삼년을 혼자 의병을 하다가
철없고 의포없고 신발없고 고상하다 못하여 고만 변성명
하엿던것을 버리고 제 홍범도로 부르면서 함경도 북청
단양리가에게 서방들어 팔년을 농사하여 먹다가 일본놈과
노시야와 전쟁할때 갑진년에... 또 내가 다시 구월초
팔일에 다시 나섯습니다.

[4쪽]

구월십일일 치량동 동학쟁이 십일일 밤에 동학쟁이

회소에 달녀들어 삼십여명을 죽이고 회소를 불질으고

그날밤 솔봉개 안에서 풀밭에서자고 그 잇튼날 휘치령

허리원에서 일병 삼인을 잡고 총 세병을 앗고 철 삼백개

얻어가지고 섯짝꼴 포수 누기에서 자려고 하다가 그 누기에서

자고 사영간포수를 맞낫습니다.

그동무들 일홈입니다. 제일: 김춘진, 제이-황봉준,

제삼-리문협, 제사-박용낙, 제오-온성노, 제육-유기운,

제팔-조병룡, 제구-홍범도, 제십-태양욱, 제십일-노성극,

제십이-원성택, 제십삼-차도선, 제십사-최학선 합

십사인으로 합하여 다리고 십월초구일에 휘치령 말니에서

일병 일천사백명과 전쟁을하여 일병이 반수이상이 죽고

조선인 보조인 이백삼십명이 죽고, 우리의병 김춘진 죽고

황봉준 죽고, 리문형죽고, 조강녹죽고, 임승조 죽고 임사존죽고

제일등 포수들이 여섯사람이 죽엇습니다.

첨이 되다나니 총들 뿌려던지고 싹 도망하고 한놈없이 우리

부자만 깃텃습니다.

부자간도 철한개도 없습니다.

두부자가 공논하고 밤이들면 우리둘이 전쟁텀에 비밀히 기여

[5쪽]

들어가 일본죽엄에서 철을 얻어야 이곤서 우리둘이 몸이 빠저

나가야 살지 그렇지 못하면 두 목숨이 죽을 모양이다 하고

둘이 밤들기를 저대하여 죽으면 죽고 요행살면 우리앞으로

계영하던 일이 된다 하고 부자간이 기여들어가 수백명 죽엄

에서 철수천개를 얻어 가지고 떠나자하는 때에 일본놈들이

내려다 사격총쌀이 소낙비 오듯 하는 철을 피하여 도망

하여 서짝골로 그밤에 어둔것을 무릅쓰고 사십리를 피하여

후영동 토기막 용기가마에 기여들어 두몸이 자고 새박에

떠나 엄방골 치기 들어가니까 그곳에 의병 칠십명이

그곳에 몽여서 이저는 철이 없으니 화성대를 모집

하노라고 있는때 우리부자 지고 간 철을 한사람에게 일백

팔십육개식 논아가지고 그날밤 지나서 그 일흔날 배승개

덕에 나가서 일본놈이 갑산혜산포로 철운반 하는것을 사십

바리를 앗아내니 일병은 삼십여명을 잡고 그르다 나니

동지딸 이십육일에 응구괫택이 너머가서 원성택으로

중대장을 삼고 응구사 포수를 모집하여 십이월십사일

삼수성을 점령하고 일대 이백구십사병과 탄환 백육십

궤를 아사가지고 고려진우대 며든 베르단이 이백륙십

대와 철 15궤를 아사가지고 삼수부사 유등을 목을 벼여

[6쪽]

쑥꽃대에 달고 삼수읍군주사를 죽이고 십이월 이십팔일

일병 양천명과 28일 저녁붙어 시작하여 정월초삼일까지

전쟁을 계속하여 초 4일까지 전쟁하엿는데 부상당한자:

김동운, 성태일, 노성극, 새꼴에사는 홍병준, 임태준 합

5인이 상하고 죽은 동무들: 최학선, 길봉순, 리봉준, 조긔석,

홍태준, 오긔련, 박봉준, 김일보, 최영준입니다.

일본병은 - 1033명이 죽고 고려보조원 90명이죽고, 합1123명
이 죽고 총은 18개만이 어더보고 철은 한개도 어더보지 못하고 마
랏습니다.

그날밤중에 행군하여 젱펭서드러온 군대와 합하여가지고 갑산
읍에 정월19일 밤중에 달려드려 일본군 109놈 죽이고 상한놈
38놈이엇다. 의병 48명이 죽고 또 패진하여 사방을 헤어
진 동무들을 다시모집하여가지고 등디벨청지펭서 22일 전쟁하여
의병 20명이죽고 일병 1013명을 죽이고 총 3대만 얻엇습니다.
이전은 고군약졸됨으로 산간을 웅거지지가 됩니다. 정월 28일
에 용문동 더뎅장거리하고 이월초8일에 붉은별 전쟁입니다.
대병과 접전하여 의병 2800명이 일본병 한놈 죽엿습니다.
2월 18일 일진회회원 도수하는놈 림재덕, 김원홍, 최정옥이
소위 규순식히노라고 일병 103명과 고려보조원 80명을

[7쪽]

다리고 내처와 내아들을 자바가지고 능구창평니에드러와서 주둔
하고 내처가 지식있는 줄 알고 「네서방한테다가 글을 쓰되:
당신이 일본청황에 귀순할 것 같으면 청황께서 당신을 공작
베을 주자하니 항복하면 당신게 좋은 공작벼을 하게되면 나도
당신 자식도 귀한 사람에 자식이 안되겠습니까? 내가 식힌대로
글을 보내면 커니와 배당하면 너의 모자는 어육을 만들간아」 성황
갖이 토롱이 심하 주그면 섯습니다.
내말에 말노 게집이나 서나이이나 영웅호걸이라도 실끝같은 목숨이

업서지면 그뿐이여든 게집글자로 영웅호걸이 고지듯지 않는다 너이
놈들이 날과 말하지말고 너이맘대로 할것이지 나안이쓴다고 무수한
욕질한즉 저 악독한 놈들이 발꼬락 두사이에다 심지에불다라끼우
고 반 죽엄 식혀도 종내 항복지 않음으로 갑산읍으로 잡아드려보내고
김원홍, 림재덕이 자비로 나의 처가 쓴 모양으로 편지를 한놈에게주어
용문동 더뎅이에 보낸후에 능구사 남부여대을 물논하고 청하여놓고 백
성에 원쑤를 밧고 홍범도 잘못한다은 말노 백성들게다 흥겁한 거즛
말을 하니까 당신네 말슴이 전부다올타 박수갈채가 능구사 창펜니
가 깨여질 지경이 되엇다.
용문동에 편지가지고 왓던 개놈은 그시로 숫처치우니까 연방
일틀지간에 편지가 여들장 드러오니 여들놈은 다 사랏다.

[8쪽]

9번만에 내아들 양순놈에게 편지를 주면서 너도 드러가면 나오지못
할것은 안다만 이 편지가 너이원군대로 드러가지 못하고 중간에서 이런
일이 있는줄 나도 안다만은 그러나 네가 가면 너의 아비가 반갑어 할것
이다. 그러면 네게서 편지가 나지면 그때는 너부가 탄복할 것이다
하고 보내니 이놈이 그것을 가지고 내잇는 대장소문박게 나사온즉 내가 총을
들고 이놈아 네가 전달에는 내자식이지만은 네가 일본감옥에 삼사
색을 갖어있더니 그놈에 말을 들고 나에게 해를주자고 하는 놈이야
너붙엄 쏘와죽어야 하겟다 하고 쏜후 부관이나가본즉 귀방울이 마사
떠러지고 죽게는 면하엿다고 합듸다. 2십8일에.
삼월 초 이일에 림재덕, 김원홍 두놈이 일병 190명과 조선
인 190명과 더뎅장거리 김치강의 집에 와서 주둔하고 그곳 백성에

게다 젤령하되 싸흠할것 같으면 싸흠하고 귀순하기 원하거던
세시간에 계약을 체결하고 만약 그렇지 않는 경우에는 속싸포로
너의군대를 씨업시멸망식히겟다고 서리같은 명령이 드러오니온
군대안에 송구영신입니다.
군대안에 일등 불잘놓고 양긔좋은 군사 칠백명을 비밀단속하고
엿차하라고 단속하고 참모부에 귀수귀순이 요구된다고 글을써 나를
주면 내가가서 교섭하여 그놈들 다리고 흙 다리한판에 드러서거던
엿차엿차하시요. 제가 벽복하고 변성명하고 장거리에 당진하여

[9쪽]

김치강 매제집에 드러가서 편지를 드린즉 김원홍이가 바다보고 씩 우스
면서 너이소원이 그럿타하면 그렇게하여 주마하고 무장들 집안에
세우고 파수 15명으로 파수세우고 그나마지 이백여명으로 영솔
하여 흑다리목에 당진하자 더덩장거리에서 총소리가콩닥듯하며
사방방천에서 모진광풍에 불이러나듯하며 막 재작이를 하여 몰소
이 생금하고 장거리에서 의병 고응렬이 죽고 조인각이 부상되고
그집 식솔 어린안동이 죽엇습니다.
209명을 잡아다가 대장소앞 김원홍, 림재덕 두놈을 꿀리고
내가 나서면서 너이두놈이 내말을 들어라 김원홍 이놈네가 수년을
진유대 참령으로 국녹을 수만원을 바다먹따가 나라가 망할것 같으면
시골산면에서 포지하여 감자농사하여 먹고 디우는거시 그나라 국민
지도리옳거던 칠조약구조약에 참녀하여 나라역적이되니 너
같은놈은 죽어도 몹시 죽어야 될 것이다 하 림재덕도 널과 갖이
사형에 다 청한다. 조선놈들아 너의놈들도 드러보아라 너이나

내나 다 조선놈으로 무순일이 탈바서 저런 역적놈들과 나를 해

코저하느냐?

일본놈은 남의 강토를 제강토 만들자 하니 그럴수 있다 하자

너이같은놈들은 네아비 네어미 다닐과갖이 씨을 업쌔야 되겟

다하고 김원홍과 림재덕 두 놈을 말짱을 두대를 깍까서

[10쪽]

든든이 세우고 한놈식 마주세워 기둥에다 얼거매고 석유퉁자를 웃닥

지를 떼여 저놈들 목욕식이고 불달아 놓아라 하고 그나마은 포살다

하여 죽이라 하고 삼월십육일 능구패택이 이행군하여 십팔일

일병과 접전하여 일병구명을 죽이고 약수동에 드러가자고 십구일

장진 능꼴 늘구목이에서 일본과 접전하여 일병 야든다슷놈 잡고 23일

동사다랏치 금전앞에 둣텁바우골서 일본과 싸와 십육명 죽이고

의병 5인이 죽엇습니다. 거긔서 함흥 초리장 유채골동니에 야밤에

달려드러 부자놈 야들놈 붓잡아다가 일화 이만팔천9백원을

빼앗아 군비에 쓴이리 있습니다. 28일에 함흥동고촌 신성니에

자본가 박명장이라고 하는놈에집에 달려들어 일화육천원

을 아사가지고 그놈에 맛자식이기 함흥 일본놈에 군대에

소대장으로 있다나니 제집에 의병들이 재산을 탈취한다는

소문을들고 일병 300명과 보조원 50명을 영솔하여

350명으로 친히 제가 영솔대장이되여 제대대장께 연품치

않고 비밀히 달려들어 야심한 밤중에 접전된일이 있습니다.

그러다나니 의병이 588명이 되다나니 그동네 집집마다

들엇습니다. 불시에 사방으로 총소리가 나다나니 혀여저있던

군사가 나갈곧이 없으니까 마츰접전이 아츰 날 밝 뜨록
싸호다나니 일병이 왓던 군사가 사분지일이 살지 못하고

[11쪽]

회진하다나니 박면장의 식솔 한나도 남지 않고 구족히 멸망하엿습니다.
그날밤 날새도록 싸홈하고 그인흔날 호원 영동으로 행군하여 지산당에
주문하고 사월초이일 내가 변복하고 호원읍 박원성집에 가서
그놈에 문깐에다 일병헌병대 사인을 월급주고 문깐 파수병으로
둔곧에 들어가 이댁에 들어가는 글짜를 적어달나고한즉 조사가 심히
문는고로 싹근다리에사는 백성으로 나의외편도 되려니와 지원한
일이있노라고 한즉 들어가라길내 들어간즉 함흥본관 좌수로 있던
리경택과 호원 군수로 있는 홍가와 원성세놈이 앉은데 들어간즉
네 웬놈이냐? 그말끝에 단총을 내여들며 나는 산간에서 나무밑을
큰집삼고 디우는 홍범도 임니다.
내가 이곧에 들어온것을 너이가 모르겟느냐 빨리 나의 조처를
빨리 조처하시요. 이번 내일이 바루되면커니와 약쁘련이면
이방안에 죽엄이 몇이될 것을 모르겟소. 빨리 조처하시요. 주인놈이
제댁과 얼마던지 통털어 내오라고 한즉 일화 30천을 내여다
전대에 너여 허리에 띠고 원성을 앞에 세우고 나와 싸근다리
고개에 올나와서 부디 안령히 게시라고 부탁하고 지산당에 돌아와
4월 초8일 밤에 행군하여 명태골로 장진 여애리 평풍바우
밑에 행군하여 사방에 있는 군대를 불너 모아놓고 군사
정구한즉 1864명이고 중대장이 11명이고 소대장 33명으로

곤치 편성할때 제일중대장 원창복으로 장진 청살령을 직히고

꼭아적저역에 장진군대가 삼수로 넘나드는놈을 목잡고 있다가

불시에 쏘고, 몸을 피하엿다가 경부로 비밀히 군사 먹을것을 걱정

하라고 식히시요.

제이중대장 최학선으로 매덕영을 직히고 갑리로 드나드는 놈과

앞서식대로 하소. 제삼중대장 박용낙으로 안장영을 직히고

함흥 장진으로 넘나드는 놈과 앞서과 같이하소.

제사중대 조병영으로 조개령을 직히고 삼담단천으로 넘나드는놈과

앞서과 같이하소.

제오중대 유기윤으로 새일영을 직히고 통피장꼴 북청을 넘나드는놈과

그대로 조처하시요.

제육중대장 최창으로 횟치령을 직히고 앞서과같이 시행하시요.

제칠중대장 송상봉을 불너는 부걸령을직히되 너는 꼭 내가

명으로 식히노라 남시령을 직히고 길주로 갑산 혀리로 드나드는

놈과 싸홈을하되 남을 10명을 죽이지 말고 내군사 죽이지 말아야

할것임으로 너를 극역 주선으로 부탁하노라.

제팔중대장으로 삼수신파목재 암녹강으로 내려가는 것을 쏘아

넘기시요.

제9중대장으로 통팔영을 직히고 호원북청으로 드나드는놈과

앞서 계약한 대로 꼭그대로만하면 우리에 성공이 잘될것입니다.

그남아는 사중대로 내가 영솔하고 사방으로 단니며 일본과 접전하게 하고

다 분배후에 우리가 일으지 아니하고는 수탄 군사를 괴환을 면치 못할것입니다 하고 나는 사방으로 단니며 할것입니다. 4월27일 통폐장꼴 쇠점거리에서 전쟁하여 일본대장 야들놈 잡고 군사십삼명 잡고 일본굴냥 닭 50개, 과자 열궤 백미 삼십말 아사가지고 그날밤으로 사동으로 하남안장혈쌈에 일본400여명이나 죽고 우리승전은 하엿으나 패하여 상남 숫치기 깊은산골 폐간속에서 굶어 이틀을 유진하고 있다나니 비는 작구 삼사일 쏘다지는 것을 견디여 갑산간평에 나려와서 귀밀밥을 얻어먹으니 모도 취하여 고생하는중에 길주서 넘어오는 일병 80명과 쌈하여 일병 3명을 죽이고 의병 8명이 죽엇습니다.

5월초 초2일 구름물영 넘어오다가 일병32명이 오는 것을 목잡고 저대하다가 일시에 쏘아 한놈도 남지않고 다죽이고 총30개 군도 두개 탄환 300개 단총 네개 아사빼여 가지고 갑산 청지평 싸홈에 의병 11명 죽이고 일병 90명 즉살 식혓다.

초사일 괴통병 어구에서 일본마병 15명잡고 말 다섯필 앗아 가지고 약수동 넘어가서 여해산 평풍바우 밑에서 군회를 열고 그말잡아 분육하고 회의 결정에 군비는 물론하고 전쟁에죽은 동포의 가족을 살려 주어야 되겟는데 한가정에 150원식 분배 식히고 도합을 놓으니 116천 898원으로 분배하고 어찌하든지 재전을 뫃아야 약환을 외국으로 청구하여야 될것입니다. 5월 25일로

[14쪽]

다시 이곳에서 다 우리가 군회를 불너가지고 재전으로 외국에다 청구하자고 각제 맹세하고 초9일에 각지로 떠나 사방으로 각산하여 헤여저 간후 나는 동사달아치 금점에 달녀들어 일병 6인을 죽이고

별장놈 죽이고 금 1994개를 아사가지고 수동골수로 넘어와 행창에
당진하여 밤을유하고 함흥천보산 절려들어가 4일 유하고 잇노라니까
안변 덕원 연풍 등지에서 수십번 전쟁하던 노히태군대 540명과
연합하여 정평 한대골 어구에서 접전하여 일병 190명 잡고 의병4인이
죽고 한명팔맞아 중상되여 고생하엿다.
정평 바맥이에서 500명 일병과 쌈하여 107명 잃고 내아들
양순이 죽고 거차 의병은 6명이죽고 중상되기가 8명이 되엿다.
그때 양순은 중대장이엇다. 5월18일 12시에 내 아들 양순이 죽엇다.
그날로 떠나서 거사골수로 들어와서 노힛태군사를 다리고 함흥
명태골로 천보사절로 넘어가고 나는 군대를 다리고 장진 남사로 나려와서
실령 어구에서 접전하여 16명을 일병을 죽이고 총16개 철궤여섯개
아사가지고 돌오 천보사절로 가 노히태군대에 철 2400개 분배하여
논아주고 인차떠나 18일에 호원읍앞에 전진포에 홍가집에 달녀
들어 호원군수 홍가자를 붓들어 일화 37000원을 빼아사가지고
그날밤으로 함흥 덕산관 함영문 그놈에 집에 달려들어 너는
시 좌수로 있고 또 군주사로 있는 놈이니까 돈을 내 청하는대로 받지 않으면
당장에 식구는 오날밤으로 멸망식힌다하고 일화 3십만원을 바치라

[15쪽]

한즉 극역주선하여 3만원을 내여다주는 형식을 보니 여러곧에서 대용하여
주길내 받아가지고 인차 떠나오면서 글을 써서 사방에 돌려놓으면서 덕산
관사는 한영문가 함흥읍을 들어올것같으면 남대천 다리목에 일병
300명 있고 성안에 500명 있으니 염여말고 들어오라 하길내 수일간
들어 가겟습니다 하고 그댁에와서 연품하되 우리가 어느날밤에 들것을

우리도 비밀히 다하고 간다는것을 글을써 누구와 담화하고 있는듯이 하고
떠나 장진여내산으로 드오니 회의를 뭇엿다가 회의를 못하고 있는 중에 마츰
들어가 회의를 열고 앞서와 같이 일화 20천을 정하여 놓고 외국으로 갈
사람을 뽑는데 북청하는 조화여, 김충렬 그동무들이 화수야 연추에
주둔하고 잇는 리괄니게 보내면 비똔 약을 몇십 밀리온 치라도 내올수
있다고 하길내 김충열 조화여 두사람으로 20천과 노수로 백원을 주어
강동 연추 리범뉸한다 서사를 다 두사람에 보냇드니 이험한놈들이 다
잘나먹고 오히려 일본 청탐군으로 몰아 가두고 당금 죽께되니까 그
객끼운자들이 본대에 글을 보내니 글을받아보고 인차 김수현으로 노비를
주어 급속히 들어가 구하라고 보내니 그놈이 쏘제가 리가놈에게 들어와
그 당누와 같이 협쓸리어 있다나니 소식이 영무소식하니 알수없어 약철이
없어 일병과 쌈도못하고 일본이 온다면 도망하여 매본 꿩이 숨듯이
죽을 지경으로 고생하다가 할수없서 외국 중국땅 탕해로 10월 9일에
암녹강을건너 올때에 신파 기름구피 일병군대와 접전하다가 그날
밤으로 건너와 암녹강을 하직하고 너의 수궁이 수천리 장강인데 내가

[16쪽]

무사히건너 왔다 부디 잘있거라 다시볼날이 있으리라고 눈물로 하직하고
탕해로 들어와서 할날묵어 질님으로 1300리 되는곧에서 생명 부디한
곧에와서 돈한푼없이 길님성안 중국통사 길성익 녱벤 사람인데 사상이
좋아서 우리군대 40여명을 수십원으로 용비써서 일흘을유하고 다리고 온
동무들을 도로 탕해로보내고 김창옥 열두살먹은 자식 용환, 권감찰,
내 합 4명이 로씨야로 들어올때 노수한푼없이 도보하여 난림창
우수현, 우라개, 우시허 아시허 내도한즉 술기질을 맞나 네 사람이

도보하여 굶어 오길준 잇틀을 오다나니 기한에 들번하다나니 로시야
거사리에와서 배를 갈아치며 먹을 것을 비니까 로시야 산다르미
흘네브(хлеб) 한덩어리 내다주니 요기하고 떠나 도보하여
먹으며 굶으며 근근 도보하여 엿쨰가 되도록 오니까 어덴지
모르고 오다나니 술기길에서 조선사람 셋을맞나 일만포 얼마나
먼가고 물은즉 그자가 멀다고 하면서 이리로 가면 칠십리고 술기길노
가면 고려리수가 고려리수로 150리라고 하면서 즐너가는 것이 필요
하다고하니 즐너오다가 홍우재 무리에게 붓뜰네가서 이틀을자고 대접도
많이받고 온일도 있습니다.
12월 6일에 홍더허재 나와서 엿새를 묵어 고려풍속에서 노수 차려
술기타고 소왕영에 들너 엿새 묵어 해삼내려가서 일색 유하고 1908년
에 연추 나가서 리괄이라하는 자를 보고 조선서 김충열 조화여
두사람을 어떻게 보니까 일본정탐으로 보섯는가 요한즉 그자에말이

[17쪽]

나는 그런줄 저런줄 모르노라구한즉 그러면 그사람을 어찌하여 주르만에
(тюрма) 가두엇든가요. 그 대답에 비싸기(документ) 때문에
객겟다고 대답한 소문이 낭자하니까 연추 주민들이 리범윤 죽일
놈이라고 누구든지 아니 욕할 자가 없엇다.
그후에 최재형 옌추노예 김운경 이자들이 서로반대파가 일어나무로
1909년에 취풍허커우와서 돌오 고려로 나가려하는때 소왕영에 있는
최원세가 올나와서 극역주선으로 말리며 내가 주선하여 차려 내보낼터이오니
걱정마시고 게시라고 말리니 할수없서 있다나니 최원세 각처로 단니며
원조하여 수천원으로 모집하여 가지고 헉커우 올나와서 박기만으로

총무를 정하고 김제현으로 부총무를 정하고 김왕눈으로 재무를 정하고
1910년 3월6일로 고려로 나갈려고 맹세하엿뜨니 조무리 시기하여
박기만 놈이 원조돈 1800원을 쓰고 내놋치 아니함으로 재피거우에다
회를 불너놓고 박기만, 김왕눈, 김재형 절땅 노여 김아부렴
다 불놓고 회의를 불넛다.
1910년 3월 11일에 회의문제는 각총무며 재무 각 임원으로써
다수한 금전을 거둔것을 보고에 얼마나 도합된다는 총무에 보고
무장을 얼마나 싸서 어데다 둔것. 문제는 그뿐.
총무에 보고에 전후 4980원으로 무장 30병에 2180 원이

[18쪽]

들엇다고 보고에 나타나고 탄환 3800개 1100원주고 싼것입니다
그 나마지 남은것은 의병들 비쌔기 300장에 800원주고 내게
하엿고 그남아 있는돈 내가 한달 통영하고 썻습니다. 이렇게
되니까 우리에 일은 망태기 되엿구나 하고 내가 밸이 뿔어나서
회의고 무에고 이종자들 모조리 때려죽이고 말아야 하겟다하고
달녀들어 박기만을 단개에 처서 죽엄을 만들고 회의가 망태기
되엿다. 그몇을후에 추풍사사원호놈들 추게가지고 나를 죽이자고
취군하여올때 리범뉸 에 군산적 관리병이라고 하엿습니다.
그군대가 척후병이 되여서고 다디안재 안준현이고 육성 최순경이고
허커우 김가네 다수고 박가네 다수고 문창범 도수하여 250여
명이 취군작정하여 재피거우 박문길집에 달려들어 나를 결박하여
가지고 왕거우 유새장 집에다가두고 무수한매를 치면서 리범윤게다
보고를 써서 해삼으로 보내되 이 홍범도를 죽이난데 관리자에

명령이 있고야 죽이갓습니다. 써보내니 그보고를 깔고 회답도
하지 아니한고로 14일을 죽지 않으리만콤 수탄매를 막고
14일만에 소왕영 군대 사단장이 알고 까삭까 8인을
왕거우 어구서붙엄 총질하면서 올나와 나를 결박한것을
풀어놓고 30여명을 붓잡아 가다나니 요행 목숨이 살아
더리고 단니던 군사 30여명을 죽게마즌 동무덜 다리고
총을 싸가지고 고려 무산에 나가 일병놈과 쌈 하여

[19쪽]

군사 17명을 죽이고 일병한나 죽고 패하여 산간으로 도망하여 이틀
먹지 못하고 굶어죽게된 때에 북사령으로 갑산있던 일병 42명이
넘어오는거 목을 잡아따가 한개도 남지않게 다잡고 두사람 죽고
열네놈 생금하여 싹죽이고 무장 40개, 단총 4개, 코코 두개,
폭발 14개 굴양 세 바리 탄환 칠천개, 탄자 50개 앗아가지고
깊은 산페에 들어가 4일을 그놈들게서 앗은 구벙이깨에다
끌여 먹으면서 잇다가 그남은것을 논아지고 무산왜가림에 나와
야밤삼경 일본 병참소 달려들어 폭발로치며 총질하여 죽이고
불을놓아 놓고 밤으로 도망하여 백두산으로 행하여 장백부로
행하다가 종성읍에서 20리나와 그곳이 모를덴데 일병과
접전하여 진종일 쌈하다가 그놈들께 포위되여 의병이다 쟎여
가고 나는 빠저 도롱봉으로 하여 내도산으로 안도현으로 질님에
들어와서 차타고 돌오 로씨야에 들어와서 해삼와서 부리딴에서
커우대메기 시작하여 삼, 사 색을 벌어먹다가 금점 딴뚠(안군)에 들어가
양년을 금점하여 번돈이 1400원을 가지고 나와 취풍 당어재골치기

에서 약담배도 심으고 곡석도 심으다가 미깔래 어리방이까 가서
일년을 벌다가 구리밧토점кур6адт으로 중구식가점으로 버양고(비양고)점
으로 연드리식까 점으로 돌아 단니며 번돈이 3050원을 가지고 이만 나와서
오현발 한개에 탄환 100개식 끼워 9원식 주고싸서 중국놈에게서
도 싸고 고려놈에게서도 싸고 로시야에서도 싸서 의병을 모집하여

[20쪽]

17개를 싸메고 봉밀산 김형(성)무 집팡에 가서 고려로 나가지 못하고
1915년 7월 26일 부텀 산지 작녹을 잡아먹기 시작하여 해수로 이태
반을 사영하다가 그총을 밤으로 운반하여 취풍 당어재 골치기 최이관
병준 집에다 묻어놓고 농사를 시작하여 한해 농사짓고 18년전
고려 독입만세가 불일듯함으로 농사고무이고 나가자하고 묻어
두엇든 총을 끄집어 내여 일변 닥그며 일변 의병 모집과 탄환
모집과 일변 원조하여 의병들 입힐것과 천리경 그러한것을
가추다나니 1919년 8월 8일에 방에 떠나 앵덕이 106인이
무장을 메고 앵덕에 당진하니 저녁때가 됨으로 게서 자고
가려하려고 하고 있는때 부련간 노시야 빨찌산 6명이 우리유하는
곧에 당진한즉 통변을 청하여 물은즉 수청등지에서 쌈하다가 패하여
9명이 요행 목숨을 보전하여 오다나니 소왕영 녀승당거리와서 페깐
에서 굶어자다나니 세놈이 간곧없이 도주하여 없어짐으로 그동무를 찾는
중에 백파들께 투황하고 우리6인을 잡아주려고 다짐까장 하엿다는
소문을 듯고 목숨을 도주하여 오다나니 고려빨찌산이 이곧에 있다고
하는 소문을 듯고 왓으니 나도 고려빨찌산과같이 단니면 어떻겟
습니까 한즉 우리는 고려로 나가는 의병이니까 같이 갈것같지 못합니다.

(답) 나도 어느 국이나 빨찌산에 참예할 권리가 있습니다. 그러나
당신네 말두 모르겠는데 어찌 같이 단니겠습니까? 우리를 믿어 주시면
말 모르는 것이 게관 없습니다. 하나 그러나 우리과 같이 못가겠습니다.

[21쪽]

하고 우리 군인들 다리고 한삼리 거리되는 곧에 집사가 있는데 따로
자다나니 샐역히 되니까 그 동무들 유하는 곧에서 총 소리가 콩닥듯 소리가
남으로 우리군대를 사방으로 산조식혓고 저물방에거리서 동네 다
총질하는 놈들을 사격하라고 명령하고 나는 개안에서 초다나니 물방에
거리에 있든 놈이 13명이 죽고 말세필죽고 그놈들이 퇴진하여 양재거우
등으로도망하는것 보고 그동내 수색하려들어간즉 만제왓던 그동무
말과같이 투황한놈들이 같이 단니던 동무를 잡으려고 백파를 다리고온
놈이 불명하다. 그동무들이 6인중에 세사람 직 죽고 세사람이
살아 있는 동무들과 성명을 물은즉 (답) 이와노위츠 왓실네꼬사
까리면니츠 헐벗고 신발없이 된 것을 채려닙히고 갓치 중국따
차무정재 서짝골 깊은 고려 주두하고 밤잘지간에 홍우재 70명
달녀든것을 잡아치우고 먼고개 방축영 깊은개웅덩에서 홍우재 90명
잡고 총 50병 철 1300개 약담배 6섯 봉우재천 190자 대양
300원 일화 700원 아사 군인들 논아 가지고 노시야 3인을
대양 일화 합하여 500원으로 체급 주니까 아니 가지겟노라고
하는것을 역지로 주고 그 일흔날 행진하여 나재거우로 중국 하마탕
예수촌에 야밤에 들어가 무장을 벗고 19년 10월 14일 붙엄
20년 3월 초3일에 무단봉에 나가 사흘 유숙하고 있다가 행군
하여 봉오꼴 최진동 진과 연합하여 1920년 4월 초3일 일병과

접전하여 일병 370명 죽고 저녁편에 소낙비가 막쏘다 지는데

운무가 자욱하게 끼여 사람이 뵈이지 않게 자욱하게 끼운데 일본후원병

100여명이 외성으로 그높은 산뒤에로 영상에 올나서자 봉오꼴서 쌈

하던 남은군사 퇴진하여 오든길로 못가고 그산으로 오르다가 신민단

군사 80 명이 동짝산에 올낫다가 일병이 저이 있는곳으로 당진

하니까 내려다 총질하니 일병은 갈곧이없서 맞우 총질한즉 올나가는

철에 후병이 몇이 죽으니까 쏙쌔포로 내려다가 불니니 신민단 군사

한개도 없이 죽고 일병이 수백명 죽고서로 코코소리듯고 총소리 끈어지엿다.

그때 왓던 일병이 오육백명 죽엇다. 초6일 그곧에서 떠나

일낭거지나 천보산 늦투거우 석탄고로 당진하니 시거우 드러

갓다나오는 일병 100명이 맞우쳐 접전하여 일병이 술을 잔뜩

먹고 오든놈들과 접전하여 몰신 다잡고 무장을 아사가지고 뫼일

거우로 들어가 허영장 군대와 연합하여 한달 유숙하고 있다나니

소왕평에서 글발이 나오되 붉은 주권이 소왕영 점영하엿다고

글발이 나오니 로시야 동무 삼인이 들어갈 요구한즉 군사 30여

명으로 그동무들 보호하여 보낼때에 중국 군대가 접어든 것을 보고

우리군대서 총질하여 중국인 5명이 죽따나니 그놈들이 너이 군대는

우리과 상관없는 이려 우리에 불질 할 이체가 무엇이냐고 시비가

일어나 그놈들이 배상금 한 놈에게 800천식 물지않으면 너이를

무장으로 쏘갯다고 고성대독하니 물마하고 대답은 하엿으나

물것이 없음으로 비밀운동하여 운툴나재에 삼경에 접어들어 중국군대에다

사격할려고 차부하는시에 출장나갓던 기병 30여 명이 본영문으로 들어오든
대장이 말게내려 이것이 어쩐일인가고 물으니까 전후사실을 말한즉
그럴듯하다 고하면서 족곰 지체하소 하고 영문으로 들어가드니 대대장
오패라하는 대장이 나와 우리 영문에서는 그런것을 전후 모른다고 대답
하면서 군사에 법은 세게 어데던지 꼭같으니까 그럴듯하다고 하면서
보의탄 한장을 청하여 무른 죽제군대가 도적잡으려 갓다가 그런
일이 있엇습니다라고 대답한즉 탄장을 책망하여놓고 인치서로
양국이 이렇게된것을 보면 조선이 없서지니까 중국도 순망지치이라
고생한다 하면서 누가 잘못이든 지두 군대에는 서로 좋은 낫트로
화친 하친하자 하고 서로 손길쥐고 서로 헤어진일이 있다.
4월 28일에 떠나 천보산뒤에로 어랑촌을 지나 말리거우에 들어가
유진하고 한달 유하고 투두거우 일본영을 야심삼경에 달녀들어 재작하고
그곳서 어덴지 몰을곳에 조선인예수촌에서 오라하길내 행군하여 간즉
군사들을 쇠잡고 분육하여 메긴후에 내복한벌식 주니까 타닙고 떠나
말리거우로 들어오니 7월이 되엿다. 일병이 로씨야에서 철병하여
나오는놈이 수만명이 북간도에 폭덮엿다 그런데 고려에 있든 일병이
몇십명이 종성와서 고려포수 수십명을 청하여 놓고 너이중에 백두산
사영군이 몇이나 되는야고 물은즉 반수이상이 된다고 대답하엿다.
그러면 한달에 50원식 줄것이니 말니거우에 홍범도 군대가

[24쪽]

있다니 누가 그놈에 목을 밧치면 오천원 상급으로 줄것이니
그럴만 한자가 있으면 손을 들어 맹세하라한즉 몇놈이 손을들어
맹세하고 무리를짛어 백두산으로 들어 밤낮 폐속으로 단체하고

야지꼴 당진하여 그날밤으로 말거우 조분고려 둘녀싸고 날밝기를

저대하는 중에 내에 심정에 솔난하여 밤중에 군사를 취군하여

말리거우 제일높은산에 올나가 밤을새는중에 날이 금시 밝자 대포소리

한방 나드니 사방으로 마야소리가 천지진동하면서 사격소리가 끊기지

않고 단번에 말리거우 인가촌에 달려드니 인적이 고요하고 아무것도

없으니 물론어떤 웅덩이던지 몰수이 없데서 나갈 밤수를 얻는 중에

내에 군인 520명이 사방으로 둘녀싸고 베락치듯 막

사격하니까 종천강 종지출 못할것을 그려놓앗다. 밤이 삼경

되도록 진을풀지 못하고 답새우다나니 다잡앗다.

총 240병과 탄환 500발 받아가지고 조선놈 사복하고 몸빠저

나가는놈 여섯놈 붓뜰어 뒤짐지여가지고 높은산으로 잡아가지고

올나와서 초사를 밧으니 개개짓고 하되 재전 사람을 주김니다.

저이도 의병으로 멫달 단니엿습니다. 그놈들을 코를 쩨여 가지고

저녁굼고 아적굼고 폐깐으로 샘물곧에가서 산에서 샘물골

백성을 청하여 돈을 많이주고 음식을 지여다 먹고 소미 한섬에

일화 백원식주고 싸 올녀다가 좀식 논아지고 떠나서 소밍미거우

왕닌에 형에 집팡에 와서 소미 두성에 일화 300원 주고

[25쪽]

싸서 논아 넣고 어구로나와 군정서 청산이에 있다 하니까 연합

하여 고려로 나갈가하고 찾아가는길에 어구에 큰길에 나가 서자 마자

하여 보초병이 뒤물녀 서면서 일병이 수천명이 당금 당진

하엿다한즉 할수없이 고려나가 쓰자던 뽈니묘트를 걸고 일병 대부대

에다 내두루니 쓸어지는것이 부지 기수로 잡바지는것을 보고 도망하여

오른길로 산페로 들어와 코껜놈 죽이고 9월 11일밤에 칩은 산간
에서 불도 놋치못하고 떨다나니 날밝은후에 군사를 정구한즉 세사람
없어젓다. 차자보니까 낭그밑에 업데죽엇다. 굶고 얼어죽엇다 하고
그산속에 묻어놓고 떠나 큰 봉미거우 지나 훈신장 앞덕이에 올나서자
청산에 드려다보니 청산 갑산 어구에 일병이 수천명이 몽여서서 장교
놈이 군대에 엇차엇차하여야 포로로 잡을 모게를 가라치노라고
서서 공논할때에 뽈니묘트 걸어놓으니 막쓸어지는것보고 철이 없서
놋치못하고 도망하여 천리송 밭을께여 동남창 안도현 가는 골노
70리를 도망하여 오다가 홍우재 굴을 맞나 때려 부시고 대양
7만원과 소미 석섬을 얻어 논아지고 우두양창으로 안도현을
향하여 가다나니 날이 저물어짐으로 우두양창 막치기에서 불을 놓고
유하게 되니까 내가 분부하되 우둥앞에서 불쪼이지 말고 대거리마다
쬐우되 등화불면임으로 도적이 들어오는 것을 보지 못하는 것이라. 명심
하여라 고 명령하고 밤을 지내는때 마츰 일병뒤를 쫏차오다가

[26쪽]

홍우재를 맞나 그놈들과 의병간 길을 알과주면 돈을 많이주마한즉
그놈들이 우리도 그놈들을 잡자고 쫓는 중이다 하고 같이 뒤를
쫏차와서 우둥논 우둥에다 쏙쌔포를 막놓으니 우둥앞에
불쪼이든 군사는 씨도 없이 다죽고 그 남아지는 사방으로 일패도주
하니 다시 갱무여망이 되엿다. 수탄탄환을 피하여 부두처하고
산간으로 기어올나간즉 부디하처라 갈바를 모르고 헤메는중에
한곤에간즉 묘한바우가 날쌔도 출입못할곤에 들어간즉 늙은
포수 한나식 둘식 모여드니 40여명이 몽여드러 날밝기를 저대

하고 있다가 사방을 살페보니 과연 천작으로 생긴 곳이다하고
우둥놓은것을 내려다보니 일병과 홍우자섞끼여 단니는 것을
본즉 견딜수없서 내총질하니까 일병과 중국홍우재 죽는것이
환하게 보이니까 작구쏜즉 얼마 죽은것은 모르나 누렇고
검은 빛이 많이 뵈우드라 그놈들이 막 우리있는곳으로 기여
들어오는놈을 작구놋타나니 수십명이 썩어지니 기병이 올레
달아오는것을 쏘다나니 올나온놈은 한개도 살지 못하엿다.
그렁하여 밤낮사일을 쌈하다니 우리양식이 진하여 죽게
되니까 마가목 열매를 따 먹고있다가 9월 30일 저녁에
불시로 뇌성벽력이 천지를 깨여치듯 하더니 불시로 소낙
비가 막 쏘다쉬면서 천지를 분별치 못하게 쏘다지는때

[27쪽]

틈을타서 그짬에 나와 물개안에 내려와 소낙소리 날때면
기여 얼마쯤 가다가 서짝산으로 올나간즉 날이 새엿다.
안도현쪽으로 행하여 가다나니 제일 중대장 리천호를 맞나
합이 200명으로 안도현을 행하여 얼마쯤 가다나니
페깐으로 내다보니 힌풍이 보이길래 점점 갓가히 간즉
일병 대장놈이 군사 15명으로 파수를 세우고 주둔하고
있는데 달려들어 멸망식히고 굴양군복 탄환 전화통 한개
과자 여러가지 아사가지고 안도현 싸닌방으로 행하여
간즉 어니땐고한즉 동지딸 14일이다. 그곳서 두달을 유하다가
인치 로시야로 들어올 때 오동청 앵무현 태성영 고탑을
지나 모무거우진이-투형동서 한달지워 홍우재과 쟁토하고

12월 19일 떠나 봉미산 내려와 십여일을 유하고 양무강
수리더우 호림현 도무거로써 이만 싸인발 와서 정월
26일 의군대게 무장을 밧치고 2월6일 자유시로 들어올때
무장몇개를 준 것을 기록한즉 말건 일대 707병이고 노식 4개
이고 철사만7천개이고 폭발 2804개이고 코코 6개, 단총
40개고 전후 다 이군단에 넘기고 자유시 들어와 까란다시
유일니와 연합하여 양색만에 일꾸쓰크 들어와 있다가 모쓰크바
1921년 12월 11일에 일꾸쓰크서 떠나 모쓰크바 당진하여
객정에서 개를 열고 전기부려 사진찍고 첫번 뜨로츽까놈이

[28쪽]

나와 보고한후에 심야식까 몽고국기 간부에 취식키고 깔닌
나와 보고하고 그담에 일본 가다야마 축하사마 몟마디 말하고
그남아는 잘 모르겟습니다. 그리고 회관에 돌아와 그인흔날 계속
대회를 열고 쓰딸린 집행부 회장으로 선임되여 회를 처리
하엿다. 나도 레닌에 후원을 많이 받앗다. 회의가 필되지 못한
것은 뻬뜨롭쓰까 가서 회의를 필하려고 미상하엿다. 그러고
레닌께서 저를 불너오라고 사단이 내려옴으로 제 레닌께
들어가서 뵈온일도 있고 말슴에 대답한일도 있다. 자유시
사변을 뭇는데 몟마디 대답한 일이 있엇다. 활동사진
제일신을 돗쳐가지고 활동사진 몟시간 논 사실이 있엇고
그리고 뻬뜨롭쓰크에가 회를 필하고 1922년 정월
초6일 떠나 21일만에 일꾸쓰크 나와 유하다가 1923년
4월 3일에 치따나와서 사오색유하다가 8월 초일일

불나감쓰까 나와 수일 유하다가 배에 앉아 하바롭쓰크

나와 내린즉 14일에 삭클니 아른닷때에 있던 김창수,

김오남 이놈들이 합동군대 까란다시 군대와 쌈할때에

나를 쌈 지 않앗다고 나를 죽이자고 불시로 피짱으로 나를 처

니가 두대 불너짐으로 레닌이 체급준 싸창으로 그두놈을 죽이고

칠일 주르만에(тюрма) 갓기웟다가 레닌께서 회에 나온

일이 있소. 레닌, 심야쓰까, 깔린 그 녀분 겹서 증명을

[29쪽]

얻어가지고 나온것 다찾아 가지고 이만 싸인발 나와 농사

삼년을 하다가 왼첨으로 양봉 알쩨리 조직해 가지고

이태를 하다가 쓰빠쓰까 진동촌 와서 빨찌산 알쩨리를

조직하여 농사하나 달려사 쏩호스에서 물을 잘 주지 않아

추수후에 회게해 본즉 쏩호스 빗진 것이 500원을 진 것을 그나왈

(кнал) 처서 그 빗 물고 그곧에서 떡까미나 어리발

빡끌로 토지를 얻어가지고 마소 한개 없이 회원덜 억게에다

멍지를 걸게 만들어 메고 후치로 째고 조이 21겍따리,

콩 두겍따리로 8년도에 농사하여 대작으로 되엿는데

까멘나 어리발놉 홍루애 귀관에서 홍범도 알제리 선봉

조합을 달은 곧으로 가라하면서 어데던지 지시도 없이 가라한즉

모쓰크바 깔리닌선생께 청원 올넛더니 변강 크라이에 명령

하되 홍범도 몇천날가리라도 요구하는 대로 획정하여주라고

내림으로 천 겍따리를 떼여 가지고 광개 공사하여 열두

주모자리 나쏘쓰 걸고 70겍따르논을 내여 벼를 심어 내니

한객따리에서 80젠트네르식 생산이 낫습니다.

그이듬해 31년임니다. 직커우재 꼼문나를 청하여 연합고는
102객따르 하여 벼를 심으니까 이따위 회원놈 덜이 노다리
(лодарь) 축이다수임으로 기슴을 명심하지 않다 나니

[30쪽]

논밭이 낫대일것 한객따리도 없이 모두 묵어 회원들이
긔한에 들게 되엿습니다. 그놈들께 농사짖어 그놈들 속에다
집어넣고 씬두히츠에 나와 수랍씨까는 20객따르를
농사하다가 물에 패하고 1934년에 수청 쓰꼬또브
"레닌길" 조합을 연합하여 3년만에 1937년도 7월
초8일 딸닌 명영에 의지하여 까사흐쓰딴 얀꾸르간
씨리다리 강을 건너 사나리크 셀쏘베트에 와서 10월
11일 12월. 1938년도 4월초에 크슬오르다(Кзыл-орда)
와서 2 백원 주고 집한나 얻어가지고 삼니다.

1938년 5월 초7일입니다. 크슬오르다 당군부에다
당월연금을 물려고 아츰 십일시에가서 당간부 책임서긔
없서 새로두시까지 대하다가 당간부 마즌칸에 들어가
그사실로 말한즉 역세를 내놓고 열을날 와서 물나고
하시면서 월연금 받는사람 오지않엇다고 하시길내 골
쏘유스에 가서 침겐트에서 깔또치까(карточка)
왓으면 생활비 탈까고 그곧서 세시나 있다가 오지 않엇다고
하심으로 제집에 온즉 새로 다섯시가 되엿습디다. 점심을
얻어먹고 앉앗노라니까 멸리채(милиционер) 두 분이 와서

총을 내놓으라고 성화같이 재촉한즉 총을 내여다 주엇습니다.

[31쪽]

본래 내나이 70먹은 늙은몸이 소용없는 총을 집에다 둘수
없다하고 보내기는 하나 내에 사랑하던 30여년 총입니다.
1903년 3월 초8일 후치령 허리원서 내혼자 일병 마군
세놈을 잡고 아슨 총입니다. 그러므로 고려에서 삼년을 사용
하다가 1905년에 로시야로 들어올 때 간으로 도망하여
왓다가 또다시 무산땅에 나갓다가 그동안 산간에서
삼년을 고생하다가 다시 1908년에 로시야로 들어와서 그 총을 가목을
잘나 취풍 당어재고 최병준 집에다 묻어두고 농사하기도 하며
밋깔내 우여주만네 어리바이까(рыбалк)도 가 잇엇고
여러 금광에도 단니다가 1919년에 다시 그총이 세상에 나와
다시 일본놈 몸에다 철을 뽑엇습니다.
그런총으로 모스크바 동양 민족 대회에 젤리가태(делегат)로
갈때도 그총을메고 갓든 것입니다.
원동서 해삼 소왕영 허바롭쓰까 쉬청, 쓰꼬또브 각처로 단니여도
면목이 잇는 곧인고로 단니면서도 의심하여 각고로대 경찰관에
총을 내여달나고 호송도 많이 하엿습니다. 일이 없다고 하심으로
그총을 명심하지 않다가 까산쓰크 이주하여 올때에 쓰꼬또브
구역 경찰관에 가디 올니여슴니다.
경찰서 서장께서 가지고 가라고 하길내 가제 왓습니다. 그러므로

제가 등한하엿습니다. 원동서 각경관께서 사랑하는것 만치
믿고 있엇습니다.

이 무식한 놈에 행사로 제가 책임 젓습니다.

4월 초8일에 경찰서에 가서 밤중 새로 네시에 당책 액기우고
주루만(тюрма)에 세 미노대(3 минута) 앉핫다가
제집에 와서 자고 1938년 5월 11일에 당책, 빨찌산책,
생활비, 크니시까(книшка) 목필책, 혁대, 철필,
옷측까(очки), 마원경 찾아 내왓습니다.

절두고 경관에 호송한 게집은 사돈입니다. 그게집이 1908년도
불엄 이력을 제가 잘압니다. 나지바또(Владивосток)
있을때도 술장사로 제몸을 매음녀과같이 팔아먹으며 수탄로동
자에 등처먹고 살앗습니다. 또 그리고 소왕영에 올나와서
나부사리 (базар)곁에서 집을 얻어가지고 그런 행위로
장사하다가 양딸 돈을받고 두번이나 팔아 먹은 모양입니다.
첫번 주엇던 서방재게 수탄 재산을 그년이 술먹자 떡먹자
신발없다 삼 사년을 뜯어 먹다가 그자가 재산이 끝나니까
저과 깜빠니 되는 게집에게 주고 몇해지간 살앗습니다.
19년 밋꼬식까 일병이 점영하고 있을때에도 일본놈
들 군대에 단니는 보조원 통변놈들이 그게집 집에

[32쪽]

쏘기여 단니며 그년을 내세워놓고 장단 갓다 놓고 매일 육싼
표육에 거들거리고 잘 살앗습니다. 또 이곧와서 항상 원동서

놀던 버릇을 잊지않고 본남정 죽어 양색이 되지 않아 다시
서방을 얻되 경찰서 허가없는 채장놈을 얻어가지고 매일
장취로 육싼표립으로 지우기만하여도 과연 아니겠는데 제가 경찰서
에서 허가 얻은듯이 그라신이 고로대 윤파리 게집과 술장사
떡장사하여 먹으라고 권면하여 식힌일이 시금 있습니다.
그리고 사일만이면 와서 눅깔에 술비지가 나오도록 먹고 제맘
대로 쥐정을 하다니니 홍범도에 경찰서에 왓다 갓다 한 일입니다.
끝은 1938년 5월 11일에 끝입니다. **Хон Пендо**
1938년 5월 14일 영께부 겡치수 낌한데 서마리야 에
죄목을 전수 기록하여 영께부 겡치부 낌에게 들인 일도 있엇다.
1938년 6월 18일 붙어 녹돌간(**болиница**) 거리울네
(**караул**) 매색에 90원식받고 석달선일도 있다.
1938년 6월 24일 우뽀로호사에브 쎄쎄르 쏘베트
후보로 선님될때에 우리 두 늙은 부처가 투표찌 부친일도
있다.
1927년 3월 초6일 이만고로서 양잠 알쩨리로 일년반을
있다가 1928년 7월에 꼴호스를 조직하여가지고 쓰빠쓰까
진 농촌 달리사 쏩호스에 나와 20객따리 떼여 가지고
일년을 농사하니 물이 발나서 가슬에 전후 회게를 보니
쏩호스 긔관빗을 이천원을 지고 도랑파서 싹전으로 그빗물고
깜미나 어리발롭으에 알쩨리를 더리고 빠끌로 따을
뗄 때에 깔닌 선생께 청원 올리고 800객 따르
허가하심으로

　　끝

계속이 더 없기에 끝임니다. 이것은 그의 일긔대로 등서
한것이니 그리 아십시요.

필자

ст. Уш-тобе

16/IV.-58г.

리력서

나-홍범도는 1868년 8월 27일에 조선 평양시 빈농민 가정에서 낫오. 내가 8세될 시에 나는 부모을 모다 잃엇다. 그러고 15세시까지 집안 아즈반네 집에서 자래낫다. 1883-1887년까지는 평양 보병대에서 라팔수로 병정사리을 하엿오. 1888-1893년까지는 황해도 수안군 총령 조이뜨는 긔업소에서 로동하엿오. 1894년에 막실이라는 농촌에서 철영 신영리 긔업소 근방에서) 일본 황제주권을 옹호하는 조선놈 3명을 처단하고 조희뜨던 긔업소에서 도주하여서 강원도 철원 산골노 간다. 그 곳에서 일본침략자을 반항하여 300명 의병대을 조직하엿다. 1894-1899년까지는 강원도와 함경도 등지에서 일본군국주의자들을 반항하여서 피흘니던 전투을 계속하엿는데 의병대-인원수는 1400명까지 증가되엿다.

1900년으로 1903년까지는 함경도 북청군 안산이라는 산골지대에서 농사을 짓고 총을 가지고 새냥을 하엿다.

1904년에는 북청에서 왜놈들게 재피워 감옥에 갖에따가 6개월만에 도주하엿다. 1904년말과 1913년까지는 다시 왜놈을 반대하여서 함경도 북청,

갑산, 장진, 무산, 정평, 영흥, 함흥, 삼수, 의원, 단천, 길주 등지에서 계속하여 싸왓는데 2500명 의병들이 각처 산면에서 공작하엿다.

1913년에는 6월에 떠나서 조선서 지금 쏘련 원동지대로 윙긔게 되엿다. 그 겄은 당시 일본이 엊이나 못견디게 구는지 더 유지할 수 없이 되미엿다. 그곳에서 1919년까지 더 힘을-실력과 무긔을 준비하여 가지고서 다시 조선에 침입한 략탈자들을 대항할가 생각하고 있엇다.

1919년 9월에는 수이푼 구역에서 이전 내군대 군인이던 동지 150여명을 일본침략자들과 싸호긔 위하여 모집하엿다.

쏘베트 지대에서 떠나서 북만주지대로 나가는 중노에서 힌파와 홍의적들과 싸호면서 (앵덕이 지방에서) 북만주에 당도하니 우리부대는 1500명으로 장성되엿다.

1920년에는 봉우골, 노투거우, 봉미거우, 청산리, 우대영창에서 싸왓다.(일본과)

1921년 정월에 우리보담 백급이 더 되는 왜병들을 당할수 없고 탄환 그타가 부족하여서 만주지대에 떠나서 원동 이만으로 700명 되는 군력을 거느리고 왓다. 그곳에서 380명 부대는 내명의로써 뉴하게 하고 220명을 내가 거느리고 2군단사령장 갈안-다시위리 명령에 의하여 자유시에 당도하엿서 그 군대와 합하엿다.

1921년 5월에는 일꾸쓰크에 당도하여 5호군대에 조선려단 제1대대 대장으로 복무하엿다.

1921년 동지달에 모쓰크와로 레닌동무게로 1921년 자유시에서 조선빨찌산을 어간에 뉴혈적 사변이 난데 대한 보고을 하려고 조선빨찌산대표로 간다.

1922년 2월에 모쓰크와에서 일꾸쓰크로 도라왓다.

1923-1927년까지는 깔레닌 구역에서 농사을 지엿고 1927년에 입당하엿다. 그러고 1928 지금까지는 한까이구역 "한가이별 꼼무나"에서 일하고 잇다.

이전 조선빨찌산대 대장 홍범도

홍범도 수표을 올은것을 신두힌크 농촌쏘베트는 증명함 회장 수표

신두힌크 농촌

Ts.GA RSFSR. F. R-562, op.1, d.2851. ll.12-13.

필긔한 자료

Ts.G.A. RSFSR. DV

10월? 1일 1959년 No.257 Tomsk

앙케타 No.05007

적위병 이자 붉은 빠르찌산

1. 성명: 홍범도.

2. 연령 생년월일: 1868년 8월 27일.

3. 민족별 출생지: 조선인 조선 평양서 출생.

4. 사회출신별: 빈농민가정에서.

5. 학식별 보통, 군사, 특별과: 자습.

6. 직업별.특별기술: 혁명자 1929년 븥허 개별적 은급수령자.

7. 당별 당증 No.: 전로공산당(다수파) 당원 당증 No.578492.

8. 가족별: 전가족 성명 년령을 긔록하오: 부인 리인복 60세.

9. 황제군대 무순 책임으로 얼마동안이나 잇엇는가: 없음.

10. 위의 군대에 어디서 얼마동안이나:

11. 빨찌대에 관하여서 어너 부대에서 얼마동안이나 무삼 책임으로 공작하엿는가.: 자긔 홍범도군대로써 1919-1922년까지 가란다시월니 군대에 합하여 제1대대장으로 사업하엿음.

12. 힌파 어떤 책임으로 어떤긔한으로 복무하였는가: 없음.

13. 1919-1920년 어대서 무순 일을 하엿는가: 이상과 갓음.

14. 1921-1922년에는 우와갗이: 이상과 갓음.

15. 병신이나 부상된 일이 잇는가: 없음.

16. 친척이 힌파군대 무순 책임으로 어대서 얼매동안이나 복무하엿는가: 없음

17. 그와 갗이 적위군에나 빨찌산에서 무순 책임으로 어대서 공작하엿는가: 없음.

18. 부모가 어대 살며 무엇을 하는가: 모다 별세하엿고 9세부터 고아이요.

19. 타국 어너곳에 사는 친척을 알니시요: 없음.

20. 농촌경리꼴호즈에 참네하엿댓는 지금 회원인가 만일 퇴회하엿으면 무삼 리유인가: 네신가(**Нежинка**) 농촌 "새길(**Новыйпуть**)" 생산조합 회원이요.

21. 마즈막 일하던 긔관 책임: 새길조합 보통회원이요.

22. 사회주의경쟁과 돌격대에 참네하는가:

23. 어떤 사회단체사업에 참네하는가: 함공후원회와 세계혁명자후원회 회원이요.

24. 몇 번이나 무엇으로 참네했는가: 맨손과 돈으로. 100루블 금화 1922년 모스크바에서.

25. 행정적 책벌을 무순일노 당하엿는가: 없음.

26. 재판을 당한 일이 잇는가/어떤 처벌인걸 긔록하오/: 없음.

27.뉘을 반대하여 전쟁하엿는가: 힌파와 보골옵까(**Покровск**) 구역에 전투하엿오. 1919年.

28. 무슨 공부를 하오: 정치학교서 공부하오

29. 군사등록: 나이만아서 등록치 아니하엿음.

30. 현주소: 한가이 구역 신두힌까촌.

홍범도 수표

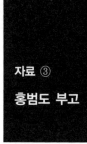

• 「**부고**」, ≪**레닌의 긔치**≫ 1943년 10월 27일자 2면

홍범도 동무가 여러 달 동안 병환에 게시다가 본월 25일 하오 8시에 별세하
엿기에 그의 친우들에게 부고함.

장례식은 1943년 십월 27일 하오 4시에 거행함

크슬-오르다

정미공장 일꾼 일동

• 「**홍범도 동무를 곡하노라**」, ≪**레닌의 긔치**≫ 1943년 10월 27일자 2면

홍범도 동무는 여러달 동안 숙환으로 집에서 신음하시다가 고만 75세를 일
긔로 하시고 1943년 십월 25일에 세상을 떠나시었다.

그는 1868년에 조선 평안남도 평양부에서 출생하시어 부모를 어려서 여이
고 이리-저리 돌아다니면서 머슴사리로 생을 유지해섯다. 쓸아린 생의 학
교를 마춘 그는 일즉붙어 착취의 멍에를 대치하여 분투하섯으며 조선빨찌
산운동의 거두가 되어 력필고투하엿다.

홍범도 동무는 레닌-쓰탈린당의 충직한 당원으로서 년치가 이미 높앗음에

도 불구하고 사회사업에 열성있게 참가하시엇으며 당의 사명을 꾸준히 실행하기에 정력을 앗기시기 않앗다.

우리 조국에와 볼세의크당에 퍽 충직하신 홍범도 동무는 자긔의 생의 경로를 진실히 맞추고 길이 돌아가시엇다.

홍범도 동무에게 대한 긔억은 그를 아는 친우들에게 영원히 남아 있을 것이다

강알렉세이, 김블라지미르, 서재욱, 남해룡, 김학권, 김긔순

• 「원쑤를 갚다」, ≪레닌의 긔치≫ 1941년 11월 7일자 4면.

이전 빠르찌산 - 홍범도

1919년 십월 초생, 어슬-어슬한 저녁이엇다. 넓은 벌판에 힌눈이 푹 나려 덮이엇다. 찬바람은 살을 어이는듯이 몹시 매쌋다. 무릅마듸까지 올라오는 생눈을 헤가르며 로씨야 사람 여슷명이 C촌으로 들어왓다. 손에는 베르단과 무철대를 쥐고 좌우 억개에와 허리에는 탄환집을 띠고 옆구리에는 둥글-둥글한 폭탄들을 찻다. 가지각색 털모자를 쓴 그들의 의복은 나무아지에 몹시 찢기엇다. C촌 농민들은 그들의 행색을 보고 빠르찌산들인 것을 그 직석에서 알앗다.

그들은 딱근-딱근한 온돌에서 등을 굽으며 H시가를 지나다가 슬그면히 잃어진 세동무에게 대하여 근심하엿다. 이 로씨야 사람들은 수청 빠르찌산들이다.

이들은 C촌에서 밤을 류하고 아츰에 빠르찌산대를 찾어갈 목적이엇다. 십월의 밤은 몹씨 쩔럿고 초생의 하늘은 수검액이같이 어둡엇다. 조국을 위하여 몸을 받히고 산페로 돌아단니며 먹을것을 못먹고 닙을것을 못닙은 그들의 몸뎅이는 얼엇고 창자는 주리엇다. 그러나 굳건한 결심과 뜨겁은 피방울은 그냥 끓고 있엇다!

일즉한 새벽이다. 힌눈이 쪽깔린 벌판으로, 조국의 진정한 아들-여슷 빠르찌산들을 붓잡기 위하여 이십여명의 백파들이 말잔등이에 붙어 쏜살같이 들어오앗다. 격렬한 싸홈이 시작되엇다. 빠르찌산들은 사격에 사격으로, 죽엄에 죽엄으로 용감히 대항하엿다. 결과에 백파 긔병 일곱놈이 말안장에서 떨어지고 빨찌산 세동무가 힌눈을 붉은피로 물드리면서 조국을 위하여 생명을 받히엇다.

이때에 마츰 고려 빠르찌산들이 통지를 받고 싸홈텀에 당신하엿다. 원쑤들은 자긔의 목적을 달성하지 못하고 쫓겨갓다. 해는 동쪽에서 붉은빛을 떠이고 쨰듯이 솟아올랏다. 쓸쓸히 불어오는 찬바람은 조국을 위하여 눈우에 쓸어진 세 빠르찌산들을 추도하엿다. 그러나 살아있는 세동무는 서로 손을 굳게잡고 그들의 원쑤를 갚은 것을 다시 결심하엿다.

- 그런데, 빠르찌산들이 여긔 온것을 백파들이 어대에서 알앗을가?

보기좋게 숨숨얽은 와씰리 찌모페예위츠와 이완 꼰쓰딴찌노브는 의아하엿다. 고려농민들이 꾀앗을가? 아니다. 그들은 갈사이가 없엇다. 추후에 알아본즉 자취없이 떠러진 세놈이 자긔 동무를 팔아 먹엇다. 변절자들이 우리사이에 있엇으며 또는 남아 있는 것이다. 우리의 냉정한 탄환은 외부의 원쑤와 내부의 원쑤를 함께 없이하여야 한다.

로씨야 빠르찌산 세동무는 고려인 빠르찌산들과 함께 단니며 용감하게 원쑤들을 뭇찔럿다. 바루 십월 중순이다. 빠르찌산들은 백파들과 K령 밑에서 큰 전쟁을 하엿다. 그들은 거긔에서 본때있게 동지들의 원쑤를 갚앗다.

원쑤를 질시하는 투사들의 탄환은 하나도 공으로 허비되지 않고 280명의 적군의 뢰수를 마삿다.

나는 지금 늙엇다. 그러나 나의 마음이 지금 파시쓰트들과 전쟁을 한다. 젊으니들 ! 모도 무긔를 잡고 조국을 위하여 용감하게 나서라!

제2부 홍범도의 항일무장투쟁과 말년의 삶

1장

홍범도의 항일무장투쟁에 대한 재해석

1. 머리말

　대표적인 평민 출신 의병장, 독립군 대장이었던 홍범도는 항일무장투쟁사에서 일본군을 상대로 불패의 전설을 남기고 있는 인물이다. 홍범도는 청일전쟁 이후인 1890년대 후반 항일의병투쟁에 나선 이래 3·1운동 이후 봉오동전투(1920년 6월)와 청산리전투(1920년 10월)로 대표되는 항일무장투쟁을 줄기차게 전개한 항일운동지도자로서 항일무장투쟁사에 독보적인 위상을 차지하고 있다.[1]

---

[1] 홍범도와 같은 평양 출신으로 항일운동 행적이 비슷한 이인섭은 홍범도를 "허다한 조선 의병운동자들 가운데 갑오의병운동으로 빨찌산운동까지 계속적 지도적 역할을 담당

홍범도 장군이 그동안 한국사회에서 제대로 평가받지 못한 이유는 여러 가지를 들 수 있지만, 우선적으로 한국사회가 오랫동안 냉전과 남북분단 상태에 있었던 사실을 들 수 있다. 냉전과 남북분단에서 비롯된 정치적·이념적·지리적인 요인들로 인하여 자료확보와 현지답사 등이 어려웠을 것이다. 그로 인해 학계의 연구가 오랫동안 부진했고 그에 따라 일반 대중의 관심 역시 낮은 수준에 머물 수밖에 없었다.

또한 홍범도는 평민 출신 의병장으로서 유생·양반 출신의 다른 의병장이나 독립운동지도자들과 출신배경이 달랐다. 상대적으로 엘리트나 명망가 출신 독립운동가들에 보다 많은 관심을 기울여온 학계의 연구풍토에서 홍범도는 오랫동안 연구자들의 관심을 끌 수 없었다. 예를 들어 청산리전투의 한 주역이었음에도 홍범도의 활약상이 오랫동안 제대로 조명받지 못했던 것이다.[2]

이에 더해 홍범도가 1920년대 전반의 독립군활동 이후 공산국가인 소련 지역에서 말년을 보낸 사실 역시 냉전의식과 반공주의가 지배하고 있던 한국사회의 연구자들에게 부담을 준 측면도 없지 않다.

정치적, 이념적, 지리적 이유에서 비롯된 자료 확보와 현지답사의 어려

한" 유일한 "의병대장"으로서 "조선인민의 전설적 영웅으로 조선해방투쟁력사에 한 페지를 차지하였다"고 평가했다[「이인섭이 김세일에게 쓴 편지」, 1965년 9월 18일자, 『한국독립운동사자료집 – 홍범도편』(한국정신문화연구원, 1995), 47쪽 참조].

2」 한국학계에서 청산리전투에서 홍범도부대가 김좌진·이범석의 북로군정서와 함께 양축을 담당했던 사실을 언급하게 된 것은 최근의 일이다. 중경 시절의 대한민국임시정부 한국광복군에서 간행한 『한국광복군소사(韓國光復軍小史)』에는 청산리전투는 김좌진과 이범석이 이끈 북로군정서의 승리로, 봉오동전투는 한국독립군 '총사령 홍범도'가 이끈 승리로 서술되어 있다. 이러한 설명은 오랫동안 한국학계의 정설로 자리잡아왔다[국사편찬위원회 대한민국임시정부자료집 편찬위원회 편, 『대한민국임시정부 자료집 – 한국광복군 II』 11(2006), 219~220쪽, 471~472쪽 참조].

움과 그로 인한 연구부진으로 오랫동안 심화된 연구를 어렵게 했고 그에 따라 일반대중들의 관심 역시 낮은 수준에 머물 수밖에 없었다. 아쉬운 대로 한말이나 일제통치 초기 홍범도의 활동은 일본정부의 첩보자료에서 확인할 수 있다. 망명 이후 러시아지역이나 만주지역에서의 홍범도의 활동 역시 일제의 한반도 침략과 러시아혁명 간섭기에 광범위하게 구축되어 있던 일본첩보기관들이 작성한 자료들을 활용하여 파악할 수 있다.

여전히 홍범도의 삶과 항일활동과 관련하여 연구가 더 심화될 필요가 있다. 어떻게 보면 홍범도에 대한 제대로 된 평가는 남북은 물론 해외의 한인사회가 이념적이며 계급적인 제약에서 벗어나 명실상부하게 통일된 단계에서야 비로소 가능할지도 모른다.

여기에서는 홍범도의 항일무장투쟁을 전체적으로 다루고 있지만, 특히 1919년 말에서 1920년 말에 이르는 1년여의 시기에 중점을 두었다. 3·1운동 이후 항일무장운동이 정점에 달했던 1920년 만주지역 독립군부대들의 활동과 행적을 홍범도 부대를 중심으로 하여 새롭게 살펴보고자 하는 것이다. 아울러 구체적으로 분석하지는 않았지만, 국무총리 이동휘(李東輝)의 영향을 받아 1920년을 대일(對日)독립전쟁을 개시할 '독립전쟁의 해'로 설정한 상해임시정부의 정책과 연관하여 만주 무장항일세력들의 통일·연합운동을 검토했다.

이러한 통일·연합운동 과정에서 홍범도부대의 위상을 중심으로, 특히 다른 독립군부대들과의 관계 변화에 초점을 맞췄다. 즉, 1920년 6월 초 봉오동전투 직전에 이루어진 대한국민회, 홍범도의 북로정일제1군(北路征日第一軍), 최진동(崔振東)의 군무도독부 간의 삼단연합(三團聯合)을 기초로 봉오동전투의 승리가 가능했던 사실과 이후 8월 초에 이 삼단연합이 붕괴된 배경과 과정을 살펴본다. 이후 홍범도는 서로군정서, 북로군정서와 새로운 삼단연합을 추진했지만 삼단연합이 미처 실현되기 전에 청산리전투를 맞이하게 되었다.

또한 청산리전투 이후 1920년 가을 만주지역 항일무장독립군들의 러시아로의 이동과정을 새롭게 분석했다. 청산리전투를 전후로 하여 독립군 단체들이 북만주 밀산(密山)지역에서 러시아 연해주의 이만으로 이주해간 과정을 면밀하게 추적한 결과, 이만으로 건너가기 전에 밀산에서 전체 만주 독립군부대의 총결집체로서 '대한독립군단'이 조직되었다는 한국독립운동사학계의 '정설'이 사실과 다름이 드러났다.[3]

필자는 그동안 많은 연구자가 활용해온 일본 측 첩보자료 외에 국내에 여러 필사본으로 소개된 「홍범도 일지」를 비중 있게 활용했으며, 홍범도와 같이 활동했던 김승빈 등 당시 운동참여자들의 회상기도 적극적으로 반영했다.

2. 러시아로의 제1차 망명과 활동

홍범도가 처음 항일의병봉기에 나선 것은 청일전쟁 이후인 1895년 음력 9월 18일, 강원도 단발령(강원도 회양과 김화의 경계에 있는 고개)에서 황해도 서흥(瑞興) 출신의 김수협과 의병대 조직을 결의하면서부터이다(제1차 거의). 다음날 원산에서 서울로 가는 일본군 12명을 습격하여 총과 탄환을

---

3 ┃ 이 정설에 대해 처음으로 의문을 제기한 학자는 윤상원 박사이다. 그는 2009년에 발표한 자신의 박사학위논문에서 '대한독립군단'의 존재에 대한 비판적 견해를 제시했다. [윤상원, 「러시아지역 한인의 항일무장투쟁 연구(1918-1922)」, 고려대학교 대학원 한국사학과 박사학위논문(2009), 162~165쪽].

획득하고 의병모집에 착수하여 포수와 빈농 14명으로 구성된 의병부대를 편성하고, 안변 석왕사로 들어가 철원 보개산에 활동하던 유진석 의병부대와 합진했다.⁴ 홍범도는 1930년대 초에 작성한 것으로 추정되는 자신의 자서전에서 "강원도 철원의 산악지대에서…… 최초로 일본놈에 대항하는 300명의 의병부대를 조직하였으며" 이후 의병 수가 증가해 1,400명에 이르렀다고 했다.⁵

　홍범도 의병부대는 안변 등지에서 일본군과 세 차례의 전투를 치렀으나 훈련 부족 등으로 별다른 성과를 거두지 못했다. 결의동지 김수협은 마지막 전투에서 전사했고, 유진석부대도 흩어졌다. 홍범도 역시 홀로 황해도 연풍군 금점판에 들어가 금전꾼이 되어 은신할 수밖에 없었다. 홍범도는 다시 일본군의 추격을 피해 함남 덕원 무달사로 피신했고, 이후 평남의 양덕, 성천, 영원의 산간지방을 다니며 외롭게 의병활동을 했다. 이 동안에도 홍범도는 일본군, 친일 동학꾼 등을 처단하는 활동을 계속했던 것이다.⁶

　홍범도는 러일전쟁 당시 일제에 의해 구금되었으나 6개월 만에 탈옥하고 봉기하였다(1904년 말, 제2차 거의). 이어 군대해산과 총포 및 화약류 단속법 반포 후인 1907년 가을 (북청)치양동의 일진회 사무실을 습격, 일진회원 30여 명을 척살하였다(제3차 거의). 홍범도는 갑산포수 27명 더불어 '작의형제'를 맺고 일본군과 일진회원들을 상대로 승리를 거둔 후 9월 중순경(음력) 첫 군회를 개최하고 홍범도를 대장, 김소림을 참모장으로 하는 의병대를 조직했다. 이후 삼수.갑산의 포수들이 대거 가담하면서 부대원 수가

---

4 ｜「홍범도 일지」(이함덕본), 2~3쪽.
5 ｜홍범도, 「리력서」(이인섭 필사본); 홍범도, 「자서전」, 김세일, 『역사기록소설 홍범도』 제4권(제3문학사, 1989), 263쪽.
6 ｜「홍범도 일지」(이함덕본), 3쪽.

불과 몇 주만에 4~500명으로 늘어났다. 제2차 봉기 이후 홍범도의 항일의병활동의 주무대는 삼수, 갑산을 비롯한 함경도일대였다.[7]

1908년 6월~7월 말 일본군의 의병토벌작전으로 홍범도 부대를 비롯한 함경도 지방 의병대들이 큰 타격을 받게 되었다. 홍범도는 탄환이 절대적으로 부족한 상황을 해소하기 위해 6월 18일 개최된 군회(軍會)에서 조화여와 김충렬(金忠烈) 두 사람에게 무기구입비로 일화(日貨) 2만 원과 여비로 일화 100원을 주어 연해주 연추(煙秋)로 파견했다. 그러나 이들은 연추지역에 근거를 두고 있던 '간도관리사' 이범윤에 의해 일본정탐군으로 몰려 감금되고 말았다. 이후 홍범도는 김수현을 다시 파견했지만 그는 이범윤에게 매수되어버렸다. 이후 홍범도는 변해룡(邊海龍), 임재춘(林在春), 정일환(鄭日煥)에게 6백 원을 주어 중국 간도로 파견했으나 이들 역시 자금을 낭비하여 탄환을 구하지 못했다.[8] 심각한 탄환 부족 상태를 극복하기 위한 홍범도부대의 노력이 매우 절박했음을 말해준다.

탄환이 없어 의병투쟁을 계속할 수 없게 되자, 홍범도는 이를 타개하기 위해 1908년 음력 10월 초 혜산진의 일본군수비대(150명)을 공격하여 점령했다. 그러나 전투 결과 수십 명의 의병만 남게 되었고 더욱이 일본군의 추격까지 받게 되었다.[9] 결국 홍범도부대는 음력 10월 9일 압록강을 건너 남만주 통화(通化)로 망명했다.[10] 이때 만주로 망명한 홍범도부대원은 40여

7 | 이인섭, 「홍범도장군」, 상권, 『이인섭과 독립운동자료집』 III(독립기념관 한국독립운동사연구소, 2011), 99~117쪽.

8 | 「報告」(1908년 10월), 『한국독립운동사 자료 12(의병편 V)』, 국사편찬위원회 한국사데이터베이스.

9 | 이인섭, 「홍범도장군」, 상권, 171~172쪽. 홍범도부대의 혜산진 공격을 「홍범도 일지」에서는 "암녹[압록]강을건너 올때에 신파[피] 기름구피[비] 일본군대와 접전하다가 그날 밤으로 건너와 암녹[압록]강을 하직하고"(대괄호는 필자)라고 간략히 적었다.

명이었다. 이들은 다시 길림(吉林)으로 가서 홍범도, 김창옥, 권감찰, 아들 홍용환 4명은 러시아 연해주로 넘어가고, 의병 40여 명은 탕해로 되돌아갔다. 홍범도는 중·러 국경을 건너 소왕령(蘇王領, 우수리스크), 블라디보스토크를 거쳐 1909년 2월 중순경 연추로 가서 이범윤을 만났고, 앞서 파견한 김충열과 조화여를 일본정탐으로 몰아 구금한 이유를 따졌다. 이범윤은 이들이 '문서' 즉, 임시거주증(여행권)을 소지하지 않았기 때문이라고 변명했다.[11]

만주로 망명하기 전인 1908년 당시 홍범도 의병부대의 국내활동과 관련하여 주목해야 할 것은 홍범도부대와 연해주의 동의회 의병진 사이에 연락과 협력이 시도되었다는 사실이다. 동의회 평의원이자 국내진격 의병부대의 우영장(右營將)이었던 안중근(安重根)은 하얼빈사건 이후 심문을 받는 과정에서, 1908년 4월 홍범도를 만나러 갑산까지 갔다가 만나지 못하고 6월경 홍범도의 요구로 회령에서 회견했다고 진술했다.[12] 안중근의 이 진술은 1908년 여름 자신이 지휘한 동의회 의병부대의 국내진공 사실을 숨기기 위한 알리바이로 제시한 얘기일 가능성이 크다. 회령으로부터의 귀환에 대한 안중근의 진술은 그가 실제로 동의회 의병부대를 이끌고 국내로 진공하였다가 일본군에 패한 후 패잔병으로 블라디보스토크로 돌아오는 상황과 매우 흡사하기 때문이다.

또 하나 흥미로운 사실은 안중근의 하얼빈의거 동지 우덕순(禹德淳)이 동의회의 국내진공 목적이 무산(茂山)에서 활동 중인 홍범도부대가 총기의

---

10 「홍범도 일지」(이함덕본), 14쪽.
11 「홍범도 일지」(이함덕본), 14~16쪽.
12 「境 警視의 訊問에 대한 安應七의 供述(제1회, 2회, 5회)」, 『한국독립운동사 자료 7(안중근편 II)』, 국사편찬위원회 한국사데이터베이스.

절대부족에 처해 있는 상황에서 이들에게 총기와 탄약을 전달하여 강력한 의병부대를 조직하려 한 것이었다고 회상한 점이다.[13] 「홍범도 일지」나 다른 기록에서 홍범도의 의사는 확인할 수 없지만, 러시아 연해주의 의병세력(동의회)이 함경북도 일대에서 활약하고 있던 홍범도부대와 연계작전을 추진했던 것은 사실이라 할 수 있다. 또한 홍범도가 이후 국내를 떠나 만주를 거쳐 러시아 연해주로 망명, 이주하게 된 동기와 배경을 이해할 수 있게 하는 대목이기도 하다.

여하튼 홍범도는 연추를 떠나 추풍 허커우(河口, Korsakovka)로 갔는데, 당시 연추에 근거를 두고 있던 동의회 내부에서는 최재형파와 이범윤파 간의 분열과 대립이 일어나고 있었다. 이 상황에 대해 홍범도는 자신의 일지에서 "그 후에 최재형 연추노예 김운경 이 자들이 서로 반대파가 일어남으로"라고 간략하게 회상했다.[14] 1909년 연추에서 추풍 허커우마을로 돌아와 조선 국내로 나아가려 했으나, 소왕령에 사는 최원세(崔元世)가 극력으로 모금한 수천 원을 가지고 허커우로 와서 의병진을 조직하게 되었다. 이후 1910년 3월 6일(양력 4월 15일) 국내진공전에 나서려고 했으나 총무 박기만이 자금을 횡령하는 바람에 국내로 진출하려던 계획이 수포로 돌아갔다. 횡령사실을 알게 된 홍범도는 회의를 열어 박기만을 처단했다.[15]

수일 후 추풍4사(秋風四社)의 원호인(原戶人) 부호들(안준현, 최순경, 문창

13」「禹德淳 先生의 懷古談」, 『안중근의사자료집』(독립기념관 독립운동사연구소, 1999), 196쪽.
14」「홍범도 일지」(이함덕본), 17쪽.
15」위의 글, 16~17쪽. 당시 국내진공전에 필요한 무기구입과 자금모집을 위한 홍범도의 활동은 그가 1910년 1월 21일(음력) 한인마을의 '김풍존(金風尊)'에게 보낸 협조 편지 (러시아 연해주 우수리스크 고려인역사관 소장)에 잘 나타나 있다.

156 2부 홍범도의 항일무장투쟁과 말년의 삶

범 등)이 이범윤의 관리병 250명을 척후병으로 삼아 재피거우마을의 박문길 집에 체류하고 있던 홍범도를 감금했다. 이들이 당시 블라디보스토크에 머물고 있던 이범윤에게 홍범도 처형명령을 내려줄 것을 요청하고 지시를 기다리고 있는 14일 동안, 홍범도는 "죽지않으리 만큼 숱한 매를 맞고 구타" 당했다. 다행히도 소왕령 러시아군대 사단장이 홍범도의 감금사실을 알고 카자크(cossack) 군인 8명을 보내어 30여 명을 체포한 후에야 석방되었다.[16]

이 사건에도 불구하고 홍범도는 동지 30여 명과 함께 무장하고 국내진공전을 감행하여 함북 무산, 갑산, 종성 등에서 일본군과 전투를 벌였으나 결국은 일본군의 반격을 받아 동행한 의병 모두가 체포되었다. 혼자 살아남은 홍범도는 안도현(安圖縣) 내도산(內島山)으로 탈출한 후 차를 타고 블라디보스토크로 돌아왔다.[17]

3. 제2차 러시아망명 이후의 활동

홍범도는 1910년 6월 21일 일본의 강제병합을 저지하기 위해 연해주의 병들이 최후의 대일무장항쟁을 목표로 블라디보스토크 맞은 편 즉, 아무르만 서쪽의 암밤비(Ambambi) 지역의 자피거우 한인마을에서 창설한 13도의군(十三道義軍)의 참모부 의원으로 선임되었다.[18] 홍범도는 이어 이종호(李鍾浩)와 김립(金立)이 주도하여 1911년 6월에 발기한 권업회(勸業會)의 부

16, 위의 글, 17쪽.
17, 위의 글, 18쪽.
18, 반병률, 「러시아연해주 13도의군 창설지 문제」, 이태진교수 정년기념논총간행위원회, 『사회적 네트워크와 공간』(태학사, 2009), 469~474쪽

회장으로 선임되었고(회장: 최재형), 이후 12월 17일에 정식으로 창립된 권업회의 사찰부장으로 선임되었다.[19] 그 외에도 국권회복을 목적으로 1912년 1월에 이범석(李範錫), 유상돈(劉相敦) 등이 의형제로 결의동맹한 '21형제'에 참여했으며, 블라디보스토크 노인회 회원, 국민회 부회장 등으로 활동했다.[20] 일본첩보자료에 따르면, 홍범도는 1912년 11월 19일 북간도 훈춘현(琿春縣)의 삼마동(三麻洞) 부근에서 한인 100여 명이 야외에서 연습할 때 사령관으로서 이를 지휘하기도 했다.[21]

이러한 활동 외에 홍범도는 블라디보스토크의 노동판에서 3~4개월 짐꾼으로, 금광의 땅꾼으로 2년을 일했고, 그 임금으로 추풍 당어재골에서 아편 재배를 지었다. 이어 홍범도는 니콜라옙스크-나-아무레의 어장과 쿠로바트(Kurobadt), 퉁구스크(Tungusk), 비얀코(Bianko), 얀드리스크(Yandriisk) 등의 금광에서 막일로 벌은 3,050원을 가지고 이만으로 나와 오연발총(17개)과 탄환(17,00개) 등 무기를 구입하고 의병을 모집했다. 제1차 세계대전이 전개되고 있던 새로운 국제적 상황에 대응하여 향후의 무장투쟁을 준비했던 것이다. 그리하여 홍범도는 의병들과 함께 무기를 들고 1915년 9월 5일(음력 7월 6일) 북만주의 밀산 지역으로 갔다.[22]

밀산은 1909년 말 이승희(李承熙)가 미국의 국민회에서 '원동전권대표'

19」 ≪勸業新聞≫, 1912년 12월 19일자, 3면.

20」 조선주차헌병사령부, 「재외불량선인의 언동」(1912년 11월) 1912년 1월 15일조, 『不逞團關係雜件 朝鮮人의 部 在西比利亞』 제4권(국사편찬위원회 소장본); 「在露鮮人排日運動根絶方에 관한 件 照會」(1915년 8월 6일자), 『不逞團關係雜件 朝鮮人의 部』 (日本外務省史料館 所藏) 제5권(국사편찬위원회 소장본).

21」 「在露鮮人排日運動根絶方에 관한 件 照會」(1915.8.6) 『不逞團關係雜件 朝鮮人의 部』 (日本外務省史料館 所藏) 제5권(국사편찬위원회 소장본).

22」 「홍범도 일지」(이함덕본), 18~19쪽.

로 파견한 이상설(李相卨)의 위탁을 받아 한인농민 100호를 이주시켜 한흥동(韓興洞, 오늘날의 임호촌)을 개척한 곳이다.23 이어 안창호의 미주 국민회가 파견한 김성무(金成武)가 밀산의 십리와(十里窪)에 토지(960日耕)를 구입하고, 이상설이 다시 블라디보스토크의 김학만(金學萬)으로 하여금 남백포우자(南白泡子)에 토지(353日耕)를 구입하여, 중국과 러시아지역의 한인농민들을 이주시켜 한인마을을 개척하였다.24

홍범도와 함께 봉밀산 지역에서 활동했던 정태가 당시 홍범도의 활동을 기록으로 남겼다. 독립운동기지를 건설하려는 애국적 선각자들의 노력으로 토지를 구입하고 빈민들을 이주시켰지만, 토지를 개척할 재력이 없고 흉년이 되풀이되어 300호에 달하는 농민들은 매우 빈궁하게 생활하고 있었다. 이러한 상황에서 1915년 하반기에 홍범도가 의병들을 이끌고 밀산으로 들어온 것이다. 홍범도는 의병들을 한인 가호마다 배치하여 농사일을 돕게 하는 한편, 다음해에 홍범도의 밀산행 소식을 듣고 따라 들어온 나자구(羅子溝) 무관학교 출신인 정태에게 교육사업을 맡겼다. 홍범도는 남백포우자와 한흥동에 고등소학교, 십리와와 쾌상별이[지금의 당벽진(當壁鎭)]에 소학교를 설립했으며, 한흥동 학교의 교장과 교감직을 맡았고, 십리와와 쾌상별이 소학교의 찬성장(후원회장)으로 사업했다.25

홍범도는 학생들의 교육과 함께 학교를 근거로 운동회, 연설회를 열어 애국사상을 고취했다. 청년들로 하여금 '우리동무회'라는 청년단체를 조직케하여 야학과 운동을 의무화했고, 단오날에는 대운동회를 소집했다

23」 유준기, 「독립운동기지 한흥동 건설과 독립운동가의 망명 경로 – 이승희를 중심으로」 ≪한국민족운동사연구≫ 42(2005), 11~12쪽.
24」 정태, 「홍범도에 대한 회상기(정태가 김세일에게 보낸 편지)」(날짜 미상), 2쪽.
25」 정태, 위의 글, 2~3쪽.

(1920년 여름 추풍지역에서 솔밭관 한족공산당이 조직한 최초의 무장부대 이름이 '우리동무군'이었던 사실이 흥미롭다!). 1917년 단오에 십리와에서 열린 '조선인청년대운동회'에는 중국의 지방육군도 참가했다. 당시 밀산에는 정태 외에도 문덕빈, 이중집(李仲執), 태정규(太貞奎), 강문경, 박그레고리 등의 애국자들이 후일을 기약하며 체류하고 있었다. 한인사회당의 지도자인 이동휘가 밀산을 방문하여 홍범도를 만나고 가기도 했다.[26] 이와 관련하여, 밀산에 있던 홍범도와 김성무가 러시아 하바롭스크에서 개최된 '조선인정치망명자회의'에 참가했다는 기록이 있으나 사실이 확인되지는 않는다.[27]

1918년 3월경 홍범도는 밀산을 떠나 둘째 아들 용환이 거주하고 있는 추풍 당어재골(솔밭관)에 거주하고 있는 평생 동지 최병준의 집으로 거처를 옮겼다. 아울러 밀산에 가져갔던 총도 이송해서 묻어두고 한 해 농사를 지었다. 3·1운동의 발발 소식과 함께 홍범도는 옛 의병 동지들을 소집하는 한편, 묻어두었던 총을 꺼내고 탄약 수집과 의복, 천리경 등을 구비하며 항일무장투쟁 준비에 나섰다.[28] 홍범도가 2년 반년을 보냈던 밀산의 한인들도 쾌상별이에 모여 조선독립만세를 불렀다.[29]

당시 블라디보스토크에서는 이동휘를 중심으로 비밀리에 조선인 '군정부(軍政府)'(또는 독립군부)가 조직되어 장정을 모집하고 군사훈련을 하는 등 독립군 조직작업에 착수하고 있었다. 주요 집행간부로는 독립군총사령관에 홍범도, 지휘관에 이용(李鏞), 접제원(接濟員)에 최병준, 황원호(黃元

26ㅣ 정태, 위의 글, 3~5쪽.
27ㅣ 이영일, 『리동휘 성재 선생』(수고본), 50~51쪽.
28ㅣ 「홍범도 일지」(이함덕본), 19쪽.
29ㅣ 정태, 「홍범도에 대한 회상기(정태가 김세일에게 보낸 편지)」(날짜 미상), 5쪽.

浩), 군자금 모집에 오주혁(吳周爀), 박군부(朴君夫), 주계(主計)에 김립 이 중집 등이 선임되었다.[30] 독립군정부는 밀산의 홍범도에게 '조선독립군총 사령관'으로서 북간도로 가서 독립군을 지휘하라는 통지서를 보냈다.[31]

한편, 1920년 1월초 감행된 15만원탈취사건의 주역 최계립(崔溪立)에 의하면 자신을 포함한 북간도의 철혈광복단(鐵血光復團) 회원들이 동중철도 수비대 에호군대에서 탈출한 후 추풍 당어재골의 최병준 집에 머물고 있던 홍범도를 찾아가서 간도 용정의 일본은행을 습격하여 독립군자금을 충당하겠다고 약속했다고 한다.[32]

홍범도가 의병 106명을 이끌고 항일무장투쟁을 위해 중국령으로 발진한 것은 1919년 10월 1일(음력 8월 8일)이었다. 홍범도부대는 이후 수청(현재의 파르티잔스크 일대)에서 백위파와 싸우다가 도피해온 러시아빨치산 3명과 함께 중국 훈춘(琿春)의 차모정자(草帽頂子)로 들어왔다. 이들은 차모정자 서쪽 골짜기의 한인촌에 주둔하던 중 중국 마적에 습격을 당했는데, 마적 70명을 처치하고 90명을 사로잡아 총(50개), 탄약(1,200개), 아편(여섯봉지), 천(190자), 대양화(300원)와 일화(700원)를 전취했다. 다음날 밤 홍범도부대는 나자구 하마탕(蛤碼塘)의 '예수촌'(기독교도촌)에 들어가 무장을 벗고 주둔했다.[33]

30ı 반병률, 『성재 이동휘 일대기』(범우사, 1998), 167쪽.
31ı 정태, 「홍범도에 대한 회상기(정태가 김세일에게 보낸 편지)」(날짜 미상), 5쪽.
32ı 「최계립이 김세일에게 보낸 편지」(연도미상), 7월 26일자.
33ı 「홍범도 일지」(이함덕본), 19~20쪽. 한편, 홍범도는 1932년경에 작성한 것으로 보이는 자신의 「리력서」에서 "1919년 9월에는 수이푼 구역에서 이전 내군대 군인이던 동지 150여명을 일본침략자들과 싸호긔 위하여 모집하엿다"라고 썼다.

4. 북간도에서의 항일무장투쟁

1) '노령주둔 대한독립군 대장'

홍범도부대는 북간도 나자구 하마탕에 주둔하던 시기에 「유고문(諭告文)」을 반포하여 그 조직을 대내외에 알렸다. 1919년 12월 대한독립군의용대장으로서 홍범도는 대원 박경철(朴景喆), 이병채(李秉埰)와 함께 3인의 명의로 「유고문」을 반포했던 것이다. 이 유고문에는 또한 1919년 하반기 당시 북간도를 비롯한 만주지역에서 독립군을 가장하여 한인들로부터 군자금을 모금하는 폐단이 비일비재한 상황에서 이를 방지하기 위한 경고도 담겨 있었다. ≪독립신문≫은 이 유고문을 게재하였다(1920년 1월 13일자)[34]

또 하나 대한독립군의용대의 「유고문」에서 주목되는 점은 홍범도, 박경철, 이병채 등 지도자들의 무장투쟁노선이 표명되었다는 사실이다. 우선 이들은 정의·인도를 주창하는 평화적 만세시위운동방식이나 파리강화회의나 국제연맹에서의 외교적 활동을 통해서가 아니라 오로지 무장투쟁에 의해서만이 독립달성이 가능하며, "군국대사를 주모하는" 상해임시정부의 "광명정대"한 선전포고를 기다려 독립전쟁을 시작하겠다고 선언했던 것이다.

이 「유고문」은 일본 관헌에도 입수되었다. 일본총영사관 백초구(百草溝) 분관의 첩보원 정성옥(鄭成玉)이 1919년 12월 18일부터 22일에 걸쳐 하마탕 산차고우(三岔口) 방면을 탐방한 후 일본영사관에 제출한 것이다. 일

34」「喻告文」, ≪獨立新聞≫, 1920년 1월 13일자, 3면; 국사편찬위원회, 『한국독립운동사』 3(자료편)(정음문화사, 1968), 609~610쪽.

본어로 번역된 이「유고문」은 ≪독립신문≫에 게재된「유고문」과 내용이 거의 일치하는데, 홍범도의 직함이 '노령주둔대한독립군대장(露領駐屯大韓獨立軍大將)'으로 박경철과 이병채가 참모(參謀)로 되어 있는 점이 다르다.[35]

이 두 종류의「유고문」에서 짚어볼 것은 홍범도가 '대한독립군 의용대장,' 그리고 '노령주둔 대한독립군 대장'의 두 명칭을 사용했다는 사실이다. 우선 앞에서 언급했듯이 이동휘가 이끄는 독립군정부에서 홍범도를 대한 '독립군총사령관'에 임명한 사실과 관련이 있음을 짐작할 수 있다. 홍범도는 자신의 부대를 '대한독립군'이라고 하는 한편, 구성원의 중심이 과거 의병 출신들이었다는 점에서 '의용대'라는 성격을 강조하여 다른 독립군 조직과의 차별성을 드러내고자 했다고 할 수 있다(당시 독립군 들은 자신들을 '의병' 또는 '의용병'이라고 부르기도 했다).

이후 홍범도의 대한독립군은 북간도의 유력한 한인단체인 (대한)국민회와 밀접한 협력관계를 갖고 활동하게 된다. 홍범도를 대한 '독립군총사령관'에 임명한 '독립군정부'의 이동휘는 회장 구춘선(具春先)을 비롯한 국민회 지도자들과 1910년대 이래부터 오랜 동지였다. 일본 측 첩보를 살펴보아도 홍범도는 이미 하마탕에서 국민회 회장 구춘선과 회견하고 있었다.[36] 앞에서 소개한「유고문」을 발표한 '노령대한독립군'의 참모 박경철은 국민회에서 홍범도의 대한독립군을 위해 특별히 '참모장으로 지정해'준 인물이었다.[37]

하마탕에 주둔하고 있는 동안 홍범도는 '대한독립군 의용대장'의 자격으

35」 梶村秀樹·姜德相 編, 『現代史資料(朝鮮 3)』27(みすず書房, 1970), 10~11쪽; 金靜美, 「朝鮮獨立運動史上における1920年10月－靑山里戰鬪の歷史的意味を求めて」, 『朝鮮民族運動史硏究』3(朝鮮民族運動史硏究會, 1986), 120~130쪽.

36」 金正明, 『朝鮮獨立運動』II(原書房, 1967), 286쪽.

37」 김규면, 『老兵 金規勉의 備忘錄에서』(수고본), 85쪽.

로 1920년 3월 8~10일의 3일에 걸쳐 하마탕 상촌(上村)에서 개최된 독립군 단체 대표들의 회의에 참여했다. 이 회의에는 대한국민회장 구춘선을 비롯하여 대한독립군 의용대장 홍범도, 광복단장 이범윤, 김광국(金光國), 홍림(洪林), 서성권(徐成權), 황병길(黃炳吉), 전의근(全義根) 등 약 40명이 참석했지만, 각 단체 통일이라는 당초 목적을 달성하지는 못했다.[38]

2) '북로정일제1군사령부' 사령장관

홍범도의 대한독립군이 두만강변의 국경지대로 진출한 것은 1920년 4월말이었다. 이를 홍범도는 "19년 10월 14일부터 20년 3월 초3일에 무단봉에 나가 사흘 유숙하고 있다가 행군하여 봉오꼴 최진동진과 연합하여"[39]라고 압축적으로 회상했다.

3·1운동 이후 우후죽순처럼 등장한 무장단체들의 통합은 절실한 과제였다. 이는 상해임시정부 국무총리 이동휘를 중심으로 1920년을 '독립전쟁의 해'로 선포한 임시정부의 방침과도 부합하는 것이었다. 우선 북간도의 대한국민회는 최진동이 이끌고 있던, 당시 (대한)군정서[북로군정서]에 뒤지지 않은 무장세력을 갖추고 있던 대한군무도독부(大韓軍務都督府)와의 통합에 나섰다.

그리하여 1920년 5월 19일 대한군무도독부(부장 최진동)와 대한국민회 군무위원회[위원장 안무(安武), 부위원장 이원(李園)] 간에 연합이 이루어져 대한북로독군부(大韓北路督軍部)가 성립되었다.[40] 북로독군부의 성립은

38」 梶村秀樹·姜德相 編, 『現代史資料(朝鮮 2)』 26, 301쪽.
39」 「홍범도 일지」(이함덕본), 20쪽.

임시정부 노령지역 특파원이자 동로(東路)사령관인, 6월 17일[41] 국민회 본부에 도착한 이용에 의해서 정식으로 확인되었다. 이후 5월 하순에는 홍범도가 이끄는 정일제일군사령부(征日第一軍司令部), 즉 대한독립군과 협의한 후에 연락행동을 취하기로 했다. 그리하여 정일제일군사령부는 대한북로독군부의 '외번(外藩)' 격으로 그 지휘명령권이 독군부 부장(최진동)과 국민회장(구춘선)에게 속하지 않는 독자적인 위상을 유지했다. 지휘체계를 도표로 표시하면 다음과 같다.[42] 이렇게 국민회, 정일제1사령부, 군무도독부의 '삼단연합'이 이루어진 것이다.[43]

최진동의 대한군무도독부는 대한북로독군부로 개칭했고, 국민회 측 간부는 주로 행정사무를 장악하고, 독군부 수뇌는 오로지 군사행동을 취하기로 합의했다.[44] 그리하여 군사기관으로서 대한북로독군부의 실질적인 지

---

40 ι 국가보훈처, 「北間島지역 獨立軍團名簿」(1997), 28쪽, 256쪽. 다른 자료에는 국민회의 '군무위원회'를 '군무연구회'라고도 했다(梶村秀樹·姜德相 編, 『現代史資料(朝鮮 4)』 28, 372쪽 참조).
41 ι 梶村秀樹·姜德相 編, 『現代史資料(朝鮮 3)』 27, 352쪽. 당시 이용은 국무총리 이동휘와 국무원비서장 김립의 주선으로 상해임시정부에서 노령지역을 담당할 동로사령관으로 임명되어 있었고 간도지역 담당 북로사령관은 채영(蔡英)], 안태국(安泰國)과 함께 노령지역 독립운동단체와 지도자들에게 임시정부의 대정방침(大政方針: 군사, 외교, 자치, 재정, 교통의 다섯 분야)을 설명할 특파원으로 선임되어 있었다(반병률, 『성재 이동휘 일대기』, 223쪽, 258쪽 참조).
42 ι 국가보훈처, 「北間島지역 獨立軍團名簿」, 28쪽, 255~257쪽.
43 ι 梶村秀樹·姜德相 編, 『現代史資料(朝鮮 4)』 28, 371쪽.
44 ι 「間島에 있어서의 不逞鮮人團의 狀況」(1920. 10), 국사편찬위원회 『한국독립운동사』

휘권은 북로(정일)제1군사령부 사령관인 홍범도와 독군부장인 최진동으로 양분되어 있었다. 국민회의 군사문제를 책임지고 있던 군무위원회의 안무는 최진동의 부관으로서 아직은 독립적인 군대를 지휘하고 있지 않았다. 후술하게 되는 바 안무가 독립적인 군대지휘권을 갖게 되는 것은 국민회가 홍범도부대, 최진동부대와 결별하게 되는 8월의 일이다.[45] 국민회는 홍범도의 북로(정일)제1군사령부에 대한 군자금은 물론 요원들을 파견하여 적극 지원했다.

1920년 6월 일본군을 상대로 한 봉오동전투에서의 승전은 바로 국민회, 최진동의 군무도독부, 홍범도의 대한독립군의 삼단연합이 주축이었고, 북간도 군사단체 통합논의에 참여하며 국민회와 밀접한 관계에 있던 신민단(新民團) 군대가 합세하여 이루어낸 쾌거였다.

3) 제1차 삼단연합의 붕괴와 새로운 삼단연합의 모색

북간도지역의 군사단체들은 국민회를 중심으로 1920년 3월 이래 7월 초까지 북간도 항일무장단체들을 통합하기 위한 통합회의를 세 차례 이상 개최했지만 성공에 이르지 못했다. 마지막으로 8월 7일, 8일의 양일간 북간도 독립군단체들의 통일을 모색하기 위해 각 단체의 수령급 인사들이 일량구(一兩溝)에서 연합대회를 개최했다. 이 연합대회에서는 군정서를 제외한 각 단체 대표들이 회합했지만, 홍범도와 최진동 간에 의견충돌이 일어나

3, 632~633쪽.
45ㅣ 따라서 북로독군부 조직 당시 국민회의 안무가 독립적인 군대 지휘권을 갖고 있었다고 파악하는 견해는 잘못된 것이다.

군사통일에 실패했다. 그리하여 홍범도는 휘하 부하들을 이끌고 일량구를 떠나 명월구(明月溝)를 경유하여 무산(茂山) 간도 방면으로 떠났다.[46]

이 무렵 홍범도부대는 북간도로 들어온 이후 밀접한 협력관계를 유지해 왔던 국민회와도 멀어졌다. 북로군정서가 총재 서일(徐一)의 명의로 발표한 「성포문(聲布文)」(1920년 9월 30일자)에서는 홍범도가 국민회로부터 멀어진 이유를 다음과 같이 설명하고 있다. 삼단연합 후 국민회가 홍범도에게 북로군정서에 대한 공격명령을 내렸지만 홍범도가 이에 응하지 않고 다른 곳으로 이동했다는 것이다. 즉, 홍범도는 "신의소박(信義素朴)한 인사로서 해회[該會=국민회]의 전후용심(前後用心)의 패악(悖惡)을 먼저 규파(窺破)하고 즉시 자기의 부하를 영도하여 타처(他處)로 가버"(대괄호는 필자)리게 되었다는 것이다. 홍범도에게 북로군정서를 공격하라는 무리한 요구를 한 국민회의 책임이 크다는 것이다.[47]

삼단연합의 두 축인 대한국민회와 대한군무도독부 역시 갈라섰다. 일본측 첩보자료에서는 국민회와 군무도독부의 분열을 최진동이 자신의 무장력을 대한국민회 측에 빼앗긴 데서 비롯되었다고 파악하고 있다.[48] 앞에서 소개한 북로군정서의 「성포문」에서는 이를 보다 구체적으로 설명하고 있다. 즉, 국민회가 "도독부를 유설(誘說)하여 처음에는 양쪽의 명의를 구비(具備)하여 신명의(新名義)로 고치기로 하고는 자회[自會=국민회]는 그대로 두고 [산하의] 군무연구회(軍務研究會)의 명목만 해소하여 은연하게 북로독군부를 국민회의 감독하에 두고 심복군인으로 하여금 독군부의 총 수 백 정

46ı 위의 책, 368쪽.
47ı 梶村秀樹·姜德相 編, 『現代史資料(朝鮮 4)』 28, 371~372쪽.
48ı 梶村秀樹·姜德相 編, 『現代史資料(朝鮮 3)』 27, 396쪽.

을 갖고 중도에 자회(自會)로 도망케 하여 독군부와 개전(開戰)한 일까지 있었다"(대괄호는 필자)라고 국민회 측을 비난하고 있는 것이다.[49]

국민회가 대표자회의를 개최(1920.8.9~12)하고 있던 중인 8월 10일 오후 5시경 대한북로독군부의 국민회측 제3, 제4중대가 부장 최진동의 압박을 견디지 못하고 독립을 선언하고 탈퇴했다는 소식이 들어왔다. 마침내 1920년 5월 하순 이후 봉오동전투 이래로 이어져오던 국민회와 대한군무도독부의 관계가 사실상 단절되고 말았다. 이에 따라 국민회는 독자적인 군사기관으로 대한국민군사령부(大韓國民軍司令部)를 조직했다[사령장관 안무, 부관 최익룡(崔翊龍), 중대장 조권식(曺權植), 임병극(林炳極), 향관(餉官) 김석두(金碩斗), 허동규(許東奎)].[50] 국민회의 대한국민군사령부 편성은 '국민개병주의(國民皆兵主義)'에 입각한 임시정부의 국민군 편성정책에 부합하는 것으로 임시정부의 노선을 충실히 따랐던 국민회로서는 당연한 결정이었다.

결국 삼단연합은 연합이전의 상태 즉, 최진동의 군무도독부, 홍범도의 대한독립군, 안무의 국민회 대한국민군으로 분열되었다. 봉오동전투의 승리를 가져왔던 삼단연합이 붕괴된 것이다. 그리고 이런 상황에서 일본군의 간도침공(간도사변)을 맞이하게 되었다.[51]

1919년 3·1운동 이후 경쟁관계에 있던 국민회와 북로군정서는 1920년 7월 말 이후 대립갈등이 더욱 심화되었다.[52] 1920년 9월 27일 하순 연길현

49ı 梶村秀樹·姜德相 編, 『現代史資料(朝鮮 4)』 28, 372쪽.
50ı 국가보훈처, 「北間島지역 獨立軍團名簿」, 79~80쪽.
51ı 위와 같음.
52ı 반병률, 『1920년대 전반 만주·러시아지역 항일무장투쟁』, 한국독립운동의 역사 49 (독립기념관 한국독립운동사연구소, 2009), 141~152쪽.

동불사(銅佛寺) 북구(北溝)에서 군정서와 국민회 간에 다수의 사상자를 낸 무력충돌이 발생했는데 이는 양 단체 간의 대립이 정점에 달한 사건이었다. 다행히 일본군의 간도침공이라는 급박한 상황에서 양 단체가 대립충돌을 자제하면서 더 이상 악화되지는 않았다. 그리하여 10월 18일에는 군정서가 주둔하고 있던 대감자(大坎子)에서 국민회 측과 군정서의 재무부장 계화(桂和) 등 10여 명이 회합하여 '평화회의'를 열었지만, 국민회 측이 보상을 요구하여 어떠한 결정도 내리지 못했다.[53]

삼단연합에서 떨어져나온 홍범도부대는 9월 20일경, 이미 협력관계에 있던 서로군정서와 북로군정서의 두 군정서와 새로운 삼단연합에 합의했다. 홍범도와 서로군정서 측이 북로군정서에 대표자를 보내어 안도현에 집결하여 연합직제를 조직하고 세 단체를 세 개의 사령부로 나누어 두되 하나의 총괄기관을 설치하여 통솔하는 데 합의한 것이다. 그러나 일본군의 간도침공으로 인해 이 새로운 삼단연합은 실현되지 못했다.[54]

청산리전투를 앞둔 시점에서 북간도 독립군단들의 이동상황을 보면, 최진동의 군무도독부와 포수대 등은 앞서 북방의 나자구 방면으로 이동했지만 대한독립군, 신민단, 한민회군, 북로군정서 등 많은 독립군단들은 화룡현 2도구(二道溝)와 3도구(三道溝)로 집결했다. 당시 독립군은 3개 진영으로 나뉘어 일본군과의 결전을 준비하고 있었다. 즉, 홍범도부대와 북로군정서 군대외에 국민회, 신민단, 한민회, 의민단의 4단 연합군대[10월 13일 4단 대표자회의 결과]였다.[55]

53」 梶村秀樹·姜德相 編, 『現代史資料(朝鮮 4)』 28, 370~372쪽, 399쪽.

54」 我觀, 「兩大戰詳報(當地來函), 최광식 역주, 『단재 신채호의 天鼓』(아연출판부, 2004), 191쪽(번역), 345쪽(원문).

55」 梶村秀樹.姜德相 編, 『現代史資料 (朝鮮 4)』 28, 402-403쪽, 458쪽.

일본은 청산리전투 이전에 홍범도부대(250명)와 김좌진의 군정서군대 간에 "격의없이 의견을 교환하고 있어 공동 동작하는 것으로 협의를 마쳤다"고 파악하고 있었다.[56] 그러나 청산리전투에서 홍범도의 대한독립군과 김좌진이 이끄는 북로군정서는 연합작전을 벌이지 못하고 각자 일본군과 각개 전투를 벌여 승리했다.

4) '대한의용군' 사령관

청산리대첩 이후 황구령촌(黃口領村)에서 김좌진의 군정서부대와 결합하여 재기를 모색하던 홍범도는 김좌진과 의견 일치를 이루지 못하고 안도현의 삼인방(三人坊)으로 이동하여 대사하(大沙河)에 주둔하게 되었다. 당시 홍범도부대는 약 200명이었다.[57] 일본 측 첩보기록에 따르면, 당시 한족회(서로군정서)의 교성대(인원 약 140명)는 안도현 삼인방에 본부를 두고 무관학교를 경영하고 있었다.[58]

일제가 중국 관헌을 데리고 '수색작전'을 펴서 안동식, 방기전 등 한족회 간부를 끌고 가 살해할 때 한족회와 신흥학교 관계자들이 대부분 피신했는데, 이때 이청천이 이끄는 교성대도 안도현으로 이동해왔다.[59] 서로군정서 교성대가 안도현으로 이동하여 주둔한 것은 서로군정서가 사전에 준비한 바였다. 서로군정서의 독판(督辦) 이상룡(李相龍)의 행장(行狀)에 의하면, 이상룡은 1919년 가을 성준용(成駿用, 成周寔)과 강남호(姜南鎬)를 파견하

56」 梶村秀樹·姜德相 編,『現代史資料(朝鮮 4)』28, 397쪽.
57」 金正柱,『朝鮮統治史料』8(韓國史料硏究所, 1970), 281쪽.
58」 梶村秀樹·姜德相 編,『現代史資料(朝鮮 4)』28, 397쪽.
59」 서중석,『신흥무관학교와 망명자들』(역사비평사, 2001), 197쪽.

여 병영지를 살펴 고르게 하고 이청천으로 하여금 '의용대(義勇隊)'를 이끌고 먼저 들어가서 주둔케 했다고 한다.[60] 이청천이 이끌고 안도현으로 들어간 서로군정서 교성대는 '의용대'의 다른 명칭이었음을 알 수 있다.[61]

일본 측 첩보자료에 따르면, 1920년 8월 말 당시 서로군정서 간부인 사령관 이청천과 참모장 김동삼이 안도현 잉두산(仍頭山) 삼인방에 체류하고 있었는데, 이곳에 서로군정서의 사실상의 사령부가 자리잡고 있었음을 확인할 수 있다.[62]

당시 안도현 삼인방에는 홍범도부대, 서로군정서의 교성대 외에 광복단(光復團) 군대도 이동해 와 있었다. 청산리대첩 당시 삼도구 방면에 있었던 40여 명 병력의 광복단은 송국인(宋國仁)이 일본군에 귀순하는 바람에 제8중대장인 조동식(趙東植)이 지휘하고 있었다.[63]

1920년 11월 중순경(추정) 이들 세 부대가 연합하여 대한의용군(大韓義勇軍)을 조직했다. 청산리대첩에서 부상당한 홍범도부대원들을 제대시키고 그들이 갖고 있던 무기들을 무기가 없던 교성대 학생들에게 넘겨주면서 새로운 통합군대를 창설한 것이다. 세 개 부대의 연합으로 조직된 대한의용군의 병력은 약 400여 명으로 사령부와 3개 중대를 편성했는데, 사령부는 총사령 홍범도, 부사령 이청천, 부관 강남일(姜南一, 본명 南相詢), 부원

60」 안동기념관 편, 『국역 石洲遺稿』 하권(경인문화사, 2008), 158쪽.
61」 이후의 기록이지만 ≪독립신문≫ 1922년 8월 22일자 3면에는 '서로군정서 의용대 총지휘관(西路軍政署 義勇隊 總指揮官)' 김추당(金秋堂) 선생의 명의로 의용대 각 간부들에게 '남만통일(南滿統一)' 기관으로 '통군부(統軍府)'에 참가할 것을 촉구하는 '윤시(輪示)'와 '서로군정서의용대총지휘부(西路軍政署義勇隊總指揮部)' 제1중대장 이하 장교 일동의 결의안이 실려 있다(1922년 6월 2일자로 작성됨). 서로군정서 소속의 군대는 이후에도 여전히 '의용대(義勇隊)'라고 했음을 알 수 있다.
62」 국가보훈처, 「北間島지역 獨立軍團名簿」(1997), 20쪽, 34쪽.
63」 梶村秀樹·姜德相 編, 『現代史資料 (朝鮮4)』 28, 400~401쪽.

전대복(全大復), 박운봉(朴雲鳳), 중대장 최상만(崔尙萬), 김창환(金昌煥), 조동식으로 구성되었다.[64] 이상룡의 「행장」에서도 이 통합사실을 "이청천이 안도현에 이르러 광복군 홍범도 및 이동주(李東柱) 등과 서로 결합하여 성세(聲勢)를 이루었다"고 적어놓았다.[65]

5) 북간도 독립군의 러시아 이동

1920년 하반기와 1921년 상반기에 걸쳐 러시아 연해주와 만주지역에서 활동하던 한인무장세력들이 아무르 주(黑龍州)로 이동하게 된 배경은 다음과 같다.

첫째, 러시아 연해주지역이 1920년의 4월참변 이후 백위파(白衛派)와 이를 후원하는 일본군의 영향력하에 들어가게 되어 향후 활동에 어려움이 가중되고 있었던 반면, 아무르 주는 러시아혁명세력 즉, 원동공화국(遠東共和國)의 관할지역으로 활동이 자유로운 '해방지구'였다는 점이다.

둘째, 만주지역의 서간도, 북간도지역 역시 일제가 3·1운동 이후 항일독립군의 근거지를 파괴하고자 무자비하게 한인사회를 공격한 간도참변(경신참변)으로 인해 활동이 사실상 불가능한 상태였다.

---

64 │ 김승빈, 「中領에서 進行되던 朝鮮解放運動」, 20~21쪽. 채근식의 『무장독립운동비사』(대한민국공보처, 1948)에서도 같은 맥락에서 "한편 홍범도는 군인 6백명을 이끌고 안도현 삼림지대의 이청천부대 兵舍를 찾어가 이청천부대 4백명과 합처서 일부대를 만들고 총사령에 홍범도가 되고 부사령에 이청천이가 되었다"라고 서술하고 있다. 대한의용군은 당시 일반적으로 홍범도부대를 일컫던 명칭인 '대한독립군'을 그대로 계승해 통상 독립군으로 불렸던 것 같다. 즉, 뒤에서 살펴보게 되는 것처럼 자유시에 집결했을 때도 '독립군군대'로 불렸고 지휘자도 홍범도, 이청천, 이병채로 기록되고 있었던 것으로 보아 이 부대는 하나의 군대로 완전히 통합되었다고 보아야 할 것이다.
65 │ 안동기념관 편, 『국역 石洲遺稿』 하권, 158쪽.

셋째, 그동안 항일무장세력들이 통일적인 지휘체계 없이 분산적으로 활동했을 뿐만 아니라 조직적인 사관양성과 군사훈련 및 필요한 무기, 탄약의 충분한 공급이 없었다는 자기비판이 있었다.

이러한 내외적 조건에서 만주와 러시아지역의 한인무장세력들에 현실적인 대안으로 아무르주로 이동하여 통일된 지휘체계를 갖춘 통일군단을 형성하고, 소비에트정부와 원동공화국의 지속적이며 대대적인 군사적 지원을 받는 방안이 제시되었다. 물론 한인무장세력과 한인독립운동세력은 그 반대급부로서 공산주의 이념의 선전과 백위파 및 일본군과의 전쟁에 참여할 것을 약속했다. 이 대안은 바로 소비에트정부와 상해 대한민국임시정부의 특사로 모스크바에 파견된 한형권(韓馨權) 간에 체결되었다고 하는 6개항의 공수동맹으로 가능하게 된 것이다.

구체적인 협정이나 공수동맹의 체결 여부와 관련 없이 이동휘나 노백린(盧伯麟) 등의 임시정부 지도자들이나 만주 독립군단의 지도자들 간에는 노령으로 이동하여 러시아 노농정부와 러시아혁명군의 지원을 받아 장기적인 항일전을 수행하자는 공감대가 형성되어 있었다고 보인다. 노농정부 차원이든 아니면 원동공화국이나 선전기관인 '중로연합선전부(中露聯合宣傳部)' 차원에서든 일정 수준의 약정이 체결되었을 것이고, 한국 측 상대자는 만주 독립군단들이 모두 인정하는 임시정부였을 것이며, 그 주도 인물은 국무총리 이동휘였다고 판단된다. 이러한 '약정'에 근거하여 만주의 독립군단들 그리고 연해주지역의 한인빨치산부대들이 러시아 이만을 거쳐 흑룡주(자유시)로 이동하게 되었던 것이다. 이 점에서 홍범도가 "중로연합선전부와 통신연락을 개시하고 금후의 방책을 강구하고 있다"는 일제 측의 첩보보고 역시 주목할 필요가 있다.[66]

청산리대첩의 양대 주역인 북로군정서군대 사령관 김좌진과 북로정일제1군 사령관 홍범도는 1920년 12월 중순경 공동명의로 발표한 「해산한 아군사(我軍士)에게 고(告)한다」에서 일본군의 막강한 병력 앞에서 '일시의 변법'으로 무장해제를 하고 일본군의 포위망을 벗어났지만, 다시 집결하여 노농정부의 지원을 받아 재기할 것을 촉구하고 있다. 또한 이 글에서 러시아 "노농정부와 약정하여 군수충분(軍需充分)하게 또 무기탄약은 제한 없이 무료로 공급받을 것"라고 밝힌 것으로 보아 단순한 선전구호가 아니라 청산리전투를 치른 독립군단 지도자들에게 이미 잘 알려진 사실이었다고 볼 수 있다.[67]

서로로군정서의 교성대를 이끌고 홍범도부대와 함께 대한의용군 창설에 참여한 김승빈(金承彬)은 당시 독립군들은 러시아로 이동하여 시베리아 내전에 간섭군으로 참여하고 있던 일본군과 싸우고 있는 러시아혁명군과 협동하여 일본군대와 싸울 수 있다는 전망을 갖고 노령으로 이동했다고 했다. 또한 김승빈은 이러한 장기적인 전략적 전망 외에 당시 만주 독립군부대들이 처한 매우 현실적이며 절실했던 이유를 제시했다. 즉, 당시 독립군들은 봉오동과 청산리의 두 전투를 치르며 그동안 휴대했던 탄약을 거의 사진(射盡)하고 이를 보충할 가능성이 없었다는 점이다.[68]

군정서군대의 장교로서 청산리대첩에 참전했던 강근(姜瑾)은 "첫 전투

---

66 ı 梶村秀樹·姜德相 編, 『現代史資料(朝鮮 4)』 28, 441쪽.

67 ı 위와 같음.

68 ı 김승빈, 「中領에서 進行되던 朝鮮解放運動」, 20쪽. 김승빈은 "여러 차례의 전투에서 탄환이 소비되어 남은 것이 총 한자루에 탄환 30-40발에 불과하였고 또 그곳에서 탄환을 구할 도리가 없었"고, "가지고 있는 탄환으로서는 강대한 일본토벌대와 전투를 계속할 수 없었기 때문에 로씨야원동지방으로 넘어가 로싸야빠르찌산들과 함께 일본군대를 대치하여 전투를 계속하자는 홍장군의 의견에 의하여 11월 하순에 삼인방(싼쎈팡)을 떠났다"라고 회상했다.(김승빈, 「과단성과 동지애를 겸한 사람」, ≪레닌기치≫, 1968년 8월 27일자, 5면 참조).

할 때까지는 적군이 우리만 추격하는 병력뿐으로 알았으나, 남북만주일대에 적군의 병력이 사단 힘을 가지고 토벌작전하는 것을 알게 되자, 중과부적의 형세를 살피고 하는 수없이 아군은 쏘련으로 이동하기로 된 것"이라고 했다.[69] 절대우세의 막강한 일본군의 '토벌전'에 맞서 싸우기에 만주독립군의 무장력은 이미 크게 약화되어 있었고, 봉오동, 청산리에서 두 번의 큰 전투를 치르며 화력이 소진된 상태였고 일반 병사들도 크게 지쳐 있었던 것이다.

다음에서는 두 번에 걸쳐 이루어진 북간도 독립군의 러시아 이동을 제1차와 제2차로 나누어 상세히 살펴보겠다.

(1) 제1차: 대한총군부(최진동, 허근), 국민군(안무)

만주 독립군의 노령으로의 이동에 긴밀하게 대응한 것은 흑룡주 블라고베셴스크로 이동한 대한국민의회(大韓國民議會)였다. 우선 대한국민의회는 1920년 10~11월경 원동정부의 러시인민혁명군 제2군과 교섭하여 러시아연해주와 아무르 주 일대에서 활동하던 한인빨치산부대를 자유시 일대에 집합케 만들었다. 이어 1920년 12월 초순 대한국민의회의 의장 문창범, 재무부장 한창해(韓滄海, 한에고르), 자유대대장 오하묵(吳夏默), 비서 박병길(朴炳吉) 4인이 하바롭쓰크 제2군단본부를 방문하여 간도 각 의병대(독립군 부대)의 노령 이동문제를 협의했다.[70]

청산리대첩에 참가하지 않고 중·러국경지대인 왕청현(王淸縣) 나자구로 이동했던 최진동의 군무도독부는 1920년 10월 대한공의단, 대한광복

69ı 강근, 「나의 회상기 一片 – 軍政署軍隊에 대한 강근(강회원) 동지 回想記」(1959.11. 19), 7쪽.
70ı 「在露高麗革命軍隊沿革」, 김준엽·김창순 편, 『한국공산주의운동사 자료편』 제1권 (고려대 아세아문제연구소, 1980), 19쪽.

단, 대한의군부, 대한의사부 등의 독립군단들과 연합하여 대한총군부(大韓總軍府)를 조직했다. 그러나 1920년 말 일본군의 공격으로 흩어져 일부는 소멸했고, 일부는 다시 종래의 단체명을 가지고 독자적인 활동을 재개했다. 1921년 상반기의 간부진을 보면 총재 이범윤, 부총재 최우익(대한의군부 총무, 사망), 부장 최진동, 시위대장(侍衛隊長) 전일구(全一求), 통신과장 심원(沈源)이었다.[71] 대한총군부에 참여했던 대한광복단은 1920년 말 탈퇴했고,[72] 대한의사부[나자구 국민의사회(國民議事會)] 역시 탈퇴했다.

총군부 군대(최진동의 군무도독부와 허영장의 의군부 군대)는 나자구를 떠나 소추풍(小秋風, 小綏芬), 팔면통(八面通), 이수진(梨樹鎭), 평양진(平壤鎭), 당벽진(當壁鎭)을 거쳐서 요하현(饒河縣)에 당도했다.[73] 이들 군대를 맞이한 것은 대한국민의회에서 파견한 인사들이었다. 대한국민의회는 한창해를 요하(饒河)에 파송하여 독립군부대의 임시주둔지에 관한 문제를 협의하고 요원들을 파견하여 군심(軍心)을 위무했고 제2군단과의 교섭결과를 보고한 후 자유시로 출발케 했다. 이들 군대는 이만을 거쳐 최진동 군대는 1월 말, 안무군대는 2월 초순에 자유시에 도착했다.[74]

(2) 제2차: 통의부(또는 대한독립군, 제2차 삼단연합, 서일, 홍범도, 이청천, 김좌진)

안도현 삼인방에 주둔하고 있었던 대한의용군은 2개월간 체류 후 북만

71」 국가보훈처, 「北間島지역 獨立軍團名簿」, 293~295쪽.
72」 위의 책, 270쪽.
73」 「김재규 의군부 회상기」, 『이인섭 관련 자료』(수고본) 제6권, 85쪽, 98쪽, 100쪽, 101쪽, 104쪽.
74」 「在露高麗革命軍隊沿革」, 13쪽.

주 호림현(虎林縣)을 거쳐 이만으로 넘어갔다.[75] 김승빈에 의하면, 대한의
용군은 1920년 11월 초(음력으로 추정됨) 안도현을 출발하여 노령으로 향했
고 1920년 12월 초(음력으로 추정됨) 밀산현과 호림현의 경계지대인 십리와
에서 북로군정서군대와 만나게 되었다. 대한의용군과 북로군정서는 통합
을 위한 1차회의를 가졌으나 인선문제로 결렬되고, 다시 호림현 도목구(到
木溝)로 옮겨 회의를 계속하여 마침내 연합조직 '통의부(統義府)'(또는 '대한
독립군')을 편성하게 되었다. 본부와 1개 대대(600명)와 학도대(북로군정서
사관연성소 졸업생 4~50명)로 편성된 통의부 지도부를 구성함으로써 제2차
삼단연합이 실현된 것이다. 그 구체적인 구성을 보면 다음과 같다.

본부: 총재 서일, 부총재 홍범도, 사령부 사령장 김규식, 부관 박두희,

　　군사부장 김오석(김혁), 교육부장 김좌진

대대: 대대장 이청천, 부관 김승빈

학도대: 대장 이범석[76]

한편, 해방 이전의 임시정부 광복군 측에서 간행한 문건에도 비슷한 기
록이 남겨져 있다. 즉, 우선 한국광복군총사령부정훈처(韓國光復軍總司令
部政訓處)에서 1941년 5월 20일자로 간행한 ≪광복(光復)≫(제1권 제3기)에
게재된 김학규(金學奎)의 「지난 30년간 중국동북지방에서의 한국혁명운
동(三十年來 韓國革命運動在中國東北(續)」에서는 다음과 같이 서술하고 있
다.

75」 「홍범도 일지」(이함덕본), 26쪽.
76」 김승빈, 「中領에서 進行되던 朝鮮解放運動」, 22~23쪽.

예를 들어 신흥학교는 합니하(哈泥河)에서 천여 명의 학생으로 교성대(敎成隊)를 편성하여 이청천 대장의 인솔하에 북쪽으로 이동하였다. 1921년 밀산(密山)에 도착한 이들은 홍범도·김좌진 등의 부대와 <u>대한독립군</u>을 합동편성하여 중·소 국경지대에서 적군과 수개월에 걸친 투쟁을 벌이다 무기가 바닥나자 소련경내로 진입하였다.[77](밑줄은 필자)

김승빈이 회상한 '통의부'를 '대한독립군'으로 기록하고 있는 점이 다르지만 서로군정서 교성대, 홍범도부대, 김좌진의 북로군정서 부대가 러시아로 넘어가기 전에 밀산에서 통합한 사실은 일치한다.

또한 얼마 후 같은 임시정부 한국광복군 제2지대에서 1943년 3월 1일 간행한 『한국광복군소사(韓國光復軍小史)』에도 같은 맥락이지만 보다 구체적으로 만주 독립군의 이동과정과 밀산에서의 통합과정을 서술하고 있다.

당시 각 혁명단체들은 적구(敵寇)의 공격이 있을 것을 예견하고 무의미한 희생을 피하기 위해 서로군정서·북로군정서 등 단체들이 모두 근거지를 다른 곳을 옮겼습니다. 이때 서로군정서와 국민회는 연합하여 홍범도를 총사령, 이청천을 부사령으로 삼아 북쪽으로 근거지를 옮겨 다음해 길림(吉林) 밀산현(密山縣)에 도착하였습니다. 마침 이 무렵 김좌진도 부대를 이끌고 도착, 홍범도 부대와 연합하여 <u>한국독립군</u>을 결성한 것입니다.(밑줄은 필자)[78]

---

77 | 金學奎, 「지난 30년간 중국동북지방에서의 한국혁명운동(三十年來 韓國革命運動在中國東北(續)」, ≪光復≫(第1卷 第3期), 국사편찬위원회 대한민국임시정부자료집 편찬위원회 편, 『대한민국임시정부자료집』(2006), 번역문 190쪽, 원문 179쪽.
78 | 「韓國光復軍小史(1943.3.1)」, 국사편찬위원회 대한민국임시정부자료집 편찬위원회

홍범도부대를 국민회로 기록하고 있지만, 이청천이 이끄는 서로군정서 교성대와 홍범도의 독립군부대가 연합한 사실 그리고 다시 김좌진의 북로군정서와 연합한 사실을 정확히 기록하고 있는 것이다.

해방 후의 기록이지만, 이청천의 전기『청천장군(靑天將軍)의 혁명투쟁사(革命鬪爭史)』도 거의 같은 맥락에서 노령으로의 이동 직전 통합과정을 다음과 같이 서술하고 있다.

> 가을 왜군(倭軍)들의 양협공격(兩狹攻擊)을 당한 후 소소(少少)한 마적적(馬賊的) 단체는 거이 전부 해산이 되고 홍범도장군의 정일군(征日軍)과 조동식장군의 광복군(光復軍)과 김좌진장군과 연합하여 조선독립군을 조직하였었다.[79]

통합된 부대의 명칭이 '통의부'가 아닌 '조선독립군'이라고 쓰인 것이 김승빈의 기록과 다르며, 조동식의 광복단을 '광복군'으로 잘못 기록하고 있다. 잠정적으로 정리해본다면, 김승빈의 회상대로 노령으로의 이동 직전에 편성된 통합부대의 정식 명칭은 '통의부'였으나, 통상 '조선독립군'(또는 '대한독립군' 또는 '한국독립군')으로 불리게 되고 후일의 기록들에서 그대로 받아들여서 작성했을 것으로 짐작된다.

만주 독립군의 노령 이동과 관련하여 연구자들이 많이 인용하고 있는 채근식(蔡根植)의『무장독립운동비사(武裝獨立運動秘史)』도 대체로 김승빈의 회상록이나 이청천의 전기와 맥락을 같이하고 있다(안무군대 200명도 참

편,『대한민국임시정부자료집』(2006), 번역문 218쪽, 원문 470쪽.
79। 池憲模,『靑天將軍의 革命鬪爭史』(三星出版社, 1949), 84쪽.

여한 것처럼 서술한 점 외에는). 즉, 밀산에 집결하여 개최한 '각군단수령회의'에서 통일된 '대한독립군단'을 조직하여 부서를 정했다고 하면서, 그 간부 구성은 김승빈의 회상과 다르나 거론된 군사지도자들의 면면은 북로군정서의 간부들과 홍범도와 이청천부대의 간부들로서 거의 같다. 그러나 그 규모를 1개 대대로 회상한 김승빈의 기록과 달리 1개 여단(3개 대대, 9중대, 27개 소대)으로 쓰고 있으며 군인 수도 3,500명에 달했다고 서술하고 있다. 그러나 이는 확실히 과장된 것이다.[80]

1956년에 애국동지원호회에서 편찬한 『한국독립운동사』에 따르면, 채근식의 과장된 숫자에 더하여 참가한 무장단체들의 숫자 역시 10여 단체로 확대된다. 여기에는 북로군정서(서일), 대한독립군(홍범도) 외에 '간도 대한국민회'(구춘선), '훈춘국민회'[이명순(李明淳)], 대한신민회[김성배(金聖培)], 도독부(최진동), 의군부(이범윤), 혈성단[김국초(金國礎)], 야단[김소래(金笑來)], 대한정의군정사(大韓正義軍政司) 등이 망라되어 있다.[81] 이후 국사편찬위원회에서 1968년에 간행한 『한국독립운동사』 제3권(217~220쪽)을 비롯한 여러 연구서에서 규모나 참여단체의 수가 훨씬 커진 여러 버전의 '대한독립군단' 조직설이 정설로 확고하게 자리잡게 되었다.

논의를 다시 만주 독립군부대들의 노령으로의 이동과정으로 되돌려보자. 북로군정서, 홍범도부대, 서로군정서가 연합한 통의부(또는 독립군) 군대는 중·러국경을 넘어 이만 북방 독산평에 집결했다. 당시 통의부는 적위군(赤衛軍) 제2군단 사령부에서 이만으로 파견되어 있던 '조선독립군 영접

80」 蔡根植, 『武裝獨立運動秘史』, 98~100쪽. 간부진을 보면, 총재 서일, 부총재 홍범도 김좌진, 조성환, 총사령 김규식, 참모총장 이장녕, 여단장 이청천, 중대장 조동식, 윤 경천, 오광선 등 5명이다.
81」 애국동지원호회 편, 『韓國獨立運動史』(1956), 321쪽.

부원' 박공서(朴公瑞)의 주선하에 아무르 주 자유시로 수송되었다.[82]

당시 군정서군대 장교였던 강근은 "그해 '설'을 이만커우촌(город Iман 전에 중국지방이다)에서 쇠고서 1921년 정월에 완충 도시 이만으로 들어와서 독산평이라는 로씨아촌에서 한 2주일 있다가 우리대표들 하바로브스크 쏘련군 군단장에게 보내여 교섭한 과연 그곳(독산평)에서 무장을 해제하여 와곤(기차)에 실고서 자유시로 들어갔다"라고 회상하고 있다.[83] 통의부 군대가 이만을 떠나 자유시로 향한 것은 빨라도 1921년 3월 상순이었을 것이다. 홍범도는 자신의 「일지」에서 1월 26일(양력 3월 5일) 제2군단에 무장을 바치고(무장해제), 2월 6일(양력 1921년 3월 15일) 자유시에 들어갔다고 회고했다.[84] 이를 종합하면 통의부 군대는 1921년 3월초 중·러국경의 우수리강을 건너 이만 독산평에서 한 2주일 체류 후 자유시로 들어간 것으로 추정된다.

대한군정서(북로군정서)의 지도부는 이만에 도착하여 무장해제에 대한 입장 차이를 드러냈다. 박두희(朴斗熙)는 무장해제를 수용했고, 김좌진과 김규식(金圭植)은 반대했다. 이후 북로군정서 군대는 박두희가 맡아 지휘하게 되었고[85] 북로군정서의 김좌진, 김규식, 이범석 등은 이만에서 자유시행 열차가 떠나기 직전 군대에서 이탈했다.[86] 홍범도는 「자서전」에서 "1921년 1월에는 무기가 모자란데다가 숫자에 있어 비길 바 없이 우세한 일

82ı 김승빈, 「中領에서 進行되던 朝鮮解放運動」, 23쪽.
83ı 강근, 「나의 회상기 一片 ─ 軍政署軍隊에 대한 강근(강회원) 동지 回想記」(1959.11. 19), 8쪽.
84ı 「홍범도 일지」(이함덕본), 26쪽.
85ı 김규면, 『노병 김규면의 비망록에서』, 34~35쪽.
86ı 김승빈, 「中領에서 進行되던 朝鮮解放運動」, 28쪽.

본군에 쫓겨 나는 700명의 내 부대를 이끌고 만주에서 소비에트령 이만으로 넘어와서 이곳에 380명을 남겨주고 제2군단장의 명령에 따라 나머지 220명 빨찌산 대원들과 자유시로 갔다"라고 쓰고 있는데, 이를 통해 통의부 군대의 우수리 도강과 통의부를 구성했던 김좌진, 김규식, 이범석 등 북로군정서 군대(380명)의 탈퇴를 짐작할 수 있다.[87]

5. 소비에트러시아로의 이동과 자유시참변

1920년 말부터 1921년 전반에 이르는 시기에 러시아 원동지역의 정치적 상황을 보면, 콜차크 잔당인 블라디미르 오스카로비치 카펠(Vladimir Oskarovich Kappel)과 운게른 스테른베르그(Ungern Sternberg), 그리고리 미하일로비치 세묘노프(Grigory Mikhalilovich Semyonov) 등이 1920년 10월 러시아혁명세력에 의해 자바이칼 주에서 축출된 후 완충국인 원동공화국이 치타를 수도로 하고 동으로 우수리강을 국경으로 하여 자리를 잡았고, 이만 이남의 연해주는 백위파정권과 일본군이 점령하던 상황이었다. 그리하여 원동공화국 내에 주둔한 각 의병대들은 원동공화국 인민혁명군대에 정식 군대로 편성되고 통일되어갔다. 더불어 이만 남부지역에서는 빨치산운동이 한층 활발하게 전개되었다.

1920년 후반부터 1921년 전반기 러시아지역 한인무장부대들의 상황을 보자. 연해주방면에는 수청지역에 한창걸(韓昌傑)을 중심으로 한 부대, 추

87| 홍범도, 「자서전」, 265쪽.

풍지역에 솔밭관 한족공산당, 서간도의 독립단에서 넘어온 도수(徒手)부대를 기초로 조직된 혈성단 군대, 이도구에는 '군비단'에서 넘어온 도수부대로 조직된 임병극부대가 있었다. 이만전선 이북의 원동공화국 관할지역에는 다반(Taban)에 조직된 최니콜라이군대(다반군대), 이만에서 조직된 황하일 군대(제1이만군대), '독립단'에서 넘어온 도수부대로 조직된 박그레고리 군대, 니콜라옙스크-나-아무레에서 조직된 사할린군대(박일리야군대), 아무르 주에서 조직된 자유대대 등이 있었다.[88]

1920년 가을에서 1921년 초에 이르는 시기에 연해주와 아무르 주에서 활동하던 한인빨치산부대들과 간도사변으로 근거지를 상실하고 러시아 연해주로 이동해 와 있던 서북간도의 한인독립군부대들이 1921년 3월경에는 자유시에 집결해 있었다.

우선 연해주에서 활동하던 한인빨치산부대들인 사할린군대, 이만군대, 다반군대 등이 1920년 10월경 자유시에 집결했고, 간도독립군부대들은 이보다 늦게 도착했는데, 최진동과 허근이 이끄는 총군부 부대는 1921년 1월 말, 안무의 대한국민회군은 2월 초순, 그리고 홍범도, 이청천 등이 이끌고 온 군대들은 3월 중순에 각각 자유시에 도착했다. 한편, 자유시에는 이미 1920년 4월 흑룡주한인총회(黑龍州韓人總會)가 조직했다가 1920년 7월 1일 대한국민의회 군무부로 넘겨준 한인보병자유대대(韓人步兵自由大隊)가 있었다. 당시 이들 한인무장세력의 총병력은 1,900명이었다.

자유시에 근거한 자유대대는 대한국민의회의 정치적 지휘를 받을 것을 주장했고, 니항군대는 아무르 주 한인공산당의 지휘를 받을 것을 주장했

---

88 「김승빈이 김세일에게 보낸 편지」, 1970년 3월 2일자.

〈표 1〉 자유시에 집결한 한인군대들

지역	지휘자	창설지역	비고(인원수)
노령지역 한인군대			
이만군대	김표트르, 박공서, 김덕보	이만	(110)
다반군대	최니콜라이	다반(청룡)	(165)
독립단군대	박그레고리, 최파벨, 전응호*	이만	
사할린군대	박일리야, 임호, 고명수	니항	(420)
학생대**	채영	자유시	하사관양성소 학생(80)
자유대대	오하묵, 최고려, 황하일, 최호림, 전희세, 유수연, 유선장	자유시	(355)
중령 한인군대			
총군부 군대	최진동, 허재욱, 이택, 오병묵	북간도	도독부,의군부(445)
국민군 군대	안무, 정일무, 김광, 김규찬	북간도	국민회 군대(80)
독립군 군대	홍범도, 이청천, 이병채, 김승빈		
군정서 군대	박두희	서, 북간도	북로군정서 일부(450)

자료: 십월혁명십주년원동대긔념준비위원회 편, 『십월혁명십주년과 쏘베트고려민족』(해삼 위도서주식회사 크니스노예델로, 1927), 59~60쪽.
* 최호림, 『遠東邊疆高麗人生活 歷史抄錄』第一冊(하바로브스크, 手稿本, 1932), 116쪽.
** 「군정의회선포문」(1921.9.30), 『不逞團關係雜件 朝鮮人의 部 在西比利亞』제13권.

다. 대한국민의회는 이르쿠츠크의 전로고려공산당(이르쿠츠크파)과 제휴하고 있었고, 1921년 1월에 창설된 국제공산당 동양비서부(부장 슈미야츠키)를 배경으로 하고 있었다. 아무르 주 한인공산당은 치타 소재 러시아공산당 원동부 한인부의 지휘 아래에 있었고, 대한국민의회의 지도적 위치를 부인했으며, 원동공화국 크라스노셰코프의 후원을 받고 있었다.

치타의 원동부 한인부와 니항군대의 주도로 1921년 3월 15~21일 연해주와 서북간도에서 이동해온 한인군대 대표자들이 참석한 전한의병대의회(全韓義兵代議會)가 주둔지인 마사노프에서 개최되어 '전한군사위원회'와 '사할린특립의용대'를 조직했다. 사할린특립의용대의 명칭은 1921년 3월 원동공화국 총사령관의 명령(36호와 37호)에 따른 것이며, 한인군대들은 모두 직속되었다.

홍범도군대가 자유시에 도착한 1921년 3월 중순에는 이처럼 사할린특립의용대(니항군대, 이만군대, 다반군대) 측이 자유대대 측에 무장해제를 강제하고 있던 상황이었다. 홍범도군대보다 먼저 자유시에 도착해 있었던 총군부와 국민군 군대는 3월 초 사할린의용대의 '3일간 식량단절' 등 압박을 받아 사할린의용대 주둔지인 자유시 북방 27킬로의 크라스노야로보에서 이동해 있었고, 자유대대는 자유시를 떠나 크라스노야르로 이동한 후 무장해제되어 있었다.[89] 홍범도군대 역시 마사노프에 주둔하게 되었다.

자유대대 측은 1921년 1월에 창설된 국제공산당(코민테른) 동양비서부(극동비서부) 부장인 슈미야츠키의 지도와 후원을 받고 있었다. 국제공산당 집행위원회는 동양비서부장 슈미야츠키에게 원동지역에서의 모든 당(黨), 혁명운동 및 군대에 관한 책임권한을 부여했다. 그리하여 슈미야츠키가 '전한공산당' 창립과 한인군대의 통합에 관한 권한을 장악했다.

슈미야츠키의 동양비서부는 1921년 3월 중순경 임시고려혁명군정의회(臨時高麗革命軍政議會)를 결성했는데, 총사령관에 시베리아지역의 빨치산 영웅인 카란다라시빌리, 부사령관에 오하묵, 군정의원에 김하석(金河錫), 채성룡(蔡成龍), 임시참모부장에 유수연(俞洙淵)이 임명되었다. 원동공화국 총사령부에서는 동양비서부의 연락을 받아 한인부 간부들인 박애(朴愛), 계봉우(桂奉瑀), 장도정(張道定), 김진(金震) 등을 국제공산당 동양비서부의 명령에 불복종했다 하여 '반혁명' 혐의로 체포했으며, 한인부 역시 해산되었다.

89ㅣ「在露高麗革命軍隊沿革」, 16~17쪽.

1921년 3월 사할린의용대가 조직될 당시 1,400여 명에 달하던 한인무장 세력(니항군대, 다반군대, 독립단군대, 이만군대 등 러시아지역 한인빨치산부대 600여 명, 홍범도의 독립군 440여 명, 최진동, 허근의 총군부 군대, 안무의 국민군 등 400여 명)은 한인부의 해체와 원동부의 지원 중단 등에 따라 식량사정이 악화되고 국제공산당 동양비서부가 정치적 압력을 강화함에 따라 이탈세력들이 발생하면서 약 1,000명으로 규모가 약화되는 등 고립화되고 있었다. 즉, 홍범도부대, 안무군대, 최진동, 이청천, 허근, 니항군대의 임호와 고명수의 이탈, 이만군대의 김표트르 등 장교들과 채영의 학생대가 이탈한 상태였다.[90]

이후 1921년 5월 4일부터 17일까지 이르쿠츠크에서 개최된 고려공산당 (이르쿠츠크파) 창립대회 다음날 고려공산당 중앙간부의 추천으로 동양비서부가 승인한 정식의 고려혁명군정의회가 조직되었는데, 총사령관에는 갈란다라쉬빌리, 군정의원에는 유동열(柳東說), 최고려(崔高麗)가 임명되었다. 고려혁명군정의회는 6월 초 아무르 주의 자유시로 이동했고, 전한군 사위원회 산하 대한의용군의 통합에 나섰으나, 대한의용군 측은 이에 반발했다. 결국 고려혁명군정의회는 강제적인 무장해제를 결정하고, 원동공화국 인민혁명군 제2군 제29연대 소속 보병 1천명과 이르쿠츠크에서 온 자바이칼 기병대 500명의 병력이 장갑차, 대포, 기관총 등 중화기와 기병중대의 지원을 받아 6월 28일 무장해제를 감행함으로써 자유시참변이 발생했다. 1921년 6월 말 자유시참변 당시 양측에 소속된 군대를 보면, 마사노프에는 니항군대, 다만군대, 이만군대, 독립단군대 그리고 총군부군대(독군부, 의

90｜「在露高麗革命軍隊沿革」, 41~42쪽.

군부)가 주둔하고 있었고, 자유시의 고려혁명군정의회 측에는 자유대대, 이르쿠츠크로부터 온 합동민족군대 그리고 6월 초순 마사노프로부터 이탈해온 홍범도의 독립군, 안무의 국민회군대, 채영의 학생대가 있었다.

고려공산당 내 두 파벌의 각축전은 국제공산당 동양비서부장 슈미야츠키의 일방적 지원을 받은 이르쿠츠크파의 승리로 귀결되었다. 양측의 극단적인 대결 가운데서 홍범도는 결과적으로 이르쿠츠크파에 참가했다.

고려혁명군 전권대표는 자유시참변을 전후한 시기에 발생한 사건들을 국제공산당 동양비서부에 일지에 가까울 정도로 상세하게 보고했다. 이에 따르면, 진압작전은 1921년 6월 28일 오후 3시경에 시작되어 4시간 반 만인 오후 7시 30분에 끝났는데, 가해자 측은 1명 사망, 9명 부상이었고, 피해자 측인 사할린부대는 36명 사망, 행방불명 60명이며, 최종 무장해제된 사람들은 860명이었다.[91] 자유시 참변 당시 희생자들 대부분은 간도에서 온 독립군, 특히 허근이 이끌던 총군부(구체적으로는 의군부) 소속이었다. 자유시 참변 당시 홍범도는 장교들과 솔밭에 모여 땅을 치며 통곡했다고 한다.[92]

오홀라는 고려군정의회 측에 특별조사위원회(임시조사부)를 조직케 했는데, 이 위원회의 임무는 '폭동과 선동행위의 주모자들을 밝혀내는 것'이었다.[93] 5명으로 구성된 이 위원회는 자유시참변 이틀 후인 6월 30일부터 1주일간 포로군인 900명을 심문했다.[94]

결국 총군부(최진동의 독군부와 허근의 의군부 군대) 군대 소속 364명은 무

91ı 국사편찬위원회, 『한국독립운동사자료』 34(1997), 189쪽, 414쪽.
92ı 「최계립이 김세일에게 쓴 편지」, 1967년 11월 10일자, 『한국독립운동사자료집 – 홍범도편』, 68~69쪽 참조
93ı 국사편찬위원회, 『한국독립운동사자료』 34, 191쪽, 416~417쪽.
94ı 「在露高麗革命軍隊沿革」, 43쪽.

죄가 되어 군정의회에 편입되었고 나머지 500명은 검사부에 인도되어 다시 취조받았다. 그러던 중 7월 5일 국제공산당 동양비서부로부터 전보가 왔는데, "고려혁명군대를 만주로 출동할 계획을 정지하고 속히 군대를 영솔하고 일크쓰크로 입래하라"는 것이었다. 이는 일본과 원동정부 간에 대련회의(大連會議)가 개최되면서 국제법상 문제와 관련하여 부득이하게 내려진 조처였다. 그리하여 7월 30일 중대범죄를 저지른 장교와 군인 72명은 이르쿠츠크로 압송되었고, 나머지 428명 역시 이르쿠츠크로 압송하려고 했으나 원동공화국 정부 제2군단에서 이들의 운송을 거부하고 노동병으로 인도할 것으로 요구하여 제2군단에 인도되었다. 이들은 곧 우수문벌목장으로 압송되어 노력대원(노동군)으로서 강제징역에 처해졌다.[95]

8월 그믐 무렵에 고려혁명군정의회 소속 군대 1,745명(코사크기병 및 중국병사 제외)이 이르쿠츠크에 도착한 직후 고려군정의회는 해소되고 소비에트적군 제5군단 직속 '조선여단'으로 개편되었으며[여단장 카란다라시빌리, 군정위원장 박승만(朴承萬)][96] 홍범도는 제1대대장에 임명되었다.[97]

홍범도는 자유시참변의 가해자 측인 고려혁명군정의회 측의 입장에서 피해자인 사할린의용대에 대한 공격에 가담했다. 즉, 홍범도는 최진동, 허재욱, 안무, 이청천과 함께 '각의병대영수' 명의로 고려공산당중앙간부(제3국제공산당고려부)와 함께 1921년 11월 1일자로 발표된 「경고문」을 발표하여 사할린의병대 측, 즉 상해파를 "형제의 피를 무연(無然)히 흐르게" 한 "황색정객"이라 비판했던 것이다.[98]

---

95 「在露高麗革命軍隊沿革」, 43쪽.
96 「在露高麗革命軍隊沿革」, 45쪽. 10월 3일 카란다라시빌리가 사임하자 후임 '조선여단장'에 오하묵(전 자유대대장), 신설된 정치부장에 채동순이 임명되었다.
97 홍범도, 「리력서」.

이르쿠츠크로 압송된 독립군 장교들은 이르쿠츠크감옥에 감금되어 있다가 1921년 11월 28일부터 30일까지 이르쿠츠크파(=국민의회파)가 주도한 고려혁명군법원에 의해 재판을 받았다. 고려혁명군여단 정치부장인 채동순(蔡東順)을 재판위원장으로, 홍범도와 박승만을 위원으로 한 재판부에서는 3명에게 2년 징역, 5명에게 1년 징역, 그리고 24명에게는 1년 집행유예를 선고했고, 나머지 17명은 방면했다. 당시 원동민족혁명단체대표회(극동인민대표회)에 참가하기 위해 이르쿠츠크에 집결해 있던 조선대표들은 이 재판에 배심원으로 동원되었다.[99] 판결내용을 보다 구체적으로 살펴보면, 사할린특립의용대의 장교 가운데 그리고리예프(러시아인), 김민선, 최파벨, 박그레고리 4명은 반란죄로 징역 2년을 받았는데, 박그레고리는 "신임인의 보증에 의하여" 석방되었다.[100]

한편 자유시참변에 대한 재판에 앞서 치타의 한인부 지도자들에 대한 재판이 진행되었다. 즉 1921년 이르쿠츠크에서의 고려공산당 창당대회 폐회 다음날인 1921년 5월 18일 고려혁명군정의회와 동양비서부가 합동회의를 개최하고 임시고려혁명법원을 조직하여 위원제를 채택했는데, 이 임시법원은 박애, 김진, 장도정, 계봉우에 관한 사건을 처리하기 위해 조직한 것이었다.[101] 이들 한인부 간부들은 원동부의 명령을 받고 한인부 문부들을 송부한 5월 9일 원동공화국 총사령부에 의해 체포되어 5월 16일 이르쿠츠크

98」「高麗革命軍의 水靑(노와니코라에후카)地方 集合의 件」(1923.1.16), 『不逞團關係雜件-朝鮮人의 部-鮮人과 過激派』(日本外務省史料館 所藏) 3(국사편찬위원회 소장본).

99」반병률, 『성재 이동휘 일대기』, 342쪽.

100」「在露領秋豊韓族共産黨의 組織及內容」(1922.3.3), 『不逞團關係雜件 朝鮮人의 部 鮮人과 過激派』 2.

101」「在魯高麗革命軍隊沿革」, 54쪽.

로 압송되었다.102 이들의 체포와 압송은 국제공산당 동양비서부가 주관한 것이었다.

동양비서부는 이어 5월 15일 마사노프(흑하지방)에 있던 상해파의 군사지도자들인 김규면(金奎冕), 한운용(韓雲龍), 박원섭(朴元燮), 우시욱(禹時旭), 주영섭(朱永燮), 안태국, 임상춘(林常春) 등 13인에 대한 체포에 나섰으나, 흑하지방 현지의 친상해파적인 러시아 정치보안부에 의해 저지되었다. 이들 상해파에 대한 체포작업은 슈미야츠키의 전권대표로 치타에 파견되어온 프시니친(원동부 책임비서)의 지휘하에 진행되었다.103

1921년 5월 18일 계봉우, 박애, 김진, 장도정 등 한인부 간부들은 김철훈(金哲勳), 채성룡(蔡成龍), 채동순 3인의 취조를 받았고, 5월 22일에 판결을 받았다. 재판부는 이성(李成), 김철훈, 채성룡으로 구성되었고, 한규선(韓奎善)이 변호인을 맡았다. 기소의 논지를 살펴보면 박일리야와 김민선(金敏先)을 파견함으로써 박와실리를 총살케 한 사실, '원동총사령부'(원동공화국 인민혁명군총사령부)를 기만한 일, 박창은(朴昌殷)을 임시총사령에 임명하고 파송하여 군기를 문란케 한 일, 국제공산당 동양비서부가 소집한 한인의병대회에 응하지 않은 일, 전한공산당소집원들의 원동행을 방해하고, 지방에 기만적인 통신을 발송함으로써 한국독립운동과 세계무산자혁명을 방해한 일 등이 '죄목'으로 제시되었다.104

102| 「高麗共産黨代表會의 內幕및 國際共産黨 鮮人部 經過狀況에 관한 譯文送付의 件」
   (1923.4.23.), 『不逞團關係雜件-朝鮮人의 部·鮮人과 過激派』(日本外務省史料館所
   藏) 4(국사편찬위원회 소장본); 「在魯高麗革命軍隊沿革」, 54쪽.
103| 반병률, 『성재 이동휘 일대기』, 315~316쪽.
104| 「高麗共産黨代表會의 內幕및 國際共産黨 鮮人部 經過狀況에 관한 譯文送付의 件」;
   「在魯高麗革命軍隊沿革」, 54쪽. 홍범도가 손수 쓴 공책 4장 분량의 일기책을 보았
   던 고려극장 배우 이함덕은 유일하게 기억나는 "딱 한 구절"로 "산에 있는 범(호랑

검사 백운학(白雲鶴)은 박애에게 사형, 나머지 3명에게는 세계혁명이 성공할 때까지 금고를 구형했다. 그리고 재판부는 박애에게 8년, 계봉우, 장도정, 김진에게 각각 5년을 선고했고, 이어 8월 8일 소비에트러시아 제5군단과 동시베리아군대혁명법원에서는 감형되어 박애는 5년 징역, 계봉우, 장도정, 김진은 3년의 징역을 선고받았다.[105]

홍범도는 1922년 1월 21일부터 2월 1일 모스크바와 페트로그라드(현 상트페테르부르크)에서 개최된 원동민족혁명단체대표회에 참가했는데, 이르쿠츠크파는 홍범도를 상해파의 지도자인 이동휘에 맞서는 인물로 부각시키려 했다. 특히 홍범도는 조선독립군부대의 대장의 명의로서 레닌을 면담했는데[106] 이때 레닌으로부터 "싸총, 100루블의 상금, 적군모자, 그리고 레닌이 친필서명한 조선군대장이라는 증명서를 선물로 받았다.[107] 레닌은 홍범도에게 자유시에 관한 질문을 했는데 홍범도는 "몇 마디"로 답했다고 한다.[108]

이)도 그분을 무서워할 정도였는데, 어쩐 일인지 레닌 앞에 섰을 때 떨리더라는 내용이었습니다"라고 했다.

105 | 위와 같음.

106 | 김승빈, 「中領에서 進行되던 朝鮮解放運動」, 33쪽.

107 | 홍범도, 「자서전」, 265쪽; 김승빈, 「中領에서 進行되던 朝鮮解放運動」, 33쪽. 홍범도는 이때 받은 100루블을 곧바로 '함공후원회'와 '세계혁명자후원회(모플)'에 기부했다(이 책 139쪽 자료 ② 앙케이트 참조).

108 | 「홍범도 일지」(이함덕본), 27쪽. 김용남에 따르면, 레닌이 홍범도에게 선물한 마우저 권총 손잡이에는 '레닌으로부터 홍범도에게'라는 글귀가 러시아어로 써 있었다고 한다.(김기원, 「민족반일투사 영웅을 추모하여-홍범도 탄생 125주년과 그의 사망 50주년에 즈음하여」, ≪고려일보≫, 1993년 11월 6일자, 3면 참조).

6. 맺음말

이동휘 등이 3·1운동 후 블라디보스토크에서 조직한 '독립군정부'에서 '대한독립군대장'으로 임명받은 홍범도는 1919년 12월 북간도로 이동했다. 이후 홍범도는 북간도지역에 대중적 기반이 있는 대한국민회, 그리고 봉오동 지역의 전통적 토착세력인 최진동의 군무도독부와 연합했다. 삼단연합이라 불린 이 연합조직은 1920년 6월 초 봉오동전투에서 일본군에 대한 승리를 이룰 수 있었다. 당시 홍범도의 직책은 통합된 삼단연합, 즉 대한북로독군부의 '북로정일제1군사령부 사령장관'이었다.

그러나 봉오동전투 이후 8월 초에 이르러 홍범도는 대한국민회, 그리고 최진동의 군무도독부와 결별했다. 이에 따라 대한국민회는 안무를 '사령장관'으로 하는 별도의 군사조직인 대한국민군사령부를 편성했다. 대한국민회는 이제 홍범도를 지원하던 단계에서 벗어나 독자적인 군사조직을 창설하고 항일무장활동에 나서게 된 것이다.

이 최초의 삼단연합이 깨어진 후, 홍범도는 서로군정서, 북로군정서와 새로운 삼단연합을 추진했지만, 이를 실현하기 전에 북간도지역을 침공한 일본군과의 청산리전투를 벌였다. 이후 홍범도 부대는 안도현에서 서간도로부터 이동해온 이청천의 서로군정서 교성대(또는 의용대), 그리고 조동식의 광복단과 연합하여 총 400명 규모의 '대한의용군'을 조직하게 되는데 1920년 11월 중순경이었다. 홍범도가 대한의용군의 사령관으로, 이청천이 부사령으로 선임되었다.

청산리전투 전후 북간도 독립군 부대들은 러시아령으로 이동하게 되었는데, 청산리전투에 참여하지 않은 최진동의 군무도독부와 허근의 의군부 군대를 주축으로 하는 대한총군부, 그리고 대한국민회 소속 안무의 대한국민군이 먼저 이동했고, 뒤를 이어 홍범도·이청천의 대한의용군과 서일·김좌진의 북로군정서가 연합한 '대한통의부'가 이동했다. 이처럼 시차를 두고 노령 이만으로 이동한 이들 부대는 이만에 주둔하다가 원동공화국 제2군에 의해 무장해제를 당한 후 각각 러시아 아무르 주(흑룡주) 자유시로 갔다.

한편 여기에서는 만주지역 독립군 단체들이 흑룡강성 밀산에서 총결집하여 '대한독립군단'이라는 통일군단을 결성한 후 노령 이만으로 이동했는데, 이 과정에서 규모나 참여단체 수가 크게 과장되게 파악한 한국학계의 통설이 잘못되었음을 밝혔다. 이 통설은 해방 후에 간행된 출판물을 통해서 확산되기 시작했는데, 이후 이를 비판 없이 인용한 연구자들에 의해서 정설로 굳어지게 된 것이다.

또한 1921년 12월 초(음력으로 추정됨) 밀산 호림의 현(縣)경계지대인 십리와에서의 1차 회의, 호림현 도목구(到木溝)에서의 제2차 회의에서 대한의용군(대한독립군과 서로군정서 교성대)과 북로군정서가 통의부라는 연합조직을 편성하게 된 사실을 밝혔다. 이른바 '대한독립군단'으로 확대된 것으로 알려진 이 연합부대에는 서일의 북로군정서, 홍범도(대한독립군)·이청천(서로군정서 교성대)·조동식(광복단)의 대한의용군 두 군대가 결합한 것이다. 그리하여 그동안 학계에서 만주지역에서 활동하던 10여 개의 독립군단체들 모두가 노령으로 이동하기 전에 밀산지역에 집결하여 '대한독립군단'을 결성하였다고 하는 이른바 통설은 수정되어야 한다.

■ 참고문헌

≪勸業新聞≫. ≪獨立新聞≫. ≪레닌기치≫.
「홍범도 일지」(이함덕본).
홍범도. 「리력서」(이인섭 필사본).
홍범도. 「자서전」(김세일. 1989. 『역사기록소설 홍범도』 제4권. 제3문학사에 수록)
이영일. 『리동휘 성재 선생』(수고본).
김규면. 『老兵 金規勉의 備忘錄에서』(수고본).
『不逞團關係雜件 朝鮮人의 部 在西比利亞』(日本外務省史料館 所藏), 제4·5권, 제13권.
　　국사편찬위원회 소장본.
『不逞團關係雜件-朝鮮人의 部-鮮人과 過激派)』(日本外務省史料館 所藏), 제2·3권. 국사
　　편찬위원회 소장본
십월혁명십주년원동대긔념준비위원회 편. 1927. 『십월혁명십주년과 쏘베트고려민
　　족』. 해삼위도서주식회사 크니스노예델로.
최호림. 1932. 『遠東邊疆高麗人生活 歷史抄錄』(手稿本), 第一冊. 하바로브스크.

국사편찬위원회. 1997. 『한국독립운동사자료』, 제34권.
국사편찬위원회. 『한국독립운동사 자료 7(안중근편 II)』(국사편찬위원회 한국사데이
　　터베이스).
국사편찬위원회. 『한국독립운동사자료 12(의병편 V)』(국사편찬위원회 한국사데
　　이터베이스).
국사편찬위원회 대한민국임시정부자료집 편찬위원회 편. 2006. 『대한민국임시정
　　부 자료집 I』, 제6권·제11권.
독립기념관 독립운동사연구소. 1999. 『안중근의사자료집』.
이인섭. 「홍범도장군」 상권 『이인섭과 독립운동자료집』, 제III권. 독립기념관 한국독
　　립운동사연구소. 2011.
『한국독립운동사자료집-홍범도편』. 1995. 한국정신문화연구원.

국가보훈처. 1997.「北間島지역 獨立軍團名簿」.

국사편찬위원회. 1968.『한국독립운동사』3. 정음문화사.

金正明.『朝鮮獨立運動』II. 原書房. 1967.

金正柱.『朝鮮統治史料』8. 韓國史料研究所. 1970.

김준엽·김창순 편. 1980.『「在露高麗革命軍隊沿革」. 한국공산주의운동사 자료편』1. 고려대 아세아문제연구소.

梶村秀樹·姜德相 編.『現代史資料』26·27·28. みすず書房. 1970.

반병률. 2009.「러시아연해주 13도의군 창설지 문제」. 이태진교수 정년기념논총간행위원회.『사회적 네트워크와 공간』. 태학사.

_____. 2009.『1920년대 전반 만주·러시아지역 항일무장투쟁』(한국독립운동의 역사 49). 독립기념관 한국독립운동사연구소.

_____. 1998.『성재 이동휘 일대기』. 범우사.

서중석. 2001.『신흥무관학교와 망명자들』. 역사비평사.

신용하. 1985.『한국민족독립운동사연구』. 을유문화사.

안동기념관 편. 2008.『국역 石洲遺稿』. 경인문화사.

애국동지원호회 편. 1956.『韓國獨立運動史』.

유준기. 2005.「독립운동기지 한흥동 건설과 독립운동가의 망명 경로─이승희를 중심으로」.《한국민족운동사연구》42.

윤상원. 2009.「러시아지역 한인의 항일무장투쟁 연구(1918-1922)」. 고려대학교 대학원 한국사학과 박사학위논문.

池憲模. 1949.『青天將軍의 革命鬪爭史』. 三星出版社.

蔡根植. 1948.『武裝獨立運動秘史』. 大韓民國公報處.

최광식 역주. 2004.『단재 신채호의 天鼓』. 아연출판부.

2장

홍범도 장군과 러시아(소련)의 고려인사회

1. 머리말

홍범도는 한반도는 물론 해외 한인들, 특히 고려인사회에서 크나큰 존경을 받은 몇 사람 가운데 하나이다. 카자흐스탄의 한글신문 ≪고려일보≫의 김보리쓰 기자는 1994년에 기고한 글에서 홍범도를 "전설적인 빨찌산이며 열렬한 독립투사"라고 평가했다.[1] 간략하지만 홍범도에 대한 고려인사회의 압축적인 인식이라 봐도 좋을 것이다. 홍범도의 부하들은 홍범도를 '홍 대장'이라고 불렀는데, 함께 노동하고 고난을 나누며 투쟁했던 지도자

---

[1] 김보리쓰, 「홍범도 장군을 추모하여」, ≪고려일보≫, 1994년 10월 29일자, 1면.

에 대한 깊은 존경과 사랑이 담겨 있는 칭호였다.[2]

그런데 일제가 러시아에서 철수하게 되는 1922년 말 시베리아내전 종결 후, 소비에트러시아의 사회주의 건설과정 시기에 홍범도 장군의 삶과 활동 은 자료가 부족하여 사실적 차원에서조차 확인되지 않는 것들이 많았다. 특히 1937년 중앙아시아로의 강제이주 이후 그의 말년에 대한 연구는 부정 확하고 불확실한 부분이 많을 수밖에 없었다. 홍범도의 말년에 대한 억측 과 부정확한 정보가 그럴듯하게 퍼진 것도 그러한 사정에서 비롯된 것이 다. 그리하여 북간도지역의 일부 지식인들에 의해 홍범도의 출신배경에 대 한 참으로 어처구니없는 왜곡이 한국의 언론을 통해 공공연히 보도된 바, 이는 홍범도의 공훈을 빌어 현재적 명예와 이득을 확보하려는 얄팍한 기도 가 아닐 수 없었다. 이러한 사태에 대해 홍범도가 말년을 보냈던 중앙아시 아의 한인들이 크게 반발하기도 했다.[3]

---

2 | 1910년 일본의 강제병합이전 국내진공을 준비하고 있던 홍범도가 공식적으로 대내외 에 사용한 명칭은 '창의대장(倡義大將)'이었다.

3 | 1988년 10월 22일자 ≪한국일보≫는「홍범도 장군 북간도서 병사했다」라는 제목의 기 사를 내고, 홍범도 장군이 중앙아시아 크즐오르다가 아닌 북간도 화전자(樺甸子)에서 1943년 74세를 일기로 사망했으며 고인의 묘소도 화전자 대문령에 있다고 보도했다. 이 보도에 대해 소련지역 한글신문인 ≪레닌기치≫ 사측에 독자들이 격분에 찬 편지와 기사들을 보내왔다. 특히 ≪레닌기치≫에 장편소설『홍범도』를 연재했던 김세일과 역사학 박사 박콘스탄틴(Pak Konstantin)이 모스크바로부터, 이 기사의 실증을 주장한 중화인민공화국 역사가 세 명의 경솔한 태도에 격분을 표하면서 ≪한국일보≫의 검증 되지 않은 기사에 대하여 유감을 표시했다. ≪레닌기치≫, 1989년 4월 11일자(3면)에 게재된 김기철의「홍범도 장군의 전투경로와 쏘련에서의 만년생활」은 북간도에서 제 기한 홍범도 장군의 말년에 대한 황당한 설이 근거가 없으며 날조되었음을 밝힌 글이 다. 고려인 문학평론가 정상진은 김기철을 고려인 문학계에서 "가장 산문문학의 文華 가 높으신 분"으로 평가하면서, 김기철은 홍범도를 "세상에서 가장 존경하고 숭배하다 시피 모"셨던 인물로 출장 전후에는 반드시 홍범도를 찾아가 인사를 했던 인물이라고 한다. 김기철은 홍범도 사후에 길거리에서 만난 정상진을 껴안고는 "상진이, 장군님이 돌아가셨소. 조선 해방도 보시지 못하고…" 하며 흐느껴 울었다고 쓰고 있다.[정상진,

여기에서는 시베리아내전이 종결된 1923년 이후 러시아(소련)에 정착하게 된 홍범도의 말년의 삶을 추적하고 고려인사회에서 홍범도 장군이 어떻게 기념되고 추모되어왔는지를 살펴보고자 한다. 그리고 러시아 한인사회에서 홍범도의 삶과 항일투쟁의 역사가 갖는 의미와 교훈을 짚어보고, 홍범도 장군의 삶과 활동과 관련하여 잘못 알려졌거나 제대로 검증되지 않은 사항들을 검토하고 향후의 연구과제로 제시하고자 한다.

2. 망명 이후 러시아·만주지역에서의 항일투쟁(1910~1922년)[4]

1) 1910년대 항일무력투쟁(독립전쟁) 준비활동

홍범도가 러시아로 망명하게 된 것(제1차 망명)은 1908년 말이다. 1904년 이후 1908년까지 계속된 전투와 일본군의 가중된 공격과 집요한 추적으로 홍범도부대는 탄환이 절대적으로 부족해졌다. 탄환이 없어 총을 버려야 할 절박한 상황이었다. 이러한 상황을 타개하기 위해 홍범도는 특유의 탄약확보방책에 따라 1908년 10월 9일(음력) 혜산진의 일본군 수비대(150명)를 공격하여 점령했다. 그러나 전투결과 불과 수십 명의 의병만 남게 되었을 뿐만 아니라 일본군의 추격까지 받게 되어 압록강 건너편의 남만주 '탕해'로

『아무르만에서 부르는 백조의 노래: 북한과 소련의 문학예술인들 회상기』(지식산업사, 2005), 228쪽 참조].

4| 이하, 망명 이후 홍범도의 항일무장투쟁에 관한 서술은 별도의 인용 표기가 없는 경우 반병률, 「홍범도(1868~1943)의 항일무장투쟁에 대한 재해석」, ≪국제한국사학≫ 창간호(2013)에 의거했다.

망명했다. 이때 만주로 망명한 홍범도부대의 의병 수는 40여 명이었다. 이들은 다시 길림으로 건너갔는데 홍범도를 비롯한 김창옥·권감찰·아들 홍용환 네 명은 러시아 연해주로 넘어가고, 의병 40여 명은 탕해로 되돌아갔다.

홍범도는 우수리스크, 블라디보스토크를 거쳐 연추(烟秋, Yanchikhe)에서 이범윤 등을 만나 김충렬·조화여의 감금과 자금탈취를 따진 후, 다시 추풍(秋豊, 秋風, Suifen)으로 가서 국내진공을 위한 의병자금모집에 착수했다. 자금을 횡령한 총무 박기만 처형, 그로 인한 문창범 등 지방토호들에 의한 감금, 러시아군대에 의한 석방 등 우여곡절에도 불구하고 홍범도는 동지 30여 명과 함께 무장하고 함북 무산에 진출하여 17명의 일본군을 사살하는 등 성과를 거두었으나 일본군의 반격을 받아 동행한 의병 모두가 체포되었다. 혼자 살아남은 홍범도는 안도현(安圖縣) 내도산으로 탈출한 후 차를 타고 블라디보스토크로 돌아왔다.

러시아로 귀환한 홍범도는 1910년 6월 21일 일본의 강제병합을 저지하기 위해 연해주의병들이 최후의 대일무장항쟁을 목표로 결집한 13도의군의 참모부 의원으로 선임되었다. 그 뒤 홍범도는 1911년 6월에 발기된 권업회의 부회장으로, 그리고 이후 12월 17일에 정식으로 창립된 권업회의 사찰부장으로 선임되었다. 이러한 공적 활동 외에 홍범도는 블라디보스토크의 노동판에서 3~4개월간 짐꾼으로, 2년간 금광의 광부로 일했고, 그때 벌은 임금으로 추풍 당어재골에서 아편 재배를 했다. 이어 니콜라옙스크-나-아무레의 어장과 기타 광산 등에서 막일로 벌은 3,050원을 가지고 이만으로 나와 오연발총(17정)과 탄환(1,700발) 등 무기를 구입하고 의병을 모집하여 봉밀산의 김성무의 농장으로 갔으나 국내로 진격하지 못했다. 이후 1915년 7월 26일(음력)부터 2년 반 동안 사냥하며 지내다가 총을 추풍 당어재골의 최병준 집으로 보낸 뒤로는 1년간 농사를 지었다.

2) 3·1운동 이후 만주지역에서의 항일무장투쟁

러시아 연해주 추풍 당어재골에서 농사를 짓고 있던 홍범도가 항일무장투쟁을 재개한 것은 1919년 3·1운동이 발발한 이후이다. 땅이 묻어두었던 총을 꺼내고 의병을 모집했다. 탄환·군복·천리경 등으로 무장한 106명의 홍범도부대가 본격적인 항일무장투쟁을 위해 발진한 것은 1919년 10월 1일이었다.

만주지역에서의 홍범도부대의 활동과 러시아로 이동하기까지의 과정에 대해 러시아의 퇴역 해군 중좌 세벨킨(F. Sevelkin)은 다음과 같이 잘 정리해놓았다.

> 홍범도부대는 북만주일대에서 활동하면서 혹은 단독적으로 혹은 다른 부대들과 련합하여 5차에 걸쳐 대전투를 진행하여 수천 명의 왜적을 섬멸하고 적지 않은 전리품을 로획하는 대단한 전과를 거두었다. 그러나 유생력량과 군사기재의 예비를 갖고 있지 못하는 홍범도부대는 나날이 증강되는 일본정규군들과의 투쟁을 오래 계속할 수 없었다. 이러한 형편에서 홍범도는 자기 부대를 거느리고 로씨야 원동지역에 넘어와서 로씨야 붉은군대와 빠르찌산 부대들과 어깨를 나란이 하여 공동한 원쑤인 일본 및 기타 외래 침략군들과 로씨야 백파들을 반대해 싸우려고 결정하였다. 1921년 1월에 홍범도는 약 700명에 달하는 빠르찌산들을 거느리고 원동공화국 지역으로 넘어왔다.[5]

5| 퇴역해군중좌 F. 세웰낀, 「조선빠르찌산의 로병」, ≪레닌기치≫, 1968년 8월 27일자, 5면.

홍범도부대의 만주에서의 항일무장투쟁을 그가 단독으로 또는 연합하여 활동했던 군대의 명칭과 그의 직함을 중심으로 보면 다음과 같다.

- 대한독립군 대장(러시아 추풍 당어재골에서 발진하여 만주로 들어갈 때),
- 북로정일제1군사령부 사령장관(최진동의 군무도독부와 대한국민회와의 제1차 삼단연합, 1920년 5월 19일 봉오동전투),
- 대한독립군 대장(제1차 삼단연합 붕괴 후 단독 청산리전투, 1920년 10월 하순)
- 대한의용군 사령관(안도현 삼인방에서 이청천·김승빈의 서로군정서 교성대와 조동식의 광복단과 연합, 1920년 11월 중순),
- 대한통의부 부장(대한의용군과 서일·김좌진의 북로군정서와 연합, 제2차 삼단연합, 1921년 1월).[6]

3) 러시아로의 이동과 재기 모색

안도현 삼인방에 주둔하고 있던 대한의용군은 2개월간 체류한 후 북만주의 호림현을 거쳐 이만으로 넘어갔다. 1920년 12월 초에는 밀산(密山) 호림(虎林)의 현 경계지역인 십리와(十里窪)에서 북로군정서군대와 만나게 되었는데, 당시 북로군정서 군사의 수는 200명에 불과했다. 대한의용군과 북로군정서는 통합회의를 가진 후 통의부를 조직했다. 홍범도군대, 서로군정서, 북로군정서군대가 연합한 통의부는 1921년 2월 8일 중러국경을

---

6 । 반병률, 「홍범도(1868~1943)의 항일무장투쟁에 대한 재해석」, 81~101쪽.

넘어 이만 북방 독산평(獨山坪)에 집결했다. 통의부는 소지했던 무기들을 원동공화국 제2군단에 넘기고 제2군단 사령부의 주선으로 아무르 주(흑룡주)의 자유시로 수송되었다. 홍범도는 휘하 병사가 700명인데 380명은 남고 220명이 자유시로 갔다고 했다.[7]

자유시에는 홍범도군대처럼 만주에서 활동하던 독립군부대들 외에도 러시아에서 활동하던 한인빨치산부대들이 집결해 있었다. 이들 무장세력을 둘러싼 고려공산당의 양 파벌이 각축전을 벌였고, 국제공산당 동양비서부장 보리스 슈미야츠키의 일방적 지원을 받은 이르쿠츠크파의 승리로 귀결되었다.

1921년 6월 28일의 자유시참변은 이르쿠츠크파가 상해파계열의 독립군과 한인빨치산대를 탄압한 동족상잔의 비극적 사건이었다. 홍범도는 사건 당시 중립을 지켰으나 참변 이후 군사지휘권을 갖지 못하게 되었다. 이르쿠츠크파 고려공산당은 홍범도를 비롯한 최진동, 허근, 이청천, 안무 등 간도 독립군 대장들의 동의없이 이들과 공동 명의로 피해자인 상해파 인사들을 비판하고 자유시참변의 정당성을 주장하는 일련의 선포문들을 발표했다. 특히 홍범도는 자유시참변으로 체포된 장교들의 재판에 재판위원으로 이용되었다.

이후 홍범도는 1922년 1월 21일부터 2월 1일 모스크바와 페트로그라드에서 개최된 원동민족혁명단체대표회에 참가했는데, 이르쿠츠크파는 홍범도를 상해파의 지도자인 이동휘에 맞서는 인물로 부각시키려 했다. 레닌을 직접 면담한 홍범도는 '레닌으로부터 홍범도에게'라고 새긴 마우저 권

7ı 반병률, 「홍범도(1868~1943)의 항일무장투쟁에 대한 재해석」, 96~101쪽.

총(싸창), 100루블의 상금, 그리고 적군 정복(正服)과 모자를 선물로 받았다.[8]

3. 러시아 원동에서의 정착생활(1923~1937년)

홍범도는 원동민족혁명단체대표회에 참석한 후 2월 21일 출발하여 21일을 걸려 이르쿠츠크에 도착해 그곳에 머물렀다. 이후 9월 11일 블라고베셴스크(Blagoveshchensk)를 거쳐 하바롭스크(Khabarovsk)로 나와 며칠 있다가 9월 24일 자유시참변 당시에 홍범도가 가해자인 이르쿠츠크파의 진압에 맞서 "싸우지 않았다"며 사할린대 출신의 김창수와 김오남에게 피습당하여 이가 부러지는 부상을 입었다. 홍범도는 두 사람을 레닌으로부터 받은 싸총으로 사살하는 바람에 감옥에 구금되었으나 석방되었다.[9]

이후 홍범도는 이만의 '싸인발'(Sainbal)로 가서 3년 동안 농사를 짓고 '양봉조합(알쩨리)'를 조직하여 2년 동안 운영했으며, "스파스크-달리늬"(Spaask-Dal'ny) 진동촌으로 가서 '빨치산 알쩨리'를, 다시 흥개호변(邊) 신두힌스크 촌(村)으로 옮겨서 '한까이 꼬무나'를 조직하여 농사를 지었다. 1934년에는 시코토보 구역의 '치머우(Timukhe)'로 이주하여 콜호즈(Kolkhoz, 집단농장) '레닌의 길'과 연합했다. 이처럼 홍범도는 1923년 이후 1937년까지 집단농장에 종사했다. 이를 홍범도 자신의 회상에 기초한 「홍범도 일지」에 근거하여 정리하면 다음과 같다.

---

8 ı 김승빈은 홍범도가 레닌이 친필서명한 조선군대장이라는 증명장을 받았다고 썼다 (1958년 6월 9일자로 등서한 김승빈이 이인섭에게 보낸 편지 참조).
9 ı 「홍범도 일지」(이 책의 94~95쪽, 129쪽 참조). 홍범도가 석방된 것은 레닌, 슈미야츠키, 칼리닌이 서명한 증명서 덕분이었다.

(칼리닌 구역) 이만 싸인발(1923~1927.2)

이만 와구통(Boguton) 양봉조합(1927.3.6.~1928.7)

스파스크 구역 진동촌 빨치산 알쩨리[선봉조합](1928.7~1928년 가을)

(한까이 구역) '한까이 꼬무나'(신두힌스크촌 꼴호즈)(1928~1931)

'한까이 꼬무나', '직커우재 꼼무나'와 연합(1931~1933)

수청 시코토보 '레닌의 길' 꼴호즈와 연합(1934년)[10]

'한까이 꼬무나'(신두힌스크촌 꼴호즈)가 '선진경리' 명단에 오를 수 있었던 데는 위원장인 홍범도의 기여가 컸다.[11] 홍범도가 소련공산당에 입당한 것은 1927년으로,[12] 그가 '와구통'의 이만농촌에서 양봉조합(알쩨리)를 시작할 때이다. 홍범도의 입당 수속을 담당했던 소비에트회장이었던 김용환(김창수)의 동생 김용남은 '고려 국민학교 6학생'이었는데, 형의 지시로 세 명의 친구들과 함께 홍범도 장군을 회의실로 모시고 왔다고 한다. 입당한 후 홍범도는 레닌으로부터 선물 받은 권총을 김용환에게 선물로 주었다고 하는데, 권총

10ı 「홍범도 일지」(이함덕본), 27~29쪽; 홍범도, 「이력서」(김기철, 「홍범도 장군의 전투경로와 쏘련에서의 만년생활」에 수록됨) 참조. 1928년 가을 연해주 이만구역 '차우돈까'라는 한인촌에서 농사에 종사하고 있던 홍범도를 만난 바 있는 김준은 다음과 같이 회상했다. "내가 처음 장군을 만나 본 때는 1928년 가을이었다. 원동 이만구역 '차우돈까'라고 하는 한인촌에서 농업에 종사하였다. 농부로서 홍범도 대장은 시넬과 또는 길다란 가죽끈을 어깨에 걸쳐 맨 야전가방은 벗지 않았다. 가방 속에는 나간권총이 있었다. 레닌에게서 선물로 받은 것이란다." 잔치집 방에 모인 사람들에 둘러싸인 홍범도는 자신이 의병투쟁에 나선 것은 일본이 한국 영토를 유린한 데 대한 분노였다고 회상했다. 특히 홍범도는 일본군인들이 자기 부인에게 수작을 걸고 행패를 부린 것이 직접적인 계기였다고 말했다고 한다(김준, 「홍범도 장군을 회상함」, ≪레닌기치≫, 1968년 8월 27일자, 5면).

11ı 김기철, 「홍범도 장군의 전투경로와 쏘련에서의 만년생활」, ≪레닌기치≫, 1989년 4월 11일자, 3면.

12ı 홍범도, 「이력서」.

손잡이에는 '레닌으로부터 홍범도에게'라는
러시아 글씨가 새겨져 있었다고 한다.[13]

홍범도는 만 60세가 된 1929년부터 연금
생활을 시작했다. 현재 1929년경 찍은 것으
로 추정되는 사진이 남아 있는데, 부인 이인
복과 그녀가 데려온 딸로 추정되는 아이와
함께 찍은 사진이다. 연금생활이 시작된 이
후 홍범도는 원동 각지의 도시와 농촌의 고
려인구락부, 군부대, 피오네르(소년단) 부
대와 야영(野營)에 빈번하게 초청되어 인민
대중과 청소년들에게 애국주의와 국제주

부인 이인복과 그녀의 아이와 함
께 찍은 것으로 추정되는 사진

의적 교양을 불어넣어 주었다.[14] 홍범도는 함공후원회와 세계혁명자후원
회(모플) 회원으로 활동했으며,[15] 우수리스크에 주둔하고 있던 제76연대의
명예군인이 되어 적군기념일에는 단골손님으로 초대되곤 했다.

당시 홍범도의 항일투쟁 역사는 이미 많은 사람에게 알려져 있었다.
1935년경 소련적군 군단장인 세묜 미하일로비치 부돈니(Semyon Mikha-
ilovich Budennyi)'가 블라디보스토크에 왔을 때, 당열성자들과 가진 '상봉
모임'의 주석단에 홍범도와 함께 앉게 되었는데 부존늬가 홍범도를 가리키
며 "저 사람은 누구인가?" 하고 물었다고 한다. 이 자리에서 항일투쟁에서
홍범도가 보여준 용감성과 대담성에 대하여 듣게 된 부존늬가 홍범도에게

13ᴵ 김기원, 「홍범도 탄생 125주년과 그의 사망 50주년에 즈음하여」, ≪레닌기치≫, 1993년 11
　　월 6일자, 3면. 김용남은 홍범도의 입당 시기를 1926년으로 기억했다.
14ᴵ 김기철, 「홍범도 장군의 전투경로와 쏘련에서의 만년생활」.
15ᴵ 홍범도, 「이력서」.

'원동민족혁명단체대표회'에 대표로
참가했을 당시의 사진

정부표창을 할 것을 제안하게 되었다.[16] 그리하여 당시 시코토보 구역 당위원회 문화선전부(선전선동부) 부장직에 있던 천세르게이가 홍범도에 관한 자료를 수집하라는 당구역위원장의 지시를 받아 홍범도를 방문하여 홍범도의 이력을 자세히 조사하게 되었다. 당시 홍범도는 '레닌의 길 콜호즈'에서 수직원(수위)으로 일하고 있었다. 천세르게이는 "뿌찌 레니나[푸치 레니나=레닌의 길 – 필자 주] 꼴호스에서 수직원으로 일하던 홍범도를 찾기가 쉽지 않았다. 나는 한주일 동안 그와 같이 살았다. 일본놈들이 벌벌 떨었다는 사람은 실지에 있어 아주 온순하고 겸손한 사람이였다. 나는 그이 말을 들으면서 리력서를 썼다"라고 회상했다.[17] 당시 홍범도는 "70 고개에 가까웠지만 진한 눈섶 밑의 억실억실한 눈은 정기가 돌고 있었다. 홍범도는 내가 찾아온 이유를 듣고 추억을 더듬어 가며 이야기를 시작하였다. 그가 전투장면을 그리는 때면 눈동자가 유난히 더 빛나는 것 같았다."[18]

홍범도는 천세르게이에게 기념으로 자신이 1922년 초 '원동민족혁명단

---

16 | 천세르게이, 「나이는 나의 재부」, 《레닌기치》, 1988년 5월 15일자, 5면. 천세르게이의 아버지 천준세는 홍범도부대를 위한 원호금을 모집할 당시 오블르츠(Obluch'e) 구역 한인사회의 열성자로서 도움을 주었다고 한다.
17 | 천쎄르게이, 「나이는 나의 재부」, 《레닌기치》, 1988년 5월 15일자, 5면.
18 | 남경자, 「한생을 보람 있게」, 《레닌기치》, 1987년 10월 29일자, 3면.

체대표회'에 대표로 참가했을 당시 레닌으로부터 선물로 받은 적군모와 마우저 권총을 차고 모스크바 크레믈린궁 앞에서 찍은 사진을 주었다.[19] 홍범도 사진들 가운데 이 사진이 오늘날 우리에게 가장 널리 알려져 있다.

4. 카자흐스탄에서의 말년(1937~1943년)

1) 크즐오르다에서의 말년

홍범도는 1937년 강제이주 당시 기차에 실려 중앙아시아 카자흐스탄 얀쿠르간(Iany-Kurgan) 지방의 사나리크(Zhanaaryk) 셀소비에트(농촌소비에트)로 이주하게 되었다. 홍범도가 처음으로 정착한 사나리크 셀소비에트는 카잘린스크(Kazalinsk) 도시구역 남쪽의 시르다리아(Syrdaria) 강 건너편 남쪽에 위치하고 있었다. 이후 1938년 4월 초에 홍범도는 크즐오르다 도

---

[19] 사진의 뒷면에는 다음과 같이 쓰여 있다.

천동무에게
1921년 모쓰크바에서 찍은 나의
사진을 당신에게 긔렴품으로
선사합니다.
3/I 36 г. 치머우 구역 내 레닌길
조합에 있는 홍범도로붙어
ХонБомдо
На память Тоб Чену
от ХонБомдо
Сняб. в 1921 г. В Москве
Шкотово колхоз "Путь Ленина"
3/I 36 г.

시구역으로 이사했는데,[20] 이 무렵 사위 송용준을 찾는 신문광고(≪레닌의 긔치≫ 1938년 6월 10일자)에 적힌 홍범도의 주소는 "크라스니 가라도크 (Красныйгородок, 붉은 구석) 60번지"였다.[21]

크즐오르다로 이사한 직후 홍범도는 경찰서에 불려가 조사받은 일이 있다. 서마리야라고 하는 고려인 여자의 무고 때문으로, 그녀는 홍범도와 사돈 간이었다. 홍범도는 이 일로 몸소 소중히 보관해오던 당책(당원증), 빨치산 책, 생활비, 목필책, 혁대, 철필, 안경, 망원경을 압수당했다가 5월 11일에 되돌려받았다. 이 여자는 자신의 떳떳치 못한 과거 행적을 잘 알고 있는 홍범도를 무고한 것이었다. 홍범도는 서마리야 때문에 매우 분개했던 것으로 보인다. 자신의 일지에 서마리야의 과거 행적에 대하여 자세히 언급해 놓았을 뿐만 아니라, 서마리야의 과거 행적을 적어 경찰서에 제출했던 것이다.[22]

크즐오르다 시로 이주한 직후 홍범도의 생활은 여유롭지 않았던 것으로 보인다. 그는 6월 18일부터 3개월간 90루블을 받고 병원의 경비로 일하기도 했다.[23] 홍범도의 이러한 사정을 알게 된 고려극장 관계자들이 홍범도에게 월 50루블을 받을 수 있는 수직원 자리를 만들어주었다. 홍범도는 낮에 '극장 없는(전용 건물이 없는) 극장'인 고려극장의 빈 창고에 모아둔 무대기구들을 지켰다.[24] 그리하여 홍범도가 연금(80루블)과 합하여 여유로운 말년을 보낼 수 있었다.[25]

20, 「홍범도 일지」(이함덕본), 27~29쪽.
21, 홍범도, 「송용준을 찾소」, ≪레닌의 긔치≫, 1938년 6월 10일자, 4면.
22, 「홍범도 일지」(이함덕본), 31~32쪽.
23, 「홍범도 일지」(이함덕본), 32쪽.
24, 이인섭, 『망명자의 수기』(한울아카데미, 2013), 384쪽.

1937년에서 1943년에 이르는 약 6년의 말년 시기에 홍범도의 생활은 다른 고려인들의 그것과 별다른 차이가 없었던 것으로 보인다. 고려인들이 정치적인 이유로 대거 체포되어가고 있던 상황에서 홍범도 역시 매우 신중하게 처신했던 것으로 보인다. 당시 크즐오르다에서 정배살이를 하고 있던 이인섭은 홍범도를 남들의 눈에 띄지 않게 밭에서 조심스럽게 만나야 했다고 회상했다. 1938년 크즐오르다에서 홍범도를 만났던 고려인 작가 김기철은 홍범도가 "가끔 귓속말로 '조심해, 걸리지 말아라'고 타일러 주시군 하였다"라고 회상했다.26

1941년 6월, 독소전쟁이 발발한 이후 홍범도는 소련에 대한 애국적 열정을 드러냈다. 다음의 일화는 잘 알려져 있다. 홍범도가 주당위원회에 찾아가 전선으로 보내달라고 요청했으나 나이가 많아 거부되었다는 것이다. 그러자 홍범도는 자기는 늙어도 젊은이 못지않게 총을 쏠줄 안다면서 병마개를 세워놓고 백 보 밖에서 총을 쏴서 명중시켰다고 한다. 그러나 담당일꾼들은 홍범도 장군에게 후방에서의 노동도 전선을 위한 것이기에 하던 일을 계속하라고 권고했다고 하는 일화이다.27

홍범도의 이러한 애국적 열정은 ≪레닌의 긔치≫ 신문에 기고한 글 「원쑤를 갚다」에서도 확인할 수 있다. 홍범도는 1919년 10월 추풍지역에서 6명의 러시아빨치산들과 연합투쟁한 일화를 소개하면서 '조국' 소련을 위해 전선에 나설 것을 촉구했던 것이다. "나는 지금 늙엇다. 그러나 나의 마음이 지금 파시쓰트들과 전쟁을 한다. 젊으니들! 모도 무긔를 잡고 조국을 위

25ㅣ 김기철, 「홍범도 장군의 전투경로와 쏘련에서의 만년생활」.
26ㅣ 김기철, 「홍범도 장군의 전투경로와 쏘련에서의 만년생활」.
27ㅣ 리정희, 「장군 홍범도의 죽음」, ≪한국연극≫, 1989년 4월호, 21쪽.

하여 용감하게 나서라!"[28]

1943년 가을, 홍범도는 몸이 편치 않고 자주 앓게 되자 크즐오르다에 있는 친구들을 집으로 청하고 자기가 기르던 돼지를 잡으라고 했다. 홍범도는 친구들과 술을 함께 마시면서 "어쩐지 몸이 좋지 않으니 이게 마지막을 [일] 줄도 모르니까 한번 친구들게 대접을 하고 싶소"(대괄호는 필자)라고 말했다. 며칠 후 홍범도가 세상을 떠난 사실을 알게 된 친구들은 홍범도가 자기들과 하직인사를 했다는 것을 알게 되었다고 한다.[29]

홍범도는 1943년 10월 25일 사망했다. 그의 사망부고 중 하나는 "크슬-오르다 정미공장 일꾼 일동"으로, 또 하나는 강알렉세이·김블라지미르·서재욱·남해룡·김학권·김기순 6명의 레닌기치 신문 직원들 이름으로 10월 27일자 ≪레닌의 긔치≫ 2면에 게재되었다. 두 번째 부고에서는 "우리 조국에와 볼세비크에 퍽 충직하신 홍범도 동무는 자기의 생의 경로를 진실히 맞추고 길이 돌아가시었다"라고 추모했다.[30] 홍범도는 사망 당시 크즐오르다 정미공장 당세포에 소속되어 있었다.[31] 홍범도가 사망하기 전 살았던 주소는 크즐오르다 시 스테프나야 거리 2번지였다.[32] 카자흐스탄 크즐오르다 시 신분등록소에 보존되어 있는 홍범도 장군의 사망증서에는 "공민 - 홍범도, 사망년월일 - 1943년 10월 25일, 연령 - 75세, 사망원인 - 노쇠, 사망지대 - 크즐오르다시"라고 기재되어 있다고 한다.[33]

28, 이전 빠르찌산 홍범도, 「원쑤를 갚다」, ≪레닌의 긔치≫, 1941년 11월 7일자, 4면.
29, 리정희, 「장군 홍범도의 죽음」, 21쪽.
30, ≪레닌의 긔치≫, 1943년 10월 27일자, 2면.
31, 이인섭, 「존경하는 김경인 동지 앞」(1958년 12월 11일 편지에 대한 답장), 3쪽
32, 박왈렌찐, 「인민의 추억 속에 길이 살아 있다」, ≪레닌기치≫, 1988년 12월 27일자 3면.
33, 김기철, 「홍범도 장군의 전투경로와 쏘련에서의 만년생활」.

2) 연극 〈홍범도〉

홍범도가 크즐오르다로 이주한 지 한 달쯤 지난 뒤부터 고려극장의 극작가 태장춘은 홍범도를 주인공으로 한 희곡 작품을 쓰기 위해 홍범도를 자기 집으로 여러 날 초대했다. 연극 〈홍범도〉의 희곡은 태장춘이 "홍범도와 친히 담화하면서 지은 것"이었다.[34] 그리하여 고려극장은 태장춘이 희곡을 쓰고 채영이 연출한 연극 〈의병들〉(홍범도)의 첫 공연을 가졌는데 홍범도가 살아 있을 때였다. 주인공 홍범도역은 후일 인민배우가 되는 김진이 맡았다.[35]

당시 태장춘의 친우들은 "지금 조선 사람들이 일본간첩의 누명을 쓰고 이 먼 중아시아까지 끌려와 있는 처지에 조선의병대장을 주인공으로 하는 희곡을 쓸 필요가 있겠는가"라고 하며 태장춘을 만류했다고 한다. 그러나 당시 레닌기치 신문사에서 일하고 있던 시인 조기천이 찾아와 "사실만 왜곡하지 않는다면, 제나라와 백성을 위해서 싸운 력사적 인물은 언제나 거인으로 남아 있기에 이런저런 사정을 보지 말고 작품창작에 착수하라"라며 격려해주었다고 한다.[36]

현재 남아 있는 기록들에는 연극이 공연된 시기와 장소가 다르게 되어 있다. 작가이며 소련기자동맹 맹원인 김기철은 "태장춘 동무가 1940년 12월 15일에 희곡 「홍범도」를 완성하고 1941년 1월 16일에 크즐오르다시에서 그의 초연이 있었다"라고 적었다.[37] ≪고려일보≫의 기자인 김기원은

---

34 | 이인섭, 「존경하는 김경인 동지 앞」(1958년 12월 11일 편지에 대한 답장), 3쪽.
35 | 김기원, 「홍범도 탄생 125주년과 그의 사망 50주년에 즈음하여」.
36 | 리정희, 「장군 홍범도의 죽음」, 21쪽.
37 | 김기철, 「홍범도 장군의 전투경로와 쏘련에서의 만년생활」.

1960년 맹동욱의 연출로 공연된 〈홍범도〉의 한 장면

"1942년에 크즐오르다 조선극장에서 태장춘이 쓴 각본에 의해 〈홍범도〉 연극이 상연되였다"라고 썼다.[38]

한편, 소군정 시기 북조선에 파견된 후 북조선 정부에서 문화선전부 제1부상을 지내다가 1957년 소련으로 망명하여 중앙아시아에서 오랫동안 ≪레닌기치≫의 기자로 활동했던 정상진 역시 연극 〈홍범도〉를 관람하게 된 일화를 남겼다. 그는 연극 〈홍범도〉가 1942년 봄 크즐오르다의 조선극장무대에서 연극으로 공연되었는데, 김기철과 함께 홍범도가 앉은 바로 뒷줄에서 관람했다고 회상했다.[39] 연극 〈홍범도〉의 공연 시기가 다르지만 (김기철은 1941년, 김기원, 정상진은 1942년), 김기철, 김기원, 정상진 모두 연극 〈홍범도〉가 크즐오르다에서 공연되었다고 한 점만은 일치한다.

한편, 고려극장 배우인 이길수는 고려극장이 크즐오르다에서 우시토베로 이주한 후 "태장춘이 집필하고 있던 희곡 「의병들」(홍범도)을 빨리 끝내게 하여 그해 5월 20일에 초연을 주었다"라고 썼다.[40] 김기철과 이길수의 기록은 〈홍범도〉 연극의 초연 장소(크즐오르다와 우시토베)와 일자(1941년

38| 김기원, 「홍범도 탄생 125주년과 그의 사망 50주년에 즈음하여」.
39| 정상진, 『아무르만에서 부르는 백조의 노래: 북한과 소련의 문학예술인들 회상기』, 229쪽.
40| 리길수, 「전선을 돕기 위하여」, ≪레닌기치≫ 1989년 5월 9일자, 4면.

1월 16일과 1942년 5월 20일)가 다를 뿐만 아니라, 고려극장이 우시토베로 이주한 시점도 달리 기술하고 있다. 즉, 김기철은 1942년 4월로, 이길수는 1942년 2월 23일로 적고 있다. 이길수가 앞서 게재된 김기철의 글을 읽었을 가능성이 있으며, 그가 고려극장 배우였다는 점에서 그의 기록이 신빙성이 있을 수 있지만 추후 검토가 필요한 부분이다.

우리의 흥미를 끄는 것은 홍범도가 연극 〈의병들〉(홍범도)의 초연을 관람했는가의 여부이다. 이길수는 이 문제에 대해 언급해놓지 않았다. 다만 김기철은 (크즐오르다에서) 홍범도가 연극 〈홍범도〉의 공연이 끝난 후 배우들이 "연극이 맘에 드십니까?" 하고 묻자, 홍범도는 "너무 추네, 추어 … 하나 연극을 아무리 잘 놀아도 백두산 포수의 백발백중인 총재간이야 뵈여주지 못하지" 하며 너털웃음을 지었다고 회상했다.[41]

한편, 리정희는 연극 〈홍범도〉 공연 당시 활동했던 배우들의 증언을 바탕으로 쓴 글에서 1942년에 고려극장이 연극 〈홍범도〉를 공연했다고 썼다. 그리고 홍범도가 연극이 초연된 첫날 개막사를 하였는데, 그의 제의에 따라 공연수입을 "몽땅 나라 방어폰드에 기부하였다"라고 한다. 연극 〈홍범도〉가 우시토베에서 공연되었다면, 홍범도가 크즐오르다에서 우시토베로 초청되었을 것이다.

41」김기철, 「홍범도 장군의 전투경로와 쏘련에서의 만년생활」. 김기철과 함께 연극을 관람했던 정상진 역시 같은 내용의 회상을 남겼다. 관람 중에 김기철이 귓속말로 "상진이, 태장춘이 확실히 재간 있는 사람이야! 됐소! 장군의 모습이 제대로 된 것 같아!" 라고 말했으며, 연극 후 관객들이 일어서서 홍범도를 향하여 박수를 보내자 홍범도가 일어나 손을 들어 답례했다고 한다. 배우들이 무대에서 객석으로 내려와 홍범도의 손을 잡고 감상을 묻자, 홍범도는 "너희들이 나를 너무 추켰구나!" 하며 웃었다고 회상했다(정상진, 『아무르만에서 부르는 백조의 노래: 북한과 소련의 문학예술인들 회상기』, 230쪽 참조).

태장춘의 희곡 「홍범도」는 ≪레닌의 긔치≫ 1945년 10월 3일자 3면 전면에 그 일부(제3막 제2장과 제4막)가 소개되었다. 이 부분에는 일본군과 임재덕·김원홍 등 친일파들의 행각과 홍범도부대 의병들의 애국적 투쟁이 잘 묘사되어 있다.[42] 이길수는 독소전쟁 시기 후방에서 문화적 지원에 나서고 있던 고려극장의 활동을 정리하는 가운데, 연극 〈홍범도〉가 "독일파 쏘들을 몰아내기 위한 쏘련인민의 투쟁과도 많은 공통성이 있다. 후방전선에서 헌신분투하는 사람들에게 승리에 대한 신심을 북돋우어 주었다"라고 평가했다.[43]

연극 〈홍범도〉는 1942년의 초연에 이어 1947년에,[44] 그리고 이후 1957년에 다시 공연되었다고 알려져 있으며,[45] 1960년에는 맹동욱의 연출로 새롭게 각색된 희곡으로 다시 공연되었다고 한다.[46]

3) 「홍범도 일지(일기)」[47]

「홍범도 일지(일기)」는 표현은 '일기' 또는 '일지'이지만, 매일의 일을 적은 명실상부한 '일기'는 아니다. 현재 전해지고 있는 3개의 필사본은 '일기' 형식이라기보다 '약전'에 해당하는 것이다. 또한 대담상대가 있는 구술형

42| 태장춘, 「홍범도」, ≪레닌의 긔치≫, 1945년 10월 3일자, 3면.

43| 리길수, 「전선을 돕기 위하여」.

44| 「발굴 희곡 홍범도」, ≪한국연극≫, 1989년 4월호, 30쪽.

45| 정상진, 『아무르만에서 부르는 백조의 노래: 북한과 소련의 문학예술인들 회상기』, 229쪽.

46| 「맹동욱 인터뷰」, 대담자 반병률, 2005년 2월 20일, 모스크바; 카자흐스탄 국립고려극장, 『흐르는 강물처럼: 사진으로 보는 고려극장 6년(1932-1999)』, 45쪽.

47| 「홍범도 일지」의 여러 판본과 관련 쟁점에 대하여는 반병률, 「홍범도 일기' 판본 검토와 쟁점」, ≪한국독립운동사연구≫ 31(2008), 429~453쪽 참조.

식으로 서술된 부분도 있어서 「홍범도 일지」의 기초가 되었을 법한, 홍범도가 직접 쓴 다른 메모 또는 기록책이 있을 가능성도 없지 않다.

「홍범도 일지(일기)」와 관련된 문제는 매우 복잡하다. 우선 「홍범도 일지」의 작성 시기를 파악하기 위해 「홍범도 일지」의 내용을 검토해보자. 「홍범도 일지」는 1938년 6월 24일(음력, 양력으로는 1938년 7월 21일)에서 끝을 맺고 있다. 이는 홍범도가 카자흐스탄 크즐오르다에 있을 때 「홍범도 일지」를 마무리했음을 의미한다. 즉 홍범도는 "1938년 6월 24일 우쁘로토호사에브 쎄쎄르 쏘베트 후보로 선님[선임]될 때에 우리 두 늙은 부처가 투표 찌[지] 부친 일도 있다"(대괄호는 필자)고 했다.[48] 이보다 앞선 부분에는 "끝흔 1938년 5월 11일에 끝임니다. Хон пен до[홍범도의 러시아어 표기]"(대괄호는 필자)라고 되어 있다.[49] 이후에 쓰인 부분은 1938년 5월 11일에 '일지'를 일단 마무리한 후 추가된 내용임을 알 수 있다. 21쪽에는 "18年전 고려독立萬歲[독립만세]가 불 일듯 함으로 농사고 무이고 나가자 하고 무더 두엇든 총을 끄집어 내여 일변 닥그며"(대괄호는 필자)라는 구절이 있다.[50] 여기에서 "고려독立萬歲"란 1919년의 3·1운동을 말하는 것이 분명하다. 이로부터 「홍범도 일지」는 홍범도가 카자흐스탄의 크즐오르다에 있을 때인 1938년 7월 21일 이후 어느 때에 작성된 것이라고 결론지을 수 있다.

「홍범도 일지」와 관련하여 제기되는 또 하나의 문제는 홍범도가 직접 쓴 것인가의 여부이다. 이와 관련하여 항일애국지사 홍파는 이인섭에게 쓴 편지(1970년 3월 22일자)에서 "홍범도 일기는 홍범도가 자수로[자기 손으로] 쓴

48ㅣ 「홍범도 일지」(이인섭본) 37쪽, 두 번째 문단.
49ㅣ 「홍범도 일지」(이인섭본) 36쪽, 두 번째 문단.
50ㅣ 「홍범도 일지」(이인섭본) 21쪽, 세 번째 문단.

것이 아니고 조선극장에서 일하는 태장춘이 각본 '홍범도'를 쓰기 위하여 홍범도에게 리력을 말하라고 하여 홍범도가 말하고 태장춘이 쓴 것"(대괄호는 필자)이라고 주장했다.[51] 태장춘이 홍범도의 구술을 받아 적었다는 설명이다.

그러나 홍범도가 직접 쓴 일기가 있었다는 사실은 고려인 지식인들 사이에 널리 알려져 있었던 것 같다. 고려인 작가인 김기철은 1989년 4월 11일자 ≪레닌기치≫에 기고한 「홍범도 장군의 전투경로와 쏘련에서의 만년생활」에서 "장군에게는 손수 쓴 일기책이 있었다. 이에 기초하여 희곡 「홍범도」와 장편소설 『홍범도』가 쓰였다. 그런데 이 일기책이 장편소설 『홍범도』가 탈고된 후 빨래할 때 상의 호주머니에 든 채 물속에 들어가 그 존재를 끌어내고만 것은 우리 모두에게 있어서 손실이 아닐 수 없다"라고 했다.[52]

여기에서 말하는 희곡 「홍범도」의 작가는 고려(조선)극장 극작가인 태장춘을 말하며, 장편소설 『홍범도』의 작가는 김세일이다. 따라서 빨래할 때 「홍범도 일지」를 잃은 장본인은 김세일의 부인이 된다.

한편, 한국의 독립기념관에 소장되어 있는 것은 여러 「홍범도 일지」 필사본들 가운데 김세일이 소장하고 있다가 기증한 것이다(물론 원본이 아닌 복사한 것이다). 김세일은 자신이 엮은 자료묶음에 대한 「편자의 말」에서 "'홍범도 장군의 일지'. [즉] 홍범도 장군이 손수 쓴 '일지' 원본은 재러 한인작가 김기철씨가 가져다 보고 뉘한테 빌려준 것이 없어졌고 지금 나한테 있는 것은 희곡 「홍범도」를 쓴 저명한 극작가 태장춘 씨의 부인 카사흐 공화국

51ı 홍파·숙정, 「이인섭·박인숙에게 보낸 편지」(1970년 3월 22일자).
52ı 김기철, 「홍범도 장군의 전투경로와 쏘련에서의 만년생활」. 김기철은 이보다 앞서 톰스크의 러시아연방 중앙고문서에서 홍범도 일기의 요약이라고 할 수 있는 홍범도 자필 이력서와 자서전을 입수했다고 한다.

인민배우 리함덕 씨가 베껴 쓴 '일지'의 첫 사본이다. 오늘에 와서 유일무이한 귀중한 문헌이다. 소설『홍범도』제5권의 마지막 끝에 발표된 것은 리함덕 씨가 베껴 쓴 그 '일지'의 사본을 나의 집사람 리지아가 베껴 쓴 것이다. 그런데 독자들 중에서 이 두 번째 사본의 정확성에 대하여 의문을 품은 사람들이 있기 때문에 리함덕 씨가 베껴 쓴 첫 사본을 이 '문헌집'에 엮어 넣는다"(대괄호와 고딕체는 필자)라고 했다.

홍범도가 손수 쓴 '일지' 원본의 행방에 대하여 김기철과 김세일이 서로 달리 주장하고 있음을 알 수 있다. 김기철은 김세일이 장편소설『홍범도』를 탈고한 후 김세일(실은 그의 부인)이 빨래하다가 분실했다고 했고, 김세일은 김기철에게 분실한 책임이 있다고 한 것이다. 현재로서 최초로 작성된「홍범도 일지」(즉 '홍범도본' 또는 '태장춘본')는 김기철이 빌려준 제3자나 김세일이 갖고 있다가 분실한 것으로 보이나 사실관계를 확인할 수 없는 미궁의 과제로 남아 있다.

홍범도가 직접 집필했든 또는 태장춘이 홍범도의 구술을 받아썼든 관계없이「홍범도 일지(일기)」의 원본은 분실된 것이 확실하다. 현재 남아 있는 것은 이 원본을 옮겨 적은 여러 필사본들이다. 우선 태장춘의 부인인 배우 리함덕이(그리고 또 한 사람이) 원본을 베껴 쓴 것이 있는데, 고려극장 당서기 김진이 1958년 당시 홍범도 관련 자료를 모으고 있던 항일투사 이인섭의 요청을 받아 베끼도록 한 것이다. 이를 '이함덕 필사본'이라 할 수 있을 것이다. 김진은 1958년 4월 17일 이함덕 필사본을 우즈베키스탄 안디잔에 거주하고 있던 이인섭에게 건네주었다. 이인섭은 '이함덕 필사본'을 1958년 6월 10일과 8월 15일 두 번에 걸쳐 깔끔하게 정리했다. 편의상 이들을 '이인섭 필사본 1', '이인섭 필사본 2'라 할 수 있을 것이다.

이인섭은 후일 모스크바의 김세일을 찾아가 소설 홍범도의 집필을 권유하면서 이함덕 필사본(그리고 자신의 필사본 가운데 하나)을 건네주었다. 오랜 세월이 흐른 후 페레스트로이카 시기인 1989년에 김세일은 모스크바를 방문한 한국의 언어학자 고송무를 만나게 되었을 때, 부인으로 하여금 '이함덕 필사본'을 베끼게 하고 이를 자신의 소설『홍범도』와 함께 고송무에게 넘겨주었다. 이를 '김세일 필사본'이라 할 수 있을 것이다. 이후 고송무가 1989년 8월 4~10일간 서울을 방문하여 제3문학사에서 김세일의 소설을 『역사기록소설 홍범도』라는 제목으로 출판했다.[53]

'김세일 필사본'은 1990년 11월에 간행된 소설『홍범도』제5권의 첨부자료로서 「홍범도의 일지」라고 소개되었는데, 고송무가 표지에 "홍범도 일지는 이함덕(극작가 태장춘 씨 부인) 씨가 옮겨 쓴 것을 김세일 선생이 다시 옮겨 쓴 것이다"라고 설명을 했다.[54] 이에 '이인섭 필사본'이나 '이함덕 필사본'에 앞서 '김세일 필사본'이 한국에 널리 유포되어 활용되었는데, 결과적으로 홍범도 연구에 큰 도움을 줬지만 급하게 옮겨 적는 과정에서 발생한 많은 오류와 탈·오자로 인하여 적지 않은 혼선과 오해를 불러일으키기도 했다.

5. 고려인사회에서의 홍범도 장군에 대한 추모와 기억

1) 홍범도의 풍모와 인품에 대한 기억들

중앙아시아의 고려인들 사이에서 홍범도의 풍모와 인품에 대한 기억은

53| 고송무, 「김세일 저 장편소설『홍범도』가 나오게 된 경위」, 김세일, 『역사기록소설 홍범도』제4권(제3문학사, 1989), 4~5쪽.
54| 「홍범도 일지」, 김세일, 『역사기록소설 홍범도』제5권, 299쪽.

한결같다. 홍범도는 체격이 장수처럼 장대하고 인품이 온화하고 소탈하며 동지애가 두텁고 총을 잘 쏘고 동료 의병들의 존경과 신뢰를 한 몸에 받았던 인물이었다.

1920년 10월 하순 홍범도부대와의 통합교섭에 나섰던 서로군정서 교성대의 지도자 김승빈은 ≪레닌기치≫(1968년 8월 27일자)에 기고한 글에서 당시 청산리전투를 치른 후 "안도현 홍치허(홍계하)"[55]에서 휴식하고 있던 홍범도부대 진영을 찾아가 홍범도를 만난 일화를 소개했다. "홍 장군과의 첫 상봉에서 나는 앞서 들은 바와 같이 그의 체격이 과연 장대하고 성품이 인자하고 태도가 겸손하며 일처리에서 태도가 과단성이 있다는 깊은 인상을 받았다"라고 회상했다. 홍범도의 사심 없고 과단성 있는 결정으로 10월 하순 홍범도부대, 서로군정서 교성대, 광복단 군대가 연합하여 400여 명의 군인으로 '조선의용군'(대한의용군)이 결성되고 홍범도가 사령관으로 추대되었던 것이다.[56]

고려인 작가 김준 역시 1928년 가을 이만의 '차우돈까'라는 한인마을에서 농사를 짓고 있던 홍범도를 만났던 기억을 회상했다. 어릴 적부터 어른들로부터 "신장구척인 장수, 축지법하는 장수, 신출귀몰하는 장수"로 알고 있던 홍범도는 과연 그러한 기대에 부합했던 것이다.

55ㅣ '홍계하'는 오늘날의 화룡현(和龍縣) 홍기하(紅旗河)를 말하는 것이 분명하다. 백두산 동북쪽의 안도현과 화룡현은 인접해 있는데, '홍기하 전투'는 김일성이 지휘했던 동북항일연군이 1940년 3월 25일 홍기하에서 마에다가 이끄는 일본경찰토벌 중대를 소멸시킨 전투로, 현재 북한에서 남한의 청산리전투보다 더 큰 의미를 부여하는 항일전투이다.
56ㅣ 김승빈, 「과단성과 동지애를 겸한 사람」, ≪레닌기치≫ 1968년 8월 27일자, 5면.

'신장구척'-그럴듯하다. 실로 장대한 분이였다. 거의 다 그를 쳐다봤다. 보면, 말로만 들었던 '홍범도'란 그의 이름에 알맞은 인상이 떠오른다: 정기 끌는 시꺼면 눈, 역시 시꺼면, 수북한 윗수염, 길고 거무스레한 얼굴, 옛말에 있는 장수같다. '축지법'-우연한 말이 아니다. 과연 홍범도 대장은 의병대를 거느리고 '동에 번쩍, 서에 번쩍했다. 오늘은 삼수갑산, 내일은 북청, 모레는 봉오골 … '신출귀몰'-왜놈들한데서 생겨난 말이란다. 홍범도의병대가 갑자기 나타나서는 왜병웅거지를 족치였다. 놈들이 둘러싸려고 한다거나 둘러싸면 홍범도의병대는 온데간데없었다.: '신출귀몰!'[57]

레닌기치 신문사 기자였던 김기원 역시 홍범도의 옛 친구의 말을 빌려 홍범도가 "원래 신체가 튼튼하고 키도 크고(키가 190센티미터라 한다) 총을 잘 쏠 줄 알았기 때문에 의병들의 큰 위신과 신임을 얻었다"라고 적었다.[58]

2) 홍범도 묘역의 수리·정비 사업

홍범도가 사망할 당시는 전시(독소전쟁) 중인 관계로 홍범도의 분묘를 집 근처에 임시로 조성했다. 이후 제2차 세계대전이 종결된 후 묘소를 중앙 공동묘지로 옮겼으며 크즐오르다 시 소비에트의 결정으로 홍범도가 거주하던 스테프나야 거리, 프롤레타리아 거리 부근의 한 거리를 홍범도거리라고 이름 지었다.[59]

57ı 김준, 「홍범도 장군을 회상함」.
58ı 김기원, 「홍범도 탄생 125주년과 그의 사망 50주년에 즈음하여」.
59ı 김기철, 「홍범도 장군의 전투경로와 쏘련에서의 만년생활」. 이인섭에 따르면, 홍범도 명칭을 가진 거리는 단지 크즐오르다에만 있었던 것이 아니라 원동 한카이 구역의

'홍범도 장군 분묘수리위원회'를 주도했던 항일혁명투사 이인섭이 레닌기치신문사를 방문하여 직원들과 함께 찍은 사진(1950년대 후반 무렵). 앞줄 오른쪽에서 세 번째가 이인섭이다.

홍범도 사망 8주년인 1951년 10월 25일 분묘가 꺼져드는 상태를 목격한 크즐오르다 시의 고려인 인사들과 전우들이 레닌기치 신문사의 주필 남해룡, 부주필 염사일 등과 협의하여 '홍범도 장군 분묘수리위원회'를 조직했다. 위원으로는 홍범도 장군의 전우인 박성태·심상원과 친우인 전경팔, 항일투사 이인섭, 레닌기치 신문사 사원 이인 등이 활동했다. 이 위원회에서 크즐오르다 주민들의 의연금, 레닌기치 신문사 사원들의 기부금, 근처 치일리(Chiili)구역의 선봉콜호즈 회원의 성금(2,000여 루블)을 모아 시멘트로 된 분묘와 분묘를 둘러쌀 철장과 철로 된 비를 세우고 10월 25일 건립기념식을 가졌다. 분묘 앞에 세운 철비의 앞면에는 "저명한 조선 빨찌산 대장 홍

그가 거주하던 농촌소비에트와 블라디보스토크 신한촌 아무르스크 거리도 홍범도 거리라고 했다고 한다(「이인섭이 김세일에게 보낸 편지」(1969년 2월 5일자), 『한국독립운동사자료집 – 홍범도편』, 24쪽 참조).

카자흐스탄 크즐오르다 중앙공원 내에 있는 홍범도장군 청동상

범도 묘 一八六八년 三월一일 출생 一九四三년 十월 二五일 사망", 후면에는 "조선의 자유독립을 위하여 제국주의 일본을 반대한 투쟁에 헌신한 조선 빨찌산 대장 홍범도의 일홈은 천추만대에 길이길이 전하여지리라. 1951년 10월 25일 레닌기치 신문사 동인, 고인의 전우 및 시내 유지한 조선인 일동 건립"이라고 기록되었다.[60]

또한 당시 묘지에는 홍범도 장군의 반신조각상이 세워졌고,[61] 1981년에 전 레닌기치 신문사 부주필 김국천이 발기하여 다음해 4월 25일 묘지를 외지고 나무와 풀로 뒤덮여 있던 공동묘지 뒤편에서 넓고 좋은 현재의 중앙묘지로 이장했다.

이어 서거 40주년(1983년 10월 25일)을 맞이하여 "장군의 위훈에 비추어 장군의 묘지가 너무 초라하여" 보여, 김국천을 회장으로 한 '홍범도 장군추모비건립추진회'가 조직되어 모금에 착수했다. 당시 추진회에는 항일투사 남준표·이상희 등이 회원으로 참가했다. 그러나 크즐오르다 시 당위원회

---

60 | 이인섭, 「홍범도장군」 상권, 5쪽. 이인섭에 따르면, 당시 분묘 수리 후 600여 루블이 남아서 분묘수리위원인 이인을 통해서 레닌기치 신문사에 맡겨 매년 분묘를 수리케 했다. 몇 년 후 이인섭이 철장재가 녹이 슬어 남해룡 주필에게 문의하니 그로부터 몇 년 후 신문사의 재무담당인 러시아 여자가 횡령하고 도망갔다는 말을 들었다. 할 수 없이 이인섭이 홍범도의 고향친구인 최영옥에게 50루블을 주어 칠을 하게 했다고 한다(「이인섭이 김세일에게 보낸 편지」(1969년 2월 5일자), 『한국독립운동사자료집―홍범도 편』, 24쪽 참조).

61 | 리길수, 「길이 빛나라(홍범도 장군 추모건립 10주년을 맞으면서)」, ≪고려일보≫, 1994년 9월 24일자, 4면.

와 일부 고려인들의 반대에 부딪혀 기금모집을 중단하고 이미 모금된 자금도 반환했다. 그런데 이러한 상황을 알게 된 정상진(레닌기치 신문사 타지키스탄 특파기자)이 모금해서 보내준 수천 루블로 1984년 서거일에 맞춰 추모비를 세우고 기념행사를 가졌다. 홍범도의 반신청동상과 추모비가 중앙묘지의 제일 앞면에 서게 되어 고려인들에게 큰 자부심을 불러일으키고 큰 자랑거리가 되었다.[62] 홍범도 반신청동상 받침대의 기념판에는 "빠르찌산부대의 전설적인 지도자이며 원동에서의 쏘베트정권을 위한 열렬한 투사 홍범도(1868~1943)"(러시아어)라고 새겨졌다.[63]

당시 김국천은 정상진에게 "우리가 한 일은 아무것도 없다. 홍범도분묘를 수리해야 한다. 내가 당증을 내놓더라도 이 일은 해야 한다"라고 하며 고려인들이 사는 곳에 통지해서 모금하기로 결정했다고 말했다고 한다. 한병연은 홍범도 추모비 건립과 '사회주의혁명 17주년'을 기념하여 ≪레닌기치≫에 「전설적 영웅을 추모하여」라는 제목의 글을 기고했다.[64]

이후 1996년 5월 20일 한국정부와 기업이 제공한 기금으로 홍범도 장군 흉상 주변에 세 개의 기념비를 추가로 건립하는 등 현재의 중앙묘지 공원묘역을 단장·조성했다. 세 개의 기념비는 각각 1937년의 강제이주, 1995년의 광복50주년, 1997년의 강제이주 60주년의 시점에 맞추어 그에 부합한 고

62』 리길수, 「길이 빛나라(홍범도 장군 추모건립 10주년을 맞으면서)」. 당시 추모비 건립을 반대했던 이들은 "왜 희사금을 억지로 모집하는가?", "홍 장군이 그렇게 공로가 있는 분이라면 국가가 부담할 것이지 왜 사람들에게서 기금을 수집하는가?" 등등의 여론을 조성했다고 한다. 홍범도의 반신청동상은 조각가 최니콜라이와 미술가 허블라디미르가 제작했다고 한다(한병연, 「전설적 영웅을 추모하여」, ≪레닌기치≫, 1984년 11월 21일자, 4면 참조).

63』 김기원, 「홍범도 탄생 125주년과 그의 사망 50주년에 즈음하여」.

64』 한병연, 「전설적 영웅을 추모하여」, ≪레닌기치≫, 1984년 11월 21일자, 4면.

려인들의 희망을 표현하고 있다.[65]

3) 홍범도 탄신·서거 기념 특집기사와 추모 행사

(1) 《레닌기치》 신문의 홍범도 탄생 100주년 특집호(1968.8.27)

1968년 홍범도 탄생 100주년을 맞이하여 레닌기치 신문사는 8월 27일자 5면 전면을 "오늘은 전설적 조선의병장 홍범도의 출생 100주년 되는 날이다"라는 제목의 특집호로 편집하고 네 편의 글을 실었다. 러시아 퇴역해군 중좌인 세벨킨은 "조선빠르찌산의 로병"이라는 제목으로 출생부터 사망에 이르기까지 홍범도의 항일투쟁과 활동을 정리했다. 그는 홍범도를 "조선 빨찌산 노병들 중의 전설적 영웅", "자기 인민들 사이에서 참된 민족적 영웅", "대중의 영웅무쌍한 령도자"로 평가했다. 세벨킨은 「홍범도 일지」를 활용한 김세일의 소설 『홍범도』를 참조한 듯 대체로 정확한 서술을 하고 있다. 그러나 "홍범도부대의 빠르찌산은 백계남작 운게른의 부대와 아따만 쎄묘노브 도당의 부대를 소탕하는 전투에 적극적으로 참가하였었다"라며 확인되지 않는 사실을 쓰고 있고, 홍범도의 사망 시기 역시 1945년 10월로 잘못 적어놓고 있다.[66] 그 외에 홍범도와 활동을 같이했던 김승빈과 정태 그리고 홍범도를 만난 바 있는 김준의 글 세 편을 실었다. 김승빈은 1920

---

65 | 1937년의 강제이주를 상징하는 기념비에는 "이러한 일이 다시 되풀이 되어서는 안된다", 1997년의 강제이주 60주년기념비에는 "민족 간의 친선, 평화, 정의를 위하여", 광복50주년기념비에는 홍범도 장군의 간단한 연보와 묘역조성 사실이 간략히 기록되어 있다(국가보훈처·독립기념관 한국독립운동사연구소, 『국외독립운동사적지실태조사보고서』 제8권, 176~177쪽 참조).

66 | 퇴역해군중좌 에프. 세웰낀, 「조선빠르찌산의 로병」, 《레닌기치》 1968년 8월 27일자, 5면.

년 10월부터 1921년 가을까지 항일무장투쟁을 같이했으며, 정태는 1910년대 후반 북만주 밀산에서 홍범도와 교육활동을 같이한 동지였다. 작가 김준은 어린 시절 1928년 당시 이만구역에서 농사를 짓고 있던 홍범도와의 만남을 회상했다.[67]

(2) 홍범도 탄신 120주년 기념학술회의(1988년, 모스크바)

1988년 홍범도 탄신 120주년을 기념하여 모스크바 소련과학원 동양학연구소에서 학술회의가 개최되었는데, 학자·작가·언론인·사회단체 대표·원로당원 그리고 생전에 홍범도를 만나 본 사람들이 대거 참가했다. 특히 고려인 화가 김형윤[68]은 홍범도의 초상화를 공개하고 참석자들의 의견을 물었는데, 그는 초상화를 그리기 위해 고문서보관소를 수차례 방문했고 홍범도를 만난 사람들과 만났으며 관련 서적들을 읽었다고 했다. 그는 홍범도의 사진 한 장을 참고하여 초상화를 그렸는데, 회의 참석자들은 그의 작품을 높이 평가했고 "우렁찬 박수 속에 홍범도의 초상화를 주석단에 설치했다". 김형윤은 이동휘 탄신 110주년(1983년)을 기념하여 이동휘의 초상화를 그린 화가였다. 모스크바국립대학의 박미하일 교수는 홍범도의 생애와 활동에 대한 보고서에서 "홍범도는 민족독립과 사회진보를 위한 투쟁

---

67 ┃ 김승빈, 「과단성과 동지애를 겸한 사람」; 김준, 「홍범도 장군을 회상함」; 정태, 「밀산에서의 활동」, ≪레닌기치≫ 1968년 8월 27일자, 5면.

68 ┃ 김형윤은 북간도 용정(龍井)의 대성중학(大成中學)을 졸업한 후 블라디보스토크 8호 10년제 중학을 거쳐 모스크바 미술대학을 졸업한 고려인사회에서의 '유일한 화가'였다고 한다. 김형윤과 고려인 작가 김기철, 연성용은 1920년대에 대성중학을 함께 다닌 매우 가까운 사이였는데, 고려인들은 이들 세 사람을 '삼형제 친구들'이라고 불렀다고 한다(정상진, 『아무르만에서 부르는 백조의 노래: 북한과 소련의 문학예술인들 회상기』, 227쪽 참조).

에 대한 억제할 수 없는 신심을 상징하는 그런 조선애국자들에 속합니다. 그의 모습은 오늘도 조선인민을 탄복시키고 있고 민족통일과 사회적 공정성을 이룩하는 것과 같은 그런 어려운 문제들을 해결하는 데 고무적 자극으로 복무하고 있습니다"라고 평가했다.[69]

회의에서는 1965년부터 1969년까지 124회에 걸쳐 ≪레닌기치≫ 신문에 소설『홍범도』를 집필한 바 있는 고려인 작가 김세일이 소설『홍범도』의 창작작업과 홍범도에 관해 알려지지 않은 사실들을 이야기했다. 교원 출신의 연금생활자인 김천순과 ≪레닌기치≫ 신문사 주필을 지낸 송진파는 홍범도를 만났던 경험담을 소개했다. 특히 송진파는 홍범도가 레닌과 트로츠키와 함께 찍은 사진을 자신에게 보여주었던 사실을 소개하고 홍범도를 영원히 기념하는 사업 앞에 가로놓인 여러 난관들에 대해 언급했다. 예를 들어 홍범도가 살던 스테프나야 거리 2번지의 건물에 홍범도박물관을 세우고자 했으나 다른 사무소로 사용되고 있어 실현되지 못하고 있다고 지적했다. 아시아 사회주의제국 조선문제연구부장인 유리 바닌(Iurii Vanin) 박사는 회의를 마무리하면서 홍범도가 다른 고려인들처럼 말년에 스탈린 시기의 비극을 겪었다고 지적했다. 회의에 참석했던 러시아한국어문학 전공 학자 레프 라파일로비치 콘체비치(Lev Rafailovich Kontsevich)는 타지키스탄에 거주하는 고려인 작가 문금동의 작품『아부지와 홍범도』를 소개했다.[70]

동양학연구소의 학자 박왈렌친은 홍범도 탄신 120주년을 기념하여 소련 전역과 외국으로 송출되는 라디오 방송을 통해 홍범도의 생애와 활동에 대한 담화를 했으며 김세르게이는 ≪아시아와 아프리카≫ 잡지에 홍범도

69｜ 박왈렌찐, 「인민의 추억 속에 길이 살아 있다」.
70｜ 박왈렌찐, 「인민의 추억 속에 길이 살아 있다」.

에 관한 논문을 발표했다.[71]

(3) 홍범도 탄생 125주년 및 서거 50주년 기념 추모회

1993년 10월 25일, 10월 초에 조직된 '홍범도폰드'의 주최로 홍범도 탄생 125주년 및 서거 50주년 추모회가 개최되었는데 고려민족의 옛 풍습대로 제사도 지냈다. 노력노련가(勞力老鍊家)[72]인 이아나톨리가 홍범도추모회의 개회사를 맡았다. 추모회에는 크즐오르다 시 노련가위원회 예림베토프(Za. Erimbetov) 회장, 카자흐스탄 공화국 공훈배우 이길수, '홍범도폰드' 회장 김레프 니콜라예비치(Kim Lev Nikolaevich), 노련가이자 기자인 주동일, 노력노련가이며 조국전쟁참전자인 김용남, 크즐오르다 주 고려인문화중앙 회장 한예브게니 하리토노비츠(Khan Evgenii Kharitonovich) 등 여러 참가자들이 추모사를 하였다. 특히 추모회에는 크즐오르다 시장 칼바예프(A. Ka. Karlbaev), 크즐오르다 주 집행위원회 내무부장 아이도소프(A. Kha. Aidosov)와 홍범도의 친우들, 텔레비전과 라디오, 신문의 기자들, 대학생들, 그리고 여러 사회단체 대표자들이 참가했다.[73] ≪고려일보≫ 신문사와 고려말 라디오, 텔레비전에서는 추모회를 널리 보도했다.[74]

(4) 홍범도 추모비 건립 10주년 기념 및 홍범도 서거 51·52주기 추도식

1994년 10월 25일 홍범도추모비(반신청동상) 건립 10주년과 홍범도 서거 51주기를 맞이하여 추도식이 개최되어 한국의 김창근 대사가 참석했다.[75]

71ㅣ 위와 같음.
72ㅣ 노동자 출신의 은퇴한 사람을 말한다.
73ㅣ 김기원, 「홍범도 탄생 125주년과 그의 사망 50주년에 즈음하여」.
74ㅣ 리길수, 「길이 빛나라(홍범도 장군 추모건립 10주년을 맞으면서」.

추도식을 전후로 하여 고려인들 사이에서 홍범도 묘지의 이장문제가 논의되었다. 1994년 9월 30일 크즐오르다 시 박물관 회의실에서 개최된 '홍범도폰드'의 비상회의에서 '홍범도 장군의 유해 이전문제'가 토의되었다. 회의에서는 평양이나 서울 어느 쪽도 아닌 크즐오르다에 두기로 결정한 것으로 보인다. 이것은 크즐오르다 거주 시인 강태수가 ≪고려일보≫ 1994년 11월 5일자에 기고한 글에서 회의의 결정이 "'예전식 일치가결로' 접수되었으므로 부정당한 것이며 법적 힘을 가지지 못한다"라고 비판한 데서 짐작할 수 있다.

강태수는 "평양은 우리나라와 가장 가까운 특별한 관계를 갖고 있었다. 그리고 한때 홍범도 장군의 유해를 모셔간다는 소문을 퍼졌다. 우리는 이에 크게 기뻐하면서 말 그대로 무덤 앞에서 평양손님들을 기다리었다. 그러나 그들은 끝내 나타나지 않았다. 지금 남한이 모셔가려 하니 북조선이 일어선다. 우리의 눈에는 이것이 방해적 행동을 정치놀음으로 보인다", "어느 모로 보던지 홍범도 장군의 유해를 한국으로 모셔가는 것이 정정당당하다고 본다"라고 주장했다.[76] 크즐오르다의 '홍범도폰드 회원'이라고 밝힌 어느 기고자 역시 ≪고려일보≫(1994년 12월 3일자)에 실린 글에서 "원칙적으로는 한국과 조선민주주의공화국이 통일된 후에 이 문제가 실현되었으면 물론 좋을 것"이지만 "홍범도 장군의 유해는 서울로 옮겨지는 것이 정당

75ㅣ 김보리쓰, 「홍범도 장군을 추모하여」; 김창근, 「홍범도 장군 제51주기 추도식에 다녀와서」, ≪고려일보≫, 1994년 11월 5일자, 3면. 김창근 대사는 홍범도의 유해를 한국의 국립묘지로 이장하는 문제를 제기했으나 잘 진척되지 못했다. 김창근 대사는 ≪고려일보≫에 기고한 글에서 "그나마 1984년 한국정부나 북한의 아무런 도움도 없이 우리 동포만의 힘으로 모금하고 그 뜻을 모아, 홍범도 장군의 흉상을 세우고 묘역을 단장하여 모셔왔다는 데 대하여 무한히 감사하였고 흐뭇하였다"라고 감회를 표명하였다.

76ㅣ 강태수, 「사실과 우리의 생각」, ≪고려일보≫, 1994년 11월 5일자, 3면.

할 것"이라고 주장했다.[77]

'홍범도폰드' 회장 김레프는 ≪고려일보≫(1995년 1월 21일자)에 기고한 글에서 "영웅의 유해는 그를 실지로 민족의 영웅으로 받들어 주고 있는 조국에 있어야 한다"라며, "만약 홍범도 장군의 마지막 정착지가 서울이 된다고 해도 그것은 역사적으로 잘못된 것이 아닌 것"이라며 서울로의 이장에 반대하지 않았다. 김레프의 글은 홍범도 묘의 이장문제보다는 크즐오르다에 홍범도 기념 묘역(complex) 건립 주장에 비중이 실려 있다.[78]

1995년의 홍범도 서거 52주기에도 김창근 대사가 참석한 가운데 제사를 지내고 추도회를 가졌다.[79]

4) 문학작품으로의 형상화

이인섭은 홍범도를 기념하고 기록하는 일에 가장 열성적으로 노력한 인물이라 할 수 있다. 홍범도는 이인섭이 특별한 관심을 가졌던 애국적 혁명 투사였다. 이인섭과 홍범도는 같은 평양 출신으로 국내에서 의병운동에 참여했고 망명한 이후 반일혁명운동에 참여한 경력도 같았다. 홍범도 사후 8주년이 되는 1951년 이인섭은 홍범도 분묘 수리사업을 같이 추진했던 홍범

77ı 크즐오르다에서 홍범도폰드 회원, 「홍범도 장군의 유해이동문제에 대해」, ≪고려일보≫, 1994년 12월 3일자, 4면.

78ı 크즐오르다 홍범도폰드 회장 김레브, 「민족영웅의 이름을 길이 보존하자」, ≪고려일보≫, 1995년 1월 21일자, 5면. 김레프는 홍범도 장군의 유해를 한반도의 어느 쪽으로 넘기는지에 관계없이 민족의 전설적 영웅인 홍범도 장군을 위해 카자흐스탄 크즐오르다에 '기념 묘역(complex)'을 건립할 것을 주장했다. 김레프 회장의 제안은 1996년의 중앙묘지의 홍범도 묘역 단장·조성으로 실현된 것으로 보인다.

79ı 본사기자, 「홍범도 장군 서거 52돌 제사」, ≪고려일보≫ 1995년 11월 4일자, 3면.

도의 전우 박성태와 심상원으로부터 홍범도의 항일혁명역사를 쓰라는 권고를 받고 홍범도에 관한 자료수집에 착수했다. 마침내 이인섭은 1958년 4월 소련 카자흐스탄공화국 우시토베에 있었던 고려극장의 책임서기이자 배우였던 김진으로부터 「홍범도 일지」를 입수하게 된다.

이인섭은 고려극장 측으로부터 받은 「홍범도 일지」 등사본을 1958년 6월 10일자와 8월 15일자로 두 차례에 걸쳐 정서하고 필요한 주석을 달았다. 1958년 4월 「홍범도 일지」를 입수하게 되면서 『홍범도 장군』의 집필작업을 마무리할 수 있었던 것으로 보인다. 이인섭은 1958년 후반에 『홍범도 장군』 상편을 탈고하고 다음해에 하편을 끝냈는데, 『홍범도 장군』의 집필을 위해 자료수집을 시작한 1951년부터 약 8년이 지난 1959년에 탈고한 것으로 분량이 341쪽에 달한다. 모두 20장으로 구성되었는데, 해외망명을 분기점으로 상편과 하편의 두 권으로 나누었다. 『홍범도 장군』은 홍범도의 유년·청년 시절부터 국외망명과 독립군 활동, 자유시참변과 '동양혁명자대회'(원동민족혁명단체대표회), 러시아원동지역에서의 사회주의건설 참여 활동, 1937년 중앙아시아로의 강제이주까지 홍범도의 항일혁명운동과 활동을 '정치소설' 형식으로 쓴 전기이다. 또한 이인섭은 자신이 홍범도와 크즐오르다에서 직접 나누었던 담화내용을 종합하여 집필한 「조선인민의 전설적 영웅 홍범도 장군을 추억하며서」를 1958~1960년에 조선노동당중앙위원회에 보냈다.

이인섭의 「조선인민의 전설적 영웅 홍범도 장군을 추억하며서」는 홍범도 서거 15주년이었던 1958년 10월 25일자로 북조선의 ≪조선노동자≫와 ≪레닌기치≫에 게재되었다. 북조선의 ≪조선노동자≫에는 「저명한 빨찌산 대장 홍범도」로, ≪레닌기치≫에는 「조선의병대장 홍범도─그의 서거 15주년에 제하여」라는 제목으로 게재되었다.[80] ≪레닌기치≫에 발표된 글은 소련지역에서 태장춘의 희곡 「홍범도」에 이어 「홍범도 일지」를 참고하여 홍범도 사후에 쓴 첫 번째 글이라 할 수 있다.

이후 1968년 8월 27일 홍범도의 탄신 100주년을 맞이하여 이인섭은 「조선인민의 전설적 영웅 홍범도을 추억하며서」를 썼다. ≪레닌기치≫ 신문이나 다른 잡지에 기고할 목적으로 작성되었을 것으로 짐작되나 발표되지 못했다. 레닌기치사에서 이미 다른 사람들의 글을 게재하기로 결정한 상태였기 때문이었다.

홍범도가 고려인사회에 대중적으로 알려진 것은 고려인 작가 김세일이 소설 『홍범도』를 ≪레닌기치≫에 연재하면서부터이다. 김세일에게 홍범도를 주인공으로 한 소설을 창작하도록 권유한 사람은 이인섭이다. 이인섭이 김세일을 지목한 것은 김세일이 "한글과 러시아어를 잘 아는 작가"였기 때문이었다. 이인섭은 김세일의 집필작업을 도와주기 위해 「홍범도 일지」(고려극장 등사본, 이인섭 등사본)와 자신이 쓴 『홍범도 장군』 등 관련 자료들을 발송했다(1961년 3월).[81]

1959년 여름에 노혁명자인 이인섭 선생이 우스베끼스딴 안지산시에서 나를 찾아 모스크바로 왔는데 이것은 나에게 있어서 그야말로 뜻깊은 상봉이었다. 나는 이인섭 선생을 그때까지 만나본 일은 없지만 그가 조선민족 해방운동에 떨쳐나선 지 오랜 애국자이고 혁명자인 것을 알고 있는 지 오랬고, 이인섭 선생은 ≪레닌기치≫ 신문에 발표된 나의 장편서사시 「새별

---

80 ｜ 리인섭, 「조선의병대장 홍범도 ─ 그의 서거 15주년에 제하여」, ≪레닌기치≫, 1958년 10월 25일자.

81 ｜ 「홍범도 일지」의 여러 판본과 관련된 검토는 반병률, 「'홍범도 일기' 판본 검토와 쟁점」, ≪한국독립운동사연구≫ 31(2008), 429~453쪽 참조.

」을 읽어보고 내가 누구인 것을 대강 알았을 뿐이었다. 이인섭 선생은 나한테로 그저 빈손으로 오지 않았다. 그는 20여 개의 크고 작은 필기장들을 가지고 왔는데 그 속에는 카작공화국 인민 여배우 이함덕 씨(극작가 태장춘 씨의 부인)가 손수 베껴 쓴 홍범도의 '일지'가 있었다. 문장들이 좀 서투르고 철자법으로 보아 오서들이 많으나 알아볼 수 있게 씌여진, 홍범도 장군이 남겨 둔, 그야말로 유일무이한 고귀한 문헌이었다. 그리고 망명자들의 수기, 노의병들의 회상기 및 기타 중요한 역사적 자료들이었다.[82]

소설 『홍범도』는 1965년 10월부터 1969년 10월까지 124회 연재되었다. 소설 『홍범도』는 당시 생존해 있던 항일혁명투사, 특히 홍범도와 직접 또는 간접적으로 활동을 같이했던 이들을 비롯하여 고려인사회에 많은 논쟁을 불러일으켰다. 연재 중에도 생존 항일혁명투사들을 비롯한 많은 사람이 자신들의 의견과 작가에게 도움을 줄 수 있는 자료들을 보내주었다. 한국에서 출판된 『역사기록소설 홍범도』는 신문에 연재되었던 내용을 수정·보완한 것이다. 홍범도는 1979년 '토사'라는 필명으로 발표된 시 「홍범도거리에서」를 비롯하여[83] 여러 형태의 문학작품으로 형상화되고 있다.

82ı 김세일, 「작가의 말」, 『역사기록소설 홍범도』 제1권, 19~20쪽.
83ı 토사, 「홍범도거리에서」, ≪레닌기치≫, 1979년 12월 12일자, 4면.

6. 홍범도 연구의 향후 연구 과제와 고려인사회에 주는 교훈

1) 홍범도 연구상의 문제와 과제

「홍범도 일지」와 홍범도의 자필 이력서 등으로 홍범도 연구에 큰 진전이 이루어지고 있다. 그럼에도 불구하고 현재의 잘못된 학설이나 주장에 대한 재검토는 물론, 연구되지 못한 주제에 대한 새롭고 심화된 연구가 필요한 시점에 와 있다.

우선 가족적 배경 등 홍범도의 개인사와 관련된 문제들을 언급해보자. 현재 학계에서는 홍범도의 출생 시기나 출생지와 관련해서는 여러 기록들의 차이에도 불구하고 홍범도가 직접 관여한 「홍범도 일지」와 자필 이력서를 바탕으로 정리된 상태라 할 수 있다.[84] 첫 부인(단양 이씨)이 일본군에 체포된 상태에서 사망했고(1908년), 첫째 아들 홍양순(용범) 역시 항일전투과정에서 전사한 사실(1908년)을 「홍범도 일지」에서 확인할 수 있다. 다만 둘째 아들 홍용환에 대해서는 산발적인 자료들이 남아 있는 바, 그의 활동이나 행적과 사망 시기 등에 관한 고증이 필요한 상태이다.[85] 그 외에 홍범도의 아명이 '홍범동'이며, 홍범도의 선조와 관련하여 고조부가 홍경래의 먼 친척이었으며, 홍범도 부인의 이름이 '이옥녀'라는 회상 등은 김세일의 소

---

84 | 출생 시기에 대해서는 1869년, 출생지에 대하여는 함남 갑산, 평북 자성, 평남 양덕 등이 제기된 바 있다.

85 | 일본 측 첩보자료에는 홍범도와 단양 이씨 사이에 양순(용범), 용환(龍煥) 외에 원길 (元吉)이라는 아들까지 포함하여 세 아들을 두었다고 기록하고 있다(「洪範圖」, 『在外排日鮮人有力者名簿』(1919), 미국 하와이주립대학교 Hamilton Library, East Asian Collection 소장).

설 『홍범도』를 비판 없이 인용하거나 고려극장 배우들의 전언을 바탕으로 한 것으로[86] 근거가 부족하고 고증이 필요한 부분이다.

홍범도의 소련공산당 입당 시기와 관련해서도 많은 논란이 있었지만 1927년 이만지역에서 입당한 것은 확실하다. 그의 자(字) 여천(汝千)을 의암 유인석이 지어주었다는 주장 역시 재검토의 여지가 있다.[87] 이와 관련해서 홍범도의 제1차 봉기 시 철원 일대에서 합진한 '유진석'을 유인석으로 해석하고 있는 홍범도 전기들의 서술 역시 논의가 필요한 부분이다.

홍범도의 항일활동과 관련하여 여전히 해결되지 않고 있는 문제들도 있다. 우선 홍범도의 첫 봉기 시기(1895년)와 배경에 관한 실증적 검토작업이 필요하다. 1893~1894년의 농민반란에 참여했다는 일부의 주장에 대한 근거라든가 첫 봉기의 동지인 김수협이나 철원 보개사에서 합진한 유진석 등 인물에 대한 연구도 필요하다.

다음으로는 러시아로의 망명 시기에 대한 정리가 필요하다. 「홍범도 일지」에는 1908년 말경으로 기록되어 있지만, '1910년설'과 '1913년설'도 제기되어 있다. 이와 관련하여 1910~1913년 장백산에 둔전 근거지를 구축하여 활동했다는 주장에 주목할 필요가 있다. 이는 홍범도 자신의 기록인 일지와 이력서에서 러시아로의 망명 시기가 1908년 말과 1913년으로 상충되어 있는 것과 관계가 있다고 보인다. 「홍범도 일지」에 따르면, 홍범도는 1910년 봄 러시아 연해주에서 30명의 동지들과 국내로 들어와 무산전투를 벌인 후 다시 러시아로 망명한 것으로 쓰고 있는데, 자필 이력서에는 1913년에 러

86ㅣ 리정희, 「장군 홍범도의 죽음」.
87ㅣ '여천'은 홍범도의 호(號)로 잘못 알려져 있지만 그의 자(字)이다(『義員案』, 26쪽의 '洪範圖' 참조). 이에 대해서는 「의원안」에 대한 해제를 쓴 박민영 박사의 교시에 힘입었다(박민영, 「연해주의병 명부 『의원안』 해제」, ≪한국독립운동사연구≫ 45(2013) 참조).

시아로 망명한 것으로 쓰고 있다. 「홍범도 일지」와 이력서 간의 기록 차이에 의해 생긴 1910~1913년이라는 기간에 대해 일부 연구자와 홍범도 전기에서는 장백산에 둔전형태의 근거지를 건설하고 항일투쟁을 계속한 것으로 서술하고 있지만 이 역시 근거가 없는 주장으로 보인다.[88] 국내 의병활동과 관련해서는 1908년 여름 국내진공작전을 전개한 연해주 동의회 안중근부대와의 관계 역시 추가적인 연구가 필요한 과제이다.

국외로 망명한 이후 홍범도의 활동과 관련해서는 여러 연구과제가 남아 있다. 「홍범도 일지」를 비롯하여 여러 기록들을 참고할 때 현재 학계 또는 일반 대중에게 알려져 있는 사실들은 재검토의 여지가 많다. 이것들을 열거하면 다음과 같다.

① 홍범도부대가 1919년 3·1운동 이후 8월에 첫 번째 국내진공작전을 전개했다는 주장(→ 수정되어야 함)

② 홍범도가 1910년대 전반에 야쿠치야(Yakutiia)의 보다이보(Bodaybo) 금점(금광)에 갔는가?(→ 근거 제시가 필요함)

③ 러시아 시베리아내전에서 홍범도는 백위파군과 싸운 적이 있는가?(→ 1919년 10월 백위파와 전투한 적은 있지만 1921년 러시아로 이동한 이후에는 백위파와 싸운 적이 없음)[89]

88ı 일본 측 첩보자료를 보면, 이 시기에 홍범도가 연해주에 머물고 있는 정황 자료들이 너무 많다. 장백산 근거지설은 북조선의 오길보가 쓴 「홍범도 의병대에 관한 연구」(≪력사과학≫ 1962년 6월호, 평양)가 대표적이며, 북간도의 강용권·김택이 집필한 홍범도 전기에서 이를 인용하고 있고, ≪레닌기치≫에 기고한 한병연의 「전설적 영웅을 추모하여」(≪레닌기치≫ 1984년 11월 21일자, 4면) 역시 오길보의 논문을 인용한 것으로 보인다.

89ı 홍범도, 「원쑤를 갚다」, ≪레닌의 긔치≫, 1941년 11월 7일자, 4면. 홍범도는 자신이

④ 봉오동전투, 청산리전투에서 홍범도의 역할과 비중

⑤ 북만주 밀산에서 결성했다고 하는 '대한독립군단'의 실체와 홍범도의 위상

⑥ 자유시참변에서 홍범도의 입장과 역할[90]

이상에 제시한 것 외에도 홍범도와 관련된 연구과제는 전체 독립운동 나아가서 한국근현대사와 동아시아사의 시각에서 제대로 정리·해명되어야만 정확하고 자세한 홍범도 연보가 완성될 수 있을 것이다. 이를 위해서는 한국과 러시아, 중앙아시아 각국, 중국, 일본, 미국 등지의 다양한 자료들을 발굴함과 동시에 여러 국가와 지역에 있는 여러 분야의 홍범도 연구자들의 협력과 공동작업이 절실하다.

2) 홍범도의 삶과 항일투쟁이 고려인사회에 주는 의미와 교훈

홍범도는 남과 북의 역사교과서와 개설서에서 전봉준 등과 함께 높게 평가받고 있는 많지 않은 인물 가운데 하나이다. 오늘날 민족 내 갈등과 대립

작성한 「앙케트」에서 수이푼 구역의 포크로브스크에서 백위파와 전투한 사실을 기재하였다.

90 | 자유시참변 당시 홍범도는 중립적 입장을 취하고자 노력했다. 당시 간도에서 넘어간 독립군부대 지도자들(이청천, 허재욱, 최진동, 안무) 역시 줄곧 홍범도와 같은 입장을 취했다. 특히 오랜 항일무장투쟁의 경력과 연륜, 봉오동전투와 청산리전투에 모두 참가한 홍범도의 명성 때문에 이르쿠츠크파가 그를 적극 활용하였다. 그리하여 이르쿠츠크파는 홍범도를 자유시참변 당시 체포된 사할린특립의용대(대한의용군)측 장교(50명)에 대한 정치적 재판의 재판위원으로 이름을 올렸고, 모스크바 '원동민족혁명단체대표회'에서 이르쿠츠크파에 의해 이동휘에 맞설 수 있는 조선혁명운동의 대표적 인물로 내세워졌다.

이 남북 간은 물론 남쪽 내에서도 심화되고 있으며, 이를 이용한 외세의 영향력과 개입이 우려되고 있다. 이렇기에 향후 한반도의 자주적 민족통일과 통합의 과제가 더욱 소중하며 바로 여기에 홍범도의 애국적 삶과 투쟁을 특별히 되새겨야 하는 이유가 있다.

홍범도가 고려인들은 물론 한반도와 해외 한인들에게 존경받는 이유는 무엇일까? 우선 홍범도는 일생을 초지일관 항일투쟁에 헌신한 인물이다. 액면 그대로 받아들일 수 없는 부분도 있지만 홍범도와 더불어 1920년 10월부터 1921년 말까지 노선을 함께했던 김승빈은 만주지역 독립군부대 지도자들을 가운데 의병장 출신의 홍범도와 허재욱(허근)을 높이 평가했다. 김승빈은 "독립군 수령 가운데서 홍범도, 허재욱 두 늙은 의병대장만이 자기의 일생을 국가의 독립 민족의 자유를 위한 투쟁에 바치었다"고 회상했다.[91]

홍범도는 고아 출신의 가난한 평민으로서 부패한 군인·지주·자본가들의 억압과 착취를 몸소 경험하고 처단해나갔으며, 일본제국주의자들에 맞서 싸우는 동시에 이들의 조종을 받은 친일매국노들을 응징한 항일애국자의 전형이었다.

홍범도는 자기가 이끄는 항일무장투쟁을 준비하기 위해 몸소 노동하며 군자금을 모았다. 한인들에게 군자금을 모집하더라도 한인들의 자발적 헌납에 의존했으며, 일부 독립운동가들처럼 강압적인 방법을 동원하거나 징

---

91 | 김승빈, 「中領에서 進行되던 朝鮮解放運動」, 29쪽. 김승빈은 "1919~1920년에 만주에서 일어났던 독립군부대의 지휘자들은 홍범도와 허재욱 두 늙은 의병을 제한 외에는 그 전부가 이조시대의 특권계급인 양반의 자손이거나 그렇지 않으면 구한국시대의 관료계급 또는 봉건적 영웅주의자들이었다"라고 하며 독립군 부대 지휘자들의 '군벌적' 태도를 비판했다(같은 글, 24쪽).

발하지 않았다. 그의 이러한 삶의 모습과 태도야말로 봉건지배계층의 억압과 착취 그리고 외세의 침략에 쫓겨 고향을 떠나 이국땅으로 이주한 러시아와 중국 만주의 농민과 노동자들의 존경과 신뢰를 받은 원천이었다. 홍범도와 그의 의병대의 투쟁목표는 한반도 북부, 중국 동북지역과 러시아원동 한인사회의 대다수 주민들의 이익에 철저하게 부합하는 것이었다.[92]

20년 전인 1993년에 ≪레닌기치≫에 기고한 글에서 김기원은 "홍범도의 이름은 조선반도에서뿐만 아니라 구쏘련 고려인들 중에서도 널리 알려져 있다. 그러나 자라나는 세대는 홍범도 장군에 대해 전혀 모르고 있다"라고 지적하면서, "홍범도의 생애를 더욱 깊이 연구하고 그의 활동을 널리 선전하는 일"에서 '홍범도폰드'가 큰 역할을 할 것을 기대한 바 있다.[93] 1993년에 '자라나는 세대'였던 오늘날 고려인사회의 지도자들이 새롭게 새겨들어야 할 지적이라 할 것이다.

홍범도 관련 자료들에 대한 발굴, 수집작업은 앞으로도 계속되어야 한다. 이전 소련 각 지역의 개인 또는 국가의 공식 문서관이나 영상기록관 등 다양한 기관에 소장되어 있는 다양한 형태의 자료들을 조사하고 발굴해야 한다. 현재 행방조차 찾을 길 없는 「홍범도 일지」의 원본('홍범도본' 또는 '태장춘본')을 비롯하여 그가 쓰던 권총, 당책, 옷, 소지품들, 고려극장에서 연극 〈홍범도〉의 공연 당시 활용되었던 소품들과 기록들을 수집, 정리하는 것은 그 출발점이 될 수 있다.

92ㅣ 강용권·김택, 『홍범도 장군』(도서출판 장산, 1996), 53쪽.
93ㅣ 김기원, 「홍범도 탄생 125주년과 그의 사망 50주년에 즈음하여」.

■ 참고문헌

「홍범도 일지」(이함덕본).
「홍범도 일지」(이인섭본).
「홍범도 일지」(김세일본).
「이력서」(홍범도 자필).

강용권·김택. 1996. 『홍범도 장군』. 도서출판 장산.
강태수. 1994.11.5. 「사실과 우리의 생각」. ≪고려일보≫.
고송무. 1989. 「김세일 저 장편소설 『홍범도』가 나오게 된 경위」. 김세일. 『역사기록
　　소설 홍범도』 4. 제3문학사.
국가보훈처·독립기념관 한국독립운동사연구소. 2008. 『국외독립운동사적지실태조
　　사보고서』 8.
김기원. 1993.11.6. 「홍범도 탄생 125주년과 그의 사망 50주년에 즈음하여」. ≪레닌
　　기치≫.
김기철. 1989.4.11. 「홍범도 장군의 전투경로와 쏘련에서의 만년생활」. ≪레닌기치≫.
김보리쓰. 1994.10.29. 「홍범도 장군을 추모하여」. ≪고려일보≫.
김승빈. 「中領에서 進行되던 朝鮮解放運動」(필사본).
김승빈. 1968.8.27. 「과단성과 동지애를 겸한 사람」. ≪레닌기치≫.
김준. 1968.8.27. 「홍범도 장군을 회상함」·「조선빠르찌산의 로병」. ≪레닌기치≫.
남경자. 1987.10.29. 「한생을 보람 있게」. ≪레닌기치≫.
리길수. 1994.9.24. 「길이 빛나라(홍범도 장군 추모건립 10주년을 맞으면서)」. ≪고
　　려일보≫.
＿＿＿. 1989.5.9. 「전선을 돕기 위하여」. ≪레닌기치≫.
리인섭. 1958.10.25. 「조선의병대장 홍범도-그의 서거 15주년에 제하여」. ≪레닌기
　　치≫.
리정희. 1989. 「장군 홍범도의 죽음」. ≪한국연극≫ 4월호.

박민영. 2013. 「연해주의병 명부 『의원안』 해제」. ≪한국독립운동사연구≫ 45. 독립
　　기념관 한국독립운동사연구소.

박왈렌찐. 1988.12.27. 「인민의 추억 속에 길이 살아 있다」. ≪레닌기치≫.

반병률. 2008. 「홍범도 일기' 판본 검토와 쟁점」. ≪한국독립운동사연구≫ 31.

____. 2013. 「홍범도(1868~1943)의 항일무장투쟁에 대한 재해석」. ≪국제한국사학≫
　　창간호. 국제한국사학회.

「발굴 희곡 홍범도」. ≪한국연극≫ 1989년 4월호.

본사 기자. 1995.11.4. 「홍범도 장군 서거 52돌 제사」. ≪고려일보≫.

이인섭 저·반병률 편. 2013. 『망명자의 수기』. 한울아카데미.

이인섭. 「존경하는 김경인 동지 앞」(1958년 12월 11일 편지에 대한 답장).

____. 『홍범도 장군』(필사본), 상권.

「이인섭이 김세일에게 쓴 편지」, 『한국독립운동사자료집 − 홍범도 편』. 한국정신문화
　　연구원(1965).

정상진. 2005. 『아무르만에서 부르는 백조의 노래: 북한과 소련의 문학예술인들 회상
　　기』. 지식산업사.

천세르게이. 1988.5.15. 「나이는 나의 재부」. ≪레닌기치≫.

크즐오르다에서 홍범도폰드 회원. 1994.12.3. 「홍범도 장군의 유해이동문제에 대해」.
　　≪고려일보≫.

태장춘. 1945.10.3. 「홍범도」. ≪레닌의 긔치≫.

토사. 1979.12.12. 「홍범도거리에서」. ≪레닌기치≫.

F. 세웰낀. 1968.8.27. 「조선빠르찌산의 로병」. ≪레닌기치≫.

한병연. 1984.11.21. 「전설적 영웅을 추모하여」. ≪레닌기치≫.

홍범도. 1938.6.10. 「송용준을 찾소」. ≪레닌의 긔치≫.

____. 1941.11.7. 「원쑤를 갚다」. ≪레닌의 긔치≫.

홍파·숙정. 1970.3.22. 「이인섭·박인숙에게 보낸 편지」.

홍범도 연보

1868년 8월 27일
- 평양 서문안 문열사 앞에서 출생. 부친 홍윤식(洪允植). 본관 남양(南陽).
- 모친은 출생 7일만에 사망.

1886년(8세)
- 부친 홍윤식 사망. 이후 머슴살이로 생계유지.
- 이후 15세까지 '아주바이'(아저씨)집에서 생활함.

1883년(15세)〜1887년(19세)
- 평양감영의 병정모집에 자원하여 신설된 친군서영 제1대대의 나팔수(신호병)로 병정생활함.
- 1887년 장교 살해 후 도피.

1887(19세)〜1889년(21세)
- 황해도 수안 총령의 종이 만드는 지소(紙所)에서 3년간 제지노동자로 일함.

1889년(21세)
- 동학(東學)꾼인 주인 지소(紙所.紙幕) 주인 삼형제를 도끼로 살해하고 이름을 바꾼 후 강원도 철원 산골을 거쳐 금강산 신계사로 출가함.

1890년(22세)~1891년(23세)
- 지담 스님의 상좌로서 1년 동안 글을 깨우치고 임진왜란 당시 이순신과 승병들의 의병활동의 역사 등 조선 역사를 배움.
- 여승당(女僧堂)에 머물고 있던 '단양이씨'를 만나 함께 파계하고 환속함.

1892(24세)~1895(27세)
- 강원도 화양 먹패장골에 들어가 '준3년'을 '총놀이'(사격연습)를 하며 은둔생활을 함.
- 청일전쟁 당시 조선을 무대로 외국군대인 청군과 일본군이 전쟁을 치르며 무고한 백성들을 살해하던 현실을 목도함. 임신한 단양이씨가 일본군에 의해 희롱당하는 것에 분노하여 항일의병 봉기를 결심하고, 단양이씨와는 곧 이별하게 됨. 이후 단양이씨는 첫째 아들 홍양순을 데리고 둘째 아들 홍용환을 홀로 낳아 키우게 됨.

1895년(27세)~1897년(29세)
- 명성황후 시해사건 보름 후인 9월 18일(음력, 양력으로는 10월 24일경) 강원도 회양과 김화의 경계 고개인 단발령에서 황해도 서흥 출신의 김수협과 의기투합하여 의병대 조직 결의(제1차 거의).
- 9월 19일 김수협과 함께 원산에서 서울(한성)로 올라가는 일본군 12명을 습격하여 총과 탄환 탈취.
- 안변 학포에서 의병모집에 착수하여 포수, 빈농 14명으로 구성된 첫 번째 의병부대 편성. 안변 석왕사에서 철원 보개산의 유진석진과 연합함(의병부대 규모는 300명으로 시작했으나 1,400명으로 증가).
- 세 차례의 전투를 치렀으나 훈련부족 등으로 대패하여 의병진이 흩어지고 결의동지 김수협이 마지막 전투에서 전사함.
- 황해도 연풍 금광에서 '금전꾼'으로 은신했으나 금점 동학꾼에게 발각되어 일본군에 체포될 위기에서 도피. 박말령에서 일본군 세 명을 습격하여 총 3자루, 총탄 300개, 과자와 쌀 탈취.
- 황해도 지경산을 거쳐 함남 덕원 무달사로 이동하여 덕원읍 좌수 전성준으로부터 일본돈 8,480원 탈취하고 전성준 처단.

1898년(30세)~1900년(32세)

- 평남 양덕, 성천, 영원의 산간지방을 다니며 '준삼년' 동안 단독으로 의병활동을 전개함.

1900년(32세)~1904년(36세)

- 의병운동이 쇠퇴하면서 의병들이 남만주나 백두산으로 은둔하던 상황에서 홍범도 역시 총탄, 의복, 신발 등이 다 소진된 상태에서 의병생활을 청산함.
- 단양이씨와 재회하고 북청군 안산에 정착하여 농사를 지으며 포수생활을 시작함.
- '변성명(變姓名)' 하면서 숨겨왔던 본명 '홍범도'를 되찾아 부르게 함.

1904년(36세)

- 러일전쟁 발발 후인 1904년 중반 무렵 일본인들에게 잡혀 감옥에 갇혔다가 6개월 만에 탈옥 도주하고 얼마 후인 1904년 말 재차 항일의병 봉기에 나섬(제2차 거의). 러일전쟁 시기 홍범도의 의병활동에 대한 기록은 거의 없는 상태임.

1907년(39세)

- 9월 친일적 한국정부 총포 및 화약류 단속법 반포로 사냥꾼들의 총기를 강압적으로 압수하기 시작함.
- 10월 14일(음력 9월 8일) 봉기를 결심하고 북청 치양동의 일진회 사무소를 습격하여 '동학쟁이' 30여 명을 살해하고 회소에 불을 질렀음. 다음날 후치령 허리원[中腹]에서 일본군 3명을 처단하고 총 3자루와 총탄 300개를 확보함. 서짝골 포수막에서 14명의 포수들을 만나 결의함(제3차 거의).
- 10월 9일(음력, 양력으로 11월 14일, 일본 측 첩보보고에는 11월 25일) 후치령 말리에서 일본군 1,400명과 전투. 일본군 반수 이상 전사. 조선인 보조원 230명 사망. 의병동지 가운데 김춘진, 황봉준, 이문협, 조강록, 임승조, 임사존 등 일등 포수 6명 전사.
- 아들 홍양순과 함께, 전사한 수백 명의 일본병사 시체에서 탄약 확보.
- 북청 안평사 엄방골(嚴防洞)에 들어가 포수의병 70명에게 총탄을 1인당 180개씩 나눠줌. 다음날 베승개덕에서 갑산에서 혜산포로 탄약을 운반하던 일본군 30여 명을 처단하고 탄약 40바리 확보.
- 11월 26일(음력, 양력 12월 30일) 원성택(원석택)을 중대장으로 하여 응구 괘탁리로 넘어가 응구사에서 포수 모집.

1908년(40세)

- 1월 17일(음력 1907년 12월 14일) 삼수성 점령. 일본식 총 294자루, 탄환 160

상자, 조선 진위대가 사용했던 베르단 260자루와 탄환 15상자를 노획. 삼수부사 유등을 처형한 후 쑥꽃대에 효수(梟首)함. 삼수읍 군주사 처단.

- 1월 31일부터 2월 5일까지 일본군 2,000명과 전투.
- 2월 20일(음력 1월 19일) 정평에서 온 군대와 연합하여 갑산읍 습격. 일본군 전사자 109명, 부상자 38명. 의병 48명 전사.
- 2월 23일(음력 1월 22일) 등지벌, 청지평에서 일본군과 전투. 의병 20명, 일본군 1,013명 전사. 총 3자루 확보.
- 3월 10일(음력 2월 8일) 의병 2,800명이 일본대병력과 접전(붉은별전투). 일본군 1명 전사.
- 3월 20일(음력 2월 18일) 일본군의 귀순공작으로 차도선 부대 등 귀순의병이 속출함. 일진회 간부 임재덕, 김원홍, 최정옥이 홍범도의 부인 단양 이씨와 아들 양순을 구금하고 회유책 구사. 거짓 편지 공작으로 홍범도를 유인하려다 실패하자 부인에게 발가락 사이에 심지를 끼우고 불을 붙이는 고문 등의 악행과 자백을 강요. 단양 이씨는 협박에 굴하지 않고 혀를 끊어 벙어리가 되었고, 그 후유증으로 사망함. 3월 30일(음력 2월 28일) 아들 홍양순이 유인 편지를 갖고 홍범도 진영에 찾아왔으나 부친의 질타를 받고 부대에 합류.
- 4월 2일(음력 3월 2일) 임재덕, 김원홍이 일본군 190명과 조선인 190명으로 용문동에 주둔한 홍범도부대에 협박과 동시에 '공작 벼슬'을 미끼로 한 귀순 유도 편지를 인편으로 보냄. 홍범도는 거짓귀순작전으로 김원홍을 유인하여 인솔병사 209명과 함께 생포하여 김원홍, 임재덕과 인솔병사들은 화형시키고 포로병사들을 처형함.
- 4월 16일(음력 3월 16일) 능구패택이로 행군. 4월 18일(음력 3월 18일) 일본군과 접전하여 9명을 죽임. 4월 19일(음력 3월 19일) 장진 능골 늘구목이에서 일본군과 접전하여 일본군 85명을 사로잡음. 4월 23일(음력 3월 23일) 동사 다랏치 금전앞 둣텁바우골서 일본군 16명을 죽이고 의병은 5명이 전사함.
- 함흥 초리장 유채골 마을 야밤 습격, 부호 8명을 잡아 일화 2만 8,900원 압수.
- 4월 28일(음력 3월 28일) 함흥 동교촌 신성리 자본가 박면장에게서 일화 6,000원 몰수. 함흥 주둔 일본군 소대장인 박면장의 아들이 지휘하는 일병 300명, 보조원 50명과 신성리에서 전투. 일본군의 4분의 1 정도만 생존. 박면장의 친족 전몰시킴.
- 4월 29일(음력 3월 29일) 홍원 영동으로 행군, 지산당에 주둔.
- 5월 1일(음력 4월 2일) 홍원읍 박원성 집에 단독으로 들어가 박원성, 함흥본관 좌수 이경택, 홍원군수 홍가를 협박하여 박원성으로부터 일화 3만 원 몰수.
- 5월 7일(음력 4월 8일) 함남 장진 여애리 평풍바위밑에서 군회(軍會: 의병대연합 회의) 개최. 군회에는 함남 일대에서 활약하던 11개 의병중대와 33개 의병소대 책임자들 참석. 그동안 일정한 지대 없이 활동하던 것을 반성하고, 각 부대의

활동지대를 정하고 그에 따른 작전계획을 결정함.

- 5월 26일(음력 4월 27일) 통패장골 쇠점거리 전투. 일본군 대장 8명, 병사 13명을 잡고 양식과 닭 50마리, 과자 10상자, 백미 30말 노획. 사동을 거쳐 하남안장터 전투에서 일본군 400여 명을 전사시켰으나 도피하여 상남 숯치기 산골에서 2일간 유진.
- 5월 28일(음력 4월 29일) 갑산 간평 전투에서 일본군 80명과 전투하여 일본군 3명 전사, 의병 8명 전사. 5월 28일 구름을령에서 임재춘, 정일환, 변해룡을 만주로 파견(그들은 아편과 도박으로 군자금을 낭비).
- 5월 31일(음력 5월 2일) 구름을령 전투에서 일본군 32명을 몰살시키고 총 30자루, 군도 2개, 탄환 300개, 단총 4개 노획. 갑산 청지평 전투에서 의병 11명 전사, 일본군 90명 즉살.
- 6월 2일(음력 5월 4일) 괴통병 어구 전투에서 일본마병 15명 잡고 말 5필 노획. 약수동으로 넘어가서 함남 장진 여애리 평풍바위 밑에서 군회를 개최. 말고기를 나눈 후 특히 의병가족들의 식량과 의복문제를 토의하고 군자금 수만 원을 의병가족들에게 분배. 이 회의에서 6월 23일(음력 5월 25일) 함남 장진 여애리 평풍바위 밑에서 다시 군회를 개최하여 해외(연해주)로 탄환구입을 위한 요원을 파견하기로 결정.
- 6월 7일(음력 5월 9일) 각지로 분산함.
- 동사 다랏치 금전(금광) 습격. 일본군 6명 죽이고 별장 처단, 금 1994개 노획. 수동골수로 넘어가 행창에 당진하여 밤을 지냄. 함흥 천보산절로 들어가 4일 체류. 안변, 덕원, 연풍 등지에서 수십 회의 전투를 치른 노희태군대와 연합. 정평 한대골 어구에서 접전하여 일본군 190명, 의병 4인 전사, 한 명 부상.
- 6월 16일(음력 5월 18일) 정평 바맥이 전투. 500명의 일본군과 싸워 일본군 107명을 사상시켰으나 이 전투에서 아들 홍양순과 의병 6명 전사, 중상 8명. 당일 거사골수로 이동하여 노희태는 군대를 이끌고 함흥 명태골 천보사절로 가고, 홍범도는 장진 남사로 내려와 설령 어구에서 일본군과 접전. 일본군 16명 사살, 총 16개, 철궤 6개 노획. 천보사절에서 노희태군대와 재회하여 철 2,400개 분배 후 출발.
- 홍원읍 전진포 홍원군수 홍모로부터 일화 3만 7,000원 몰수. 그날 밤 함흥 덕산관 함영문으로부터 3만 원 압수.
- 7월 17일(음력 6월 18일)에 개최된 군회에서 조화여와 김충렬 두 사람에게 일화 2만 원과 여비 일화 100원을 주어 연해주 연추로 파견.
- 1908년 6월부터 7월 말에 걸쳐 일본군의 대공세로 의병부대들이 대부분 해산하고, 일본군은 의병으로부터 총기 약 600정을 압수했으며 귀순자가 약 300명에 달함 (일본군 첩보보고에는 "홍범도는 약간의 부하와 더불어 겨우 몸으로써 벗어나게 되고 또한 폭도의 집단을 볼 수 없다"라고 되어 있고, 「홍범도 일지」에

서 홍범도는 "약철이 없어 일병과 쌈도 못하고 일본(병)이 온다면 도망하여 매 본 꿩이 숨듯이 죽을 지경으로 고생하다가 할 수 없"었다고 쓰여 있다). 압록강을 건너 해외로 이동하기로 결정.
- 9월 10일 초막동(草幕洞) 부근에서 일본군과 충돌.
- 9월 13일(음력 8월 18일) 북청 동피동(東皮洞)을 출발하여 금창(金昌)을 거쳐 갑산군 동인사(同仁社) 백암동(白岩洞)으로 갔다가 무산으로 가서 남설영(南雪嶺)에서 3일 밤 노숙.
- 10월 초 삼수군 신파면 신갈파진에서 일본군과 접전. 밤에 압록강을 건너 중국으로 망명. 계양동(啓陽洞) 우론윤[목재창 제삼반(木材廠 第三班) 부근]에 일시 체류(일본군 첩보보고에 따르면 10월 초 계양동에 머물던 홍범도부대는 약 40명이었고, 일본제 연발총 5정과 약간의 기타 단발총을 제외하고 대부분이 화승총을 휴대하고 있었으며 탄약은 완전히 없었다고 함).
- 동행한 40여 명의 의병대원들과 함께 통화(通化)에서 1박한 후 길림으로 가서 길림성 의 중국어 통역 길성익의 도움으로 2박. 김창옥, 권감찰, 아들 홍용환과 함께 러시아로 떠나고 나머지 의병들은 다시 탕해로 돌아감.

1909년(41세)
- 1908년 12월 6일, 도보로 횡도하자로 가서 6일 체류한 후 한인마을 동포들의 연조로 여비를 마련하여 동중철도를 타고 이동. 중러 국경을 지나 니콜스크-우수리스크(6일 체류), 블라디보스토크(1개월 체류)를 거쳐 2월 중순경 연해주 연추 도착. 그곳에서 이범윤을 만나 자금횡령과 김충렬, 조화여 두 사람의 구금에 대해 항의함.

1910년(42세)
- 추풍4사의 하나인 허커우로 가서 최원세의 권유로 소왕령 동남부에 위치한 차거우(車巨隅) 비안고에 창의대(倡義隊) 본부를 설치. 박기만(도총무), 김제현(부총무), 김왕륜(재무)로 하여 모금운동에 착수함.
- 자피거우 창의대 간부회의에서 회계보고 후 자금을 횡령한 도총무 박기만을 처단함. 이 사건으로 자피거우 마을의 박문길 집에 머물던 중 추풍4사의 원호인 안준현, 최순경, 김가, 박가, 문창범이 동원한 250여 명에게 감금되었다가 14일 만에 소왕령 주둔 러시아 카자크 대장이 파송한 카자크병들(8명)에 의해 석방됨.
- 함께 감금되었던 의병 30여 명과 함께 국내로 진입하여 무산에서 일본군과 전투. 의병 17명이 전사하고 일본군은 1명 전사. 도피하던 중 갑산에 주둔해 있던 일본군 42명과 전투하여 일본군 14명 생포 후 사살. 무장 40개, 단총 4정, 나팔 2개, 폭탄 14개, 군량 3바리, 탄환 7,000개, 탄자 50개 노획.

- 무산 왜가림의 일본병참소 공격. 이후 종성에서 20리 지점에서 일본군과 하루 종일 전투하다 포위되어 의병 모두가 생포되고 혼자만 살아남아 도롱봉, 내도산(안도현), 길림을 거쳐 기차를 타고 블라디보스토크로 귀환함.
- 6월 21일 유인석, 이상설, 이범윤, 이범석 등 연해주 의병지도자들이 암밤비지역의 자피거우 한인마을에서 일본의 강제병합을 저지하기 위해 창설한 13도의군의 참모부 의원으로 선출됨.
- 일본의 강제적 한국병합 직후인 9월 일본과의 외교적 마찰을 우려한 러시아 당국의 체포령을 피하여 수청지방으로 도피하여 잠복함.

1911년(43세)
- 이종호와 김립이 주도하여 1911년 6월에 발기한 권업회 부회장으로 선임. 이후 12월 17일에 정식으로 창립된 권업회의 사찰부장으로 선임.
- 블라디보스토크에서 이행식(李行植), 이행임(李行任) 등과 청년회를 조직하여 배일사상을 고취하는 한편, 국내에 회원을 파견하여 국내 상황을 정찰하는 등 활동을 했으며 회원 대부분이 권업회에 가입함.
- 블라디보스토크 부두의 노동판에서 3~4개월간 짐꾼으로 일하는 한편, 한인노동자들로 조직된 노동회를 결성하고 회장으로서 회원들의 임금을 모아 후일의 거사 자금을 비축함.
- 아무르강 유역 암군(Amgun)의 금광 땅꾼으로 2년(1911~1912년)을 일하고 번 임금 1400루블로 추풍 당어재골에서 아편농사를 지음.

1912년(44세)
- 1월 국권회복을 목적으로 이범석, 유상돈 등과 결의동맹 조직, '21형제'에 참여.
- 블라디보스토크 노인회 회원, 국민회 블라디보스톡 지방회 부회장 등으로 활동.
- 11월 19일 북간도 훈춘현의 삼마동 부근 야외에서 사령관으로서 한인 100여명의 군사훈련을 지휘함.

1913년(45세)
- 5월 니콜스크-나-아무레(니항)의 어장에서 1년간 노동하며 번 금(金)을 자본으로 하여 치타에 가서 신문잡지(대한인정교보)를 발행하고자 운동함.

1914~1915년(46~47세)
- 제1차 세계대전의 발발로 일본과 동맹국이 된 러시아 당국의 감시를 받게 됨.
- 쿠로바트, 퉁구스크, 비얀코, 얀드리스크 등지의 금광에서 노동하여 모은 3,050루블을 갖고 이만으로 나와 오연발총(17개)과 탄환(17,00개) 등 무기를 구입하고 의병을 모집하여 제1차 세계대전의 발발이라는 국제적 상황에 대응하여

향후의 무장투쟁을 준비함. 무기는 최병준이 거주하고 있는 추풍 당어재골에 은닉하고 후일을 기약함.
- 9월 5일 함께 노동하던 의병들을 이끌고 북만주의 밀산지역으로 들어감.

1915~1918년(47~50세)
- 남백포우자와 한흥동에 고등소학교, 십리와와 쾌상별이에 소학교를 설립하고 한흥동학교 교장, 교감, 십리와와 쾌상별이 소학교의 찬성장(후원회장)으로 활약함. 청년단체 '우리동무회'를 조직하고 교육과 체육활동을 전개함.
- 밀산을 방문한 이동휘와 회담.
- 1918년 2월 러시아 하바롭스크에서 이동휘, 김립 등의 주도로 개최된 '조선인정치망명자회의' 참석.

1919년(51세)
- 국내외의 3·1운동에 호응하여 밀산 지역의 한인들도 쾌상별이에 집결하여 만세운동을 전개함. 무장투쟁에 나서기로 하고 밀산을 떠나 추풍 당어재골로 가서 그동안 은닉해 놓았던 무기를 꺼내고 의병을 모집. 총탄, 의복, 천리경 등 군수품을 준비하고 항일무장투쟁을 준비함.
- 이동휘 등 한인사회당 세력이 비밀리에 조직한 '군정부(독립군부)'에서 '독립군 총사령관'으로 임명하고 북간도로 진출하여 독립군을 지휘하라는 통지서를 보냄.
- 15만원사건의 주역인 최계립 등 동중철도 연선(沿線)의 에호 수비대('조선인특제2대대')에서 탈출한 철혈광복단 단원들이 추풍 당어재골로 찾아와 15만 원탈취계획과 무기구입문제를 논의함.
- 10월 1일(음력 8월 8일) 의병 106명을 이끌고 본격적인 항일무장투쟁을 위해 중국령으로 발진하여 중국 훈춘의 차모정자로 들어감. 차모정자 한인촌에 주둔 중 습격한 홍호적과 전투하여 70명을 처치하고 총탄, 아편, 천과 중국화폐(대양)과 일본화폐를 확보함.
- 나자구 하마탕 한인촌의 '예수촌'(기독교도촌)에 들어가 무장을 벗고 주둔.
- 12월 '노령주둔 대한독립군 (의용)대장'의 명의로 참모 박경철, 이병채와 함께 3인 명의의 「유고문」 반포. 항일무장투쟁독립론과 상해 임시정부의 대일선전 포고에 호응하여 독립전쟁을 개시할 것임을 선언.

1920년(52세)
- 3월 8~10일, '대한독립군 의용대장'의 자격으로 3일에 걸쳐 하마탕 상촌에서 '각 단체 통일'을 목표로 개최된 독립군 단체 대표들의 회의에 참석.
- 4월 말 대한독립군부대를 이끌고 두만강변의 국경지대로 진출.

- 5월 19일, 대한독립군, 최진동의 대한군무도독부, 대한국민회 군무위원회 간의 삼단연합으로 대한북로독군부 결성. 이후 홍범도는 대한북로독군부 소속의 북로정일제1군사령부의 사령장관으로 활동함.
- 6월 4일 북로독군부의 1개 소개가 두만강 대안 국내 일본군 초소 격파. 6월 6일 화룡현 삼둔자(三屯子)에서 북로독군부 최진동부대가 일본군 월강(越江) 추격대 섬멸. 6월 7일 홍범도, 최진동, 안무가 지휘하는 북로독군부와 신민단 부대가 연합하여 봉오동에서 일본군 1개 대대를 대패시켜 '독립전쟁 제1차 대승리'를 거둠(상해 임시정부는 일본군 전사자 157명, 독립군 전사자 4명으로 발표했으나 「홍범도 일지」에는 '봉오골'전투에서 "신민단 군사(80명) 한 개도 없이 죽고" "일본군 오륙백명이 죽었다"고 되어 있음).
- 8월 7일 일량구(一兩溝 또는 一浪溝)에서 북로군정서를 제외한 북간도 항일무장 단체들의 통합을 위한 최종적인 연합대회 결렬로 군사통일 실패. 삼단연합 붕괴 결과, 북로독군부 군대는 홍범도의 대한독립군, 최진동의 군무도독부, 안무의 국민회 대한국민군으로 분열됨.
- 9월 20일경 대한독립군, 서북간도의 두 군정서(서로군정서, 북로군정서)와 새로운 삼단연합에 합의하고 안도현에 집결하여 연합직제를 조직하고 단일한 총괄 기관 아래에 3개 사령부를 두기로 했으나 일본군의 간도침공으로 실현되지 못한 상태에서 청산리전투에 임함.
- 10월 21~26일 백운평(白雲坪) 전투를 시작으로 천수평, 완루구(完樓溝), 어랑촌, 고동하곡(古洞河谷) 등 화룡현 청산리 일대에서 간도를 침공한 일본군을 격파함(청산리대첩). 홍범도의 대한독립군은 신민단군대, 한민회군대 등과 연합부대를 이루어 김좌진의 북로군정서군대와 함께 청산리대첩을 이끌어냄. 대한독립군은 10월 21~22일의 완루구전투와 10월 25~26일의 고동하곡 전투에서 단독으로 승리했고, 청산리대첩의 최대격전이었던 어랑촌대전투에서 북로군정서와 연합하여 대승리를 거둠.
- 청산리전투 직후 200명의 부대원을 이끌고 안도현의 삼인방으로 이동하여 대사하(大沙河)에 주둔.
- 11월 중순, 대한독립군, 서로군정서 교성대('의용대'), 광복단 군대와 연합하여 총 400여 명 규모의 대한의용군을 조직하고 총사령에 선임됨.
- 12월 초, 중로연합선전부의 간도선전지부 집행군무사령관의 직책에 선임.
- 12월 중순, 북로군정서군대 사령관 김좌진과 공동명의로 「해산한 아군사(我軍士)에게 고(告)한다」 발표, 노농정부(소비에트정부)의 지원을 받아 재기할 것을 촉구함.
- 대한의용군 군대를 이끌고 안도현을 떠나 소비에트러시아의 지원을 기대하며 러시아 연해주로의 이동을 위하여 북만주 중러국경지대로 이동함.

1921년(53세)

- 1월 초 북만주(현재의 흑룡강성) 밀산과 호림의 현 경계지대인 십리와에서 북로군정서군대와 통합을 위한 1차 회의 개최. 호림현 도목구로 이동하여 속개된 회의에서 연합에 합의하고 통의부를 결성함으로써 제2차 삼단연합 달성. 본부, 1개 대대(600명), 학도대(북로군정서 사관연성소 졸업생 4~50명)로 편성된 통의부 지도부 구성.
- 2월 중순경, 중러국경의 우수리강을 건너 연해주의 이만으로 이동하여 사인발에 주둔.
- 3월 5일 원동공화국 인민혁명군 제2군단에 교섭하여 독립군의 제2군단에 무기를 넘기고 700명 가운데 220명의 대원들과 함께 제2군단장의 명령에 따라 기차를 타고 3월 15일 아무르주의 자유시(스바보드니)로 이동, 근처의 마사노프에 주둔함.
- 코민테른(국제공산당) 동양비서부(원동서기국)의 탄압과 식량공급중단으로 사할린의용대에 가담했던 홍범도부대, 안무군대, 최진동, 이청천, 허근, 니항군대의 임호와 고명수 등 장교들, 김표트르와 이만군대, 채영과 학생대가 이탈하여 자유시로 이동함.
- 6월 28일, 자유시참변 발생.
- 7월 30일, 체포된 사할린특립의용대 측의 '중대범죄' 장교와 군인 72명의 이르쿠츠크 압송이 결정됨. 원동공화국 인민혁명군 제2군에 인도된 428명은 우수문벌 목장으로 압송되어 강제징역에 처해짐.
- 8월 말 고려혁명군정의회 군대 이르쿠츠크에 도착. 소비에트적군 제5군단 직속 '조선여단' 제1대대장에 임명됨.
- 9월 15일~11월 1일, 고려공산당중앙간부(제3국제공산당고려부 이르쿠츠크파)가 홍범도, 최진동, 허재욱, 안무, 이청천 등의 명의를 동의 없이 공동명의로 상해파 고려공산당과 사할린특립의용대의 '범죄행위'를 비판하는 일련의 3개의 선언문들(1921년 9월 15일자, 10월 1일자, 11월 1일자)을 발표.
- 11월 27~30일, 고려혁명군법원 이르쿠츠크 감옥에 감금 중인 독립군 장교들에 대한 재판에서 재판위원으로 활동함(위원장: 박승만/ 위원: 홍범도, 채동순)

1922년(54세)

- 1922년 1월 21일부터 2월 1일 모스크바와 페트로그라드에서 국제공산당이 개최한 원동민족혁명단체대표회 56명의 '조선대표단'의 일원으로 참가. 조선독립군 부대의 대장 명의로 레닌 면담. 레닌으로부터 마우저 권총('싸총'), 상금 100루블, 소련적군모자, 레닌이 친필서명한 조선독립군 대장이라는 증명서를 선물로 받음.
- 이르쿠츠크로 나와 다음해 2월 3일까지 체류함.

1923년(55세)
- 5월 18일 치타로 나와 4, 5개월 체류함.
- 9월 11일, 블라고베셴스크로 나와 며칠 머물다가 하바롭스크로 나옴.
- 9월 24일, 하바롭스크에서 사할린의용대 출신의 김창수와 김오남에게 피습당하여 이가 부러지는 부상을 입었으나 레닌으로부터 받은 싸총으로 두 사람을 사살하고 감옥에 감금되었다가 석방됨.

1923년(55세)~1927년 2월(59세)
- 칼리닌 구역 이만 '싸인발(Sainbal)'의 한인농촌에서 3년간 농사에 종사.

1927년 3월(59세)~1928년 7월(60세)
- 이만 '와구통'에서 양봉조합 조직·운영.
- 소련공산당에 입당(1927년).

1928년 7월~1928년 가을(60세)
- 스파스크 구역 진동촌 '빨치산 알쩨리[선봉조합]' 조직, 농사.

1928년(60세)~1933년(65세)
- 한까이 구역 카멘-리발로프로 이전하여 '한까이 꼬무나'(신두힌스크 꼴호즈) 조직, 농사.
- '한까이 꼬무나', '직커우재 꼬무나'와 연합(1931~1932년). 신두힌스크촌을 떠나 새로이 황무지에서 농사 시도, 물 부족으로 실패(1933년)
- 연금생활에 들어감(1929년).
- 원동 각지의 도시와 농촌의 고려인구락부, 군부대, 피오네르(소년단)에 초청되어 애국주의와 국제주의적 정신교양을 고취함.
- 니콜스크-우수리스크 주둔 제76연대의 명예군인으로서 적군기념일에 '단골손님'으로 초대됨.

1934년(66세)
- '한까이 꼬무나', 수청 시코토보 '레닌의 길(푸치 레니나) 꼴호즈'와 연합.
- '레닌의 길 꼴호즈'의 수직원(수위)으로 일하게 됨(~1937년까지)

1936년(68세)
- 소련정부가 혁명활동과 관련해서 표창하기 위하여 시코토보 구역 당위원회 문화선전부 부장 천세르게이를 시켜 '레닌의 길 꼴호즈'를 찾아와 홍범도의 이력을 조사케 하고 이력서를 작성함. 천세르게이에게 모스크바에서 찍은 사진

을 선물로 줌.

1937년(69세)
- 소련 인민위원회 의장(몰로토프)와 소연방공산당 중앙위원회 서기장(스탈린)
  의 명의로 극동지방 국경 부근에 거주하는 조선인들의 강제이주에 관해 결의안
  성립됨(1937년 8월 21일자). 이에 따라 카자흐스탄 아랄해 부근의 얀쿠르간
  지방 사나리크로 강제 이주당함.

1938년(70세)
- 4월 초 크즐오르다 도시 구역('크라스니 가라도크' 60번지)로 이사.
- 5월경, 고려극장 극작가 태장춘이 홍범도를 주인공으로 한 희곡작품 집필을
  위하여 집으로 초대하여 담화함.
- 서마리야라는 고려인 여자의 무고로 경찰서에 소환되어 조사받음. 당책(당원
  증), 당책(당원증), 빨치산 책, 생활비, 목필책, 혁대, 철필, 안경, 망원경을 압수
  당했다가 돌려받음(5월 11일)
- 6월 18일 이후 3개월간 병원 경비로 일함.
- 고려극장의 수직원으로 일하며 무대기구들을 지킴.
- 7월 말 이후 자서전 「홍범도 일지」를 작성한 것으로 추정됨.

1941년(73세)
- 독소전쟁 발발(6월 22일) 후 주(州)당위원회를 찾아가 전선에 보내줄 것을 요청
  했으나 노령을 이유로 거부됨.
- 《레닌의 긔치》 신문 1941년 11월 7일자에 「원쑤를 갚다」라는 제목의 글을
  기고하여 청년들에게 '조국 소련'을 위해 전선에 나설 것을 촉구함.

1942년(74세)
- 고려극장에서 홍범도를 주인공으로 한 연극 〈의병들〉 공연[희곡 태장춘, 연출
  채영(채계도), 주연 김진].

1943년(75세)
- 가을, 오랜 친구들을 초청하여 대접함.
- 10월 25일 카자흐스탄 크즐오르다에서 서거.

■ 홍범도 사후 추모비 건립, 묘역 조성과 추모 행사 연보

1943년 10월 27일
- 속해 있던 당세포 '크즐오르다 정미공장 일꾼 일동' 명의로 ≪레닌의 긔치≫ 신문에 「부고」와 「홍범도동무를 곡하노라」라는 추도문이 게재됨.

1951년 10월 25일
- 홍범도 장군의 전우 박성태, 심상원, 친우 전경팔, 항일혁명투사 이인섭, 레닌기치 신문사 사원 이인 등으로 구성된 '홍범도 장군 분묘수리위원회'가 철비 건립.

1957년
- 연극 〈홍범도〉 상연(3차. 2차는 1947년)

1959년
- 항일혁명투사 이인섭이 '정치소설' 형식의 역사기록『홍범도 장군』상, 하권 탈고.

1965~1969년
- 김세일의 소설『홍범도』가 ≪레닌기치≫ 신문에 124회에 걸쳐 연재되어 고려인들의 지대한 관심을 불러일으킴(이 소설은 수정을 거쳐『역사기록소설 홍범도』라는 제목으로 국내에서 출판됨).

1968년 8월 27일
- 레닌기치 신문사가 홍범도 장군 탄생 100주년을 기념하여 특집호 발간. 러시아 퇴역 해군 세벨킨, 항일투사 김승빈, 정태, 소설가 김준 네 명의 글을 게재함.

1982년 4월 25일
- 1981년 레닌기치 신문사의 전 부주필 김국천의 발기로 외지고 나무와 풀로 뒤덮여 있던 원래의 묘지를 크즐오르다 중앙묘지(현재의 묘역)로 이장.

1983년 10월 25일
- 김국천, 항일투사 남준표, 이상희 등이 홍범도 장군추모비건립추진회를 조직하여 모금에 착수했으나 크즐오르다 시당위원회와 일부 고려인들의 반대로 무산될 위기에 처했으나 레닌기치 타지키스탄 특파기자 정상진이 모금한 수천 루블로 추모비 건립.

1988년 12월
- 홍범도 탄신 120주년을 기념하여 모스크바 소련과학원 동양학연구소에서 학술회의 개최. 학자, 작가, 언론인, 사회단체 대표, 원로당원, 지인들 참석. 고려인 화가 김형윤이 작품 홍범도 초상화를 공개하고, 박미하일, 김세일, 김천순, 송진파, 유리 바닌 등이 발표함.

1993년 10월 25일
- 카자흐스탄 크즐오르다에서 '홍범도폰드'가 조직되어 홍범도 탄생 125주년 및 서거 50주년 추모회 개최.

1994년 10월 25일
- 카자흐스탄 크즐오르다에서 홍범도추모비(반신청동상) 건립 10주년 및 홍범도 서거 51주기 추도식 개최. 한국의 김창근 대사 참석.
- 추도식을 전후하여 홍범도 장군 묘지의 이장 문제가 제기되어 고려인사회에 논의가 전개됨.

1995년 10월 25일
- 카자흐스탄 크즐오르다에서 홍범도 장군 서거 52주기 추도회 개최.

1996년 5월 20일
- 한국정부와 기업이 제공한 기금으로 홍범도 장군 흉상 주변에 3개의 기념비를 건립하는 등 중앙묘지에 홍범도 장군 공원묘역 단장·조성.

2005년
- 여천 홍범도장군기념사업회(초대 이사장 이종찬 전국정원장) 발족, 이후 매년 봉오동 전승기념식과 서거 기념 학술회의 개최함.

2013년 10월 25일
- 카자흐스탄 알마티에서 여천 홍범도장군기념사업회·카자흐스탄고려인협회· 카자흐스탄 독립유공자후손협회 공동주최로 '여천 홍범도 장군 순국 70주기 추모식 및 학술회의' 개최. 소련 붕괴 후 최초로 카자흐스탄 국립고려극장에서 연극 〈홍범도〉 공연. 이후 카자흐스탄 등 중앙아시아 순회공연.

찾아보기

지은이 **반병률**

서울대학교 국사학과(학사), 한양대학교 사학과(석사)를 거쳐 미국 하와이대학교 역사학과에서 러시아원동과 북간도 지역에서의 한인민족운동(Korean Nationalist Activities in the Russian Far East and North Chientao, 1905-1921)을 주제로 1996년 역사학박사학위를 취득했다. 현재 한국외국어대학교 사학과 명예교수로 있으며, 무돌국제한국학연구소 소장과 홍범도아카데미 원장으로 활동하고 있다.

한국근현대사를 전공분야로 하고 있으며, 러시아사, 중국근현대사, 일본근현대사를 부전공으로 연구하고 있다. 세부 전공분야는 한국독립운동사, 한인이주사, 해외동포사, 한-러 관계사이다. 현재 러시아원동지역(Russian Far East)과 중앙아시아 지역의 한인농촌마을과 집단농장의 형성과 변화 과정, 러시아지역에서 활동한 한인혁명가들의 역사회상과 논쟁, 한국혁명에 관여한 가타야마 센(片山潛) 등 일본인 사회주의자들과 이동휘, 한창걸, 이태준, 이인섭, 김철수, 홍범도 등 항일혁명가들에 대한 연구를 진행하고 있다.

주요 저서·편저로는 『대암 이태준』, 『남한에 남은 사회주의 혁명가 김철수』, 『러시아 고려인사회의 존경받는 지도자, 최재형』, 『항일혁명가 최호림과 러시아지역 독립운동의 역사』, 『통합임시정부와 안창호, 이동휘』, 『이승만: 삼각정부의 세 지도자』, 『The Rise of the Korean Socialist Movement: Nationalist Acivities in Russia and China, 1905~1921』, 『망명가의 수기』, 『여명기 민족운동의 순교자들』, 『1920년대 전반 만주·러시아 항일무장투쟁』, 『국외 3·1운동』(공저), 『성재 이동휘 일대기』, 『우스베키스탄 한인의 정체성 연구』(공저) 등이 있다. 『성재 이동휘 일대기』로 월봉저작상을 수상했으며(1999년), 의암대상(학술 부문)을 수상했다(2019년).

e-mail: byban@daum.net

한울아카데미 1692

홍범도 장군
자서전 홍범도 일지와 항일무장투쟁

ⓒ 반병률, 2014

지은이 **반병률** ㅣ 펴낸이 **김종수** ㅣ 펴낸곳 **한울엠플러스(주)**

초판 1쇄 발행 **2014년 7월 5일**
초판 4쇄 발행 **2024년 2월 20일**

주소 **10881 경기도 파주시 광인사길 153 한울시소빌딩 3층**
전화 **031-955-0655** ㅣ 팩스 **031-955-0656** ㅣ 홈페이지 ㅣ **www.hanulmplus.kr**
등록번호 **제406-2015-000143호**

* Printed in Korea.
ISBN **978-89-460-6699-1 93910**

※ 책값은 겉표지에 표시되어 있습니다.